军民融合深度发展理论探索丛书

国防专利技术转移动力机制

武 剑 著

国防工业出版社

·北京·

内 容 简 介

本书是一本系统研究国防专利技术转移的理论著作，以军民融合发展和创新驱动战略实施为背景，紧密结合国防和军队体制改革实践，在论证提出国防专利技术转移过程是一个开放的自组织系统的基础上，围绕国防专利技术转移的现状、动力源、自组织运行规律、动力机理、定密机制、解密机制、中介服务体系建设、转移模式策略以及转移效用评价等问题对国防专利技术转移动力机制进行系统分析和设计，为解决当前及未来国防专利向民用领域转移面临的现实问题提供理论参考和实践指导。

本书适合军工集团企业、科研院所以及高等院校科技成果管理工作者阅读，也可作为国防知识产权管理以及国防科技成果转化等军民融合相关领域研究的理论参考书。

图书在版编目（CIP）数据

国防专利技术转移动力机制/武剑著．—北京：
国防工业出版社，2017.4
ISBN 978–7–118–11229–0

Ⅰ.①国… Ⅱ.①武… Ⅲ.①国防科技工业—专利技术—技术转移—研究—中国 Ⅳ.①TJ–18

中国版本图书馆 CIP 数据核字（2017）第 040244 号

※

*国防工业出版社*出版发行
（北京市海淀区紫竹院南路23号 邮政编码100048）
三河市众誉天成印务有限公司印刷
新华书店经售

*

开本 710×1000 1/16 印张 19 字数 305 千字
2017 年 4 月第 1 版第 1 次印刷 印数 1—2000 册 定价 69.00 元

（本书如有印装错误，我社负责调换）

国防书店：(010)88540777 发行邮购：(010)88540776
发行传真：(010)88540755 发行业务：(010)88540717

前　言

　　党的十八届三中全会把推动军民融合深度发展作为新时期统筹国防建设与经济发展、优化经济结构调整和产业结构升级、深化国防和军队改革的重大战略任务。党的十八届五中全会进一步提出：推动经济建设和国防建设融合发展，坚持发展和安全兼顾、富国和强军统一，实施军民融合发展战略，形成全要素、多领域、多效益的军民融合深度发展格局。国防科技成果是国家战略资源和重要的生产要素，可以作为新形势下促进社会生产力发展的有效资源投入和优化生产关系的催化剂。推动国防科技成果转化，促进国防技术向民用转移，能够有效避免民口科研机构在相关领域的重复投入和开发，节约国家创新成本，充分发挥武器装备技术的溢出效应，有利于促进形成全要素、多领域、高效益的军民融合深度发展格局，也是促进国防建设和经济建设协调发展、平衡发展、兼容发展的重要手段。随着我国装备建设的快速发展和高精尖武器装备自主研发需求的带动，以信息化为特征的高技术领域国防专利比例不断增加。我国武器装备建设在取得辉煌成就的同时，逐渐积累并沉淀了大量的国防专利技术，成为我国国防科技和装备建设领域"一笔巨大的隐形财富"，其中大量的国防专利具有极高的民用潜力和商业价值。新形势下，实施国家创新驱动战略和军民融合发展战略，必须盘活国防专利这笔巨大的国防科技资产，既为转变经济发展方式、提升综合国力增添动力，又为优化国防科技资源配置、加速科技创新注入活力。然而，目前我国国防专利向民用转移一直处于一种无序的状态。如何使国防专利从无序走向有序的自觉转移状态，是装备建设和国防知识产权管理亟待解决的重大现实问题。

　　在现代经济竞争中，技术资产转型越来越成为专利的主要职能，技术成果一旦被授予专利就成为具有重要经济价值和技术价值的无形资产。国防投资形成的国防专利向民用领域转移并实现产业化、商业化，已是世界主要国家在国防预算缩减时期实现国防转轨、促进经济发展的普遍做法。我国国防专利技术转化和运用无论在数量上还是质量上都与发达国家相比还存在较大差距,大批国防专利处于沉睡状态,未能及时转移到民用领域并投入生产使用,国防科技资源浪费严重。2009年,中央军委发布《国防知识产权战略实施方案》,其核心是提升我国国防知识产权激励创造、有效运用、依法保护及科学管理四个能力,有效促进国防知识产权的转化运用是提升四个能力的一项重要目标任务。2014年12月4日,习近平主席在全军装备工作会议上指出,我们有近万件国防专利,到底转化了多少?还有多少成果处在"睡美人"状态?在国防专利转移问题上,党中央、中央军委最高领导人高度关注,也从侧面反映出我国国防专利技术转移问题的现实性和紧迫性。

长期以来,我国国防科技工业通过装备科研、民用专项科研等项目,取得了一大批国防知识产权,支持了一系列新型装备的研制生产。据国防知识产权机构调研统计,近十年来,我国国防知识产权年平均申请量增长达35%,信息化、高技术前沿领域的国防知识产权比例从2002年的38%提高至2012年的55%。另据北京市技术转移管理办公室统计,从2001年到2007年期间,在北京市技术转移管理办公室登记的78家军工法人单位的技术转让合同数2001年为1467项,2007年为1867项,年均增长率仅为3.9%,远远低于37.51%的北京市平均增长水平;合同成交总额的比例从2001年的8.99%下降为2007年的1.61%。这些数据均从不同侧面反映出国防知识产权转化率低的现状,也反映出我们缺乏在国防专利制度与国防专利作为公共物品的正外部性有效发挥作用存在的固有矛盾中,寻求维护国家安全利益与促进社会经济发展的统一权衡的手段,缺乏国防专利向民用转移实践上的相关遵循规律和理论指导。

任何技术转移主体(一个国家或一个企业、转让方或接受方)都是一个非线性非平衡开放系统。国防专利技术转移遵循技术转移的基本规律,并且具有开放、非平衡、非线性等自组织特征,具备自组织条件。而自组织理论是研究非线性复杂系统自发或自动地走向有序结构的内在机制的重要方法论。鉴于此,本书将自组织理论引入到国防专利技术转移系统中,并从系统构成及自组织条件、国防专利技术转移动力源、自组织运行规律、动力机理以及动力路径等方面对国防专利技术转移动力机制进行深入分析。

本书综合运用自组织理论、技术转移理论、经济学、产权经济学等理论与方法,以"动力源—动力机理—动力路径"为逻辑主线,通过中外对比、实践调研、案例与数据分析,对国防专利技术转移动力机制进行系统研究,提出国防专利技术转移动力机制的构建设想,为解决目前制约我国国防专利技术转移

的障碍、促进国防专利技术转移提供理论指导和方法支持。全书共分六章,具体内容如下:

第1章为概论。界定国防知识产权、国防专利、国防专利技术转移等相关概念,并对关于国防专利技术转移的研究现状进行系统归纳;尔后,对本书运用的相关理论与技术方法结合研究对象加以简单论述,并从积极意义以及运用局限性两个方面阐述其可借鉴之处。

第2章为国内外国防专利技术转移实践现状。首先,根据我国国防科技工业发展的历史阶段,从纵向考察我国国防技术向民用领域转移的演进过程,并总结归纳各个时期演进特点;其次,按照技术转移过程,系统梳理技术供体、技术受体以及技术本体在我国国防专利技术转移实践中面临的现实问题,并根据存在问题进一步并剖析产生问题的原因;最后,系统梳理国外关于国防专利技术转移实践现状并得出有益经验借鉴。

第3章为国防专利技术转移系统构成及其自组织条件。首先,按照技术转移的难易程度对目前国防专利进行分类,对比普通专利,总结归纳国防专利技术转移区别与普通专利转移的特点;其次,按照技术转移过程,从系统构成、系统结构以及系统功能等方面分析并建立国防专利技术转移系统;最后,运用自组织理论的耗散结构论,剖析国防专利技术转移系统自组织运行的条件。

第4章为国防专利技术转移动力源。按照系统要素构成,分别对国防专利技术供体、技术受体、技术本体以及外部环境四个方面系统识别国防专利技术转移的动力源,并根据动力源构成分析提出国防专利技术转移的动力特征。

第5章为国防专利技术转移自组织运行规律及动力机理。首先,在分析国防专利技术转移系统及自组织运行条件的基础上,根据协同学关于序参量的描述、定义以及特征,结合国防专利技术转移的特点,对国防专利技术转移系统的序参量进行定性分析并确定序参量,在此基础上,运用突变论构建国防专利技术转移系统序参量方程,分析系统演化的稳定性及其可能存在的演化途径;其次,在确定序参量的基础上,厘清序参量与动力机制的关系并根据序参量与动力机制关系,分析国防专利技术转移系统自组织运行的使役机理;最后,运用协同学的涨落原理以及系统自耦合原理,结合序参量作用,论证提出国防专利技术转移运行动力生成机理和驱动机理。

第6章为国防专利技术转移动力路径。首先,根据国防专利技术转移动力机理提出动力路径设计的基本原则、总体目标以及总体思路;其次,依据动力生成机理,围绕制约国防专利技术转移现实障碍,从定密机制、解密机制、中介服务体系构建、法律保障以及政策配套五个方面设计国防专利技术转移动力生成路径;再次,系统归纳总结可供技术供体与技术受体选择的国防专利转移模式,并在对每种模式的适用条件及其局限性进行对比分析的基础上,对OLI优势理论进行适应性改进并设计国防专利技术转移模式选择策略;最后,从国防专利技术转移主体的期望效用表现入手,综合运用主成分分析法和模糊综合评价法构建国防专利技术转移效用评价指标体系与评价模型,设计国防专利技术转移动力驱动路径。

  本书研究虽然得出了一些有益的结论,但是鉴于我国国防专利制度还处于初级阶段,国防专利向民用领域转移实践还尚未起步,并且随着军民融合发展战略的不断深入,相关问题必然不断涌现,难免存在认识上的不全面。加之笔者由于在时间、精力及能力所限,还有诸多不完善之处,如对中介服务体系组织机构及其工作关系的拓展、对技术供体的多元化认识及其转移国防专利动力源的分析以及区分技术转移主体的效用评价指标与方法等方面,尚待进一步深化研究,编写中的疏漏和不妥之处,恳请广大读者批评指正。

作 者

2016 年 12 月

目 录

第1章 概论 ·· 1

1.1 相关基本概念界定 ·· 1
1.1.1 国防知识产权 ·· 1
1.1.2 国防专利 ·· 2
1.1.3 国防专利技术转移 ·· 3
1.1.4 国防专利技术转移动力机制 ·· 6
1.1.5 自组织理论的基本概念 ··· 7

1.2 国内外研究现状 ·· 8
1.2.1 国外研究现状 ·· 8
1.2.2 国内研究现状 ·· 13

1.3 相关理论借鉴 ·· 22
1.3.1 技术转移理论 ·· 22
1.3.2 自组织理论 ·· 27

第2章 国内外国防专利技术转移实践现状 ·· 37

2.1 我国国防专利技术转移历史演进 ·· 37
2.1.1 自成体系发展期 ·· 37
2.1.2 军转民转型期 ·· 38
2.1.3 军民融合时期 ·· 41

2.2 国内国防专利技术转移的基本情况 ·· 44
2.2.1 专利数量增加迅速 ·· 44
2.2.2 努力探索转移模式 ·· 45
2.2.3 积极建立法规制度 ·· 45
2.2.4 积极搭建转移平台 ·· 46

2.3 国内国防专利技术转移存在的问题 ······ 48
2.3.1 技术本体方面 ······ 48
2.3.2 技术供体方面 ······ 50
2.3.3 技术受体方面 ······ 51
2.4 制约我国国防专利技术转移的障碍因素 ······ 52
2.4.1 国防专利转移法规缺位 ······ 52
2.4.2 实施费用规定未充分体现转移的价值 ······ 55
2.4.3 国防科技工业管理体系内部封闭 ······ 56
2.4.4 行政命令干涉严重 ······ 57
2.4.5 转移激励机制尚未建立 ······ 57
2.4.6 定密解密制度滞后转移需求 ······ 58
2.5 国外国防专利技术转移的经验及启示 ······ 60
2.5.1 国外国防专利技术转移的基本经验 ······ 60
2.5.2 对我国国防专利技术转移的启示 ······ 71

第3章 国防专利技术转移系统构成及其自组织条件 ······ 77
3.1 国防专利技术的类型及其转移的特点 ······ 77
3.1.1 国防专利技术的类型 ······ 77
3.1.2 国防专利技术转移的特点 ······ 79
3.2 国防专利技术转移系统的要素构成 ······ 83
3.2.1 国防专利技术本体 ······ 83
3.2.2 国防专利技术供体 ······ 84
3.2.3 国防专利技术受体 ······ 86
3.2.4 国防专利技术转移系统环境 ······ 88
3.3 国防专利技术转移系统结构及功能 ······ 91
3.3.1 国防专利技术转移系统结构 ······ 91
3.3.2 国防专利技术转移系统功能 ······ 92
3.4 国防专利技术转移自组织特征 ······ 93
3.4.1 开放性 ······ 94
3.4.2 非平衡性 ······ 95
3.4.3 非线性 ······ 96

3.4.4 非稳定性 ·· 97
3.4.5 存在涨落 ·· 98
3.4.6 整体性 ·· 98

第4章 国防专利技术转移动力源 ··· 100

4.1 国防专利技术转移主推力 ·· 100
4.1.1 军工集团附属科研院所转移国防专利的动力 ············ 100
4.1.2 军工集团企业转移国防专利的动力 ·························· 104
4.1.3 军队科研院所转移国防专利的动力 ·························· 113
4.1.4 军队院校转移国防专利的动力 ································ 115
4.1.5 民口科研机构及高等院校转移国防专利的动力 ········ 120
4.2 国防专利技术转移主拉力 ·· 121
4.2.1 军工集团企业(民品)引进国防专利的动力 ············· 123
4.2.2 民营生产企业引进国防专利的动力 ·························· 126
4.2.3 集成技术二次开发的技术转移机构
              引进国防专利的动力 ··· 130
4.3 国防专利技术转移源动力 ·· 132
4.3.1 国防专利技术的稀缺性 ·· 133
4.3.2 较高的技术核心程度 ··· 133
4.3.3 较长的技术生命周期 ··· 134
4.4 国防专利技术转移助动力 ·· 135
4.4.1 经济新常态下国家经济增长动力的驱动 ·················· 135
4.4.2 军民融合发展战略的间接驱动 ································ 137
4.4.3 军工科研院所改制的间接驱动 ································ 138
4.4.4 军工企业股份制改造的间接驱动 ····························· 138
4.5 国防专利技术转移动力特征 ··· 139
4.5.1 利益主导性 ·· 140
4.5.2 创新驱动性 ·· 141
4.5.3 外力内生化 ·· 141
4.5.4 互动倍增性 ·· 142
4.5.5 激励催化性 ·· 142

第5章 国防专利技术转移自组织运行规律及动力机理 …… 144

5.1 国防专利技术转移自组织运行规律 …… 144
5.1.1 国防专利技术转移系统序参量分析 …… 144
5.1.2 国防专利技术转移系统序参量方程构建及稳定性分析 …… 149

5.2 国防专利技术转移系统序参量与动力机制逻辑分析 …… 156
5.2.1 国防专利技术转移系统序参量与动力机制的关系 …… 156
5.2.2 国防专利技术转移系统动力机制的功能 …… 158

5.3 国防专利技术转移系统动力机理 …… 160
5.3.1 国防专利技术转移系统运行动力使役原理 …… 160
5.3.2 国防专利技术转移系统运行动力生成机理 …… 163
5.3.3 国防专利技术转移系统运行动力驱动机理 …… 165

第6章 国防专利技术转移动力路径 …… 167

6.1 国防专利技术转移动力路径设计 …… 167
6.1.1 设计依据 …… 167
6.1.2 设计原则 …… 168
6.1.3 总体目标 …… 170
6.1.4 设计思路 …… 171

6.2 国防专利技术转移动力生成路径 …… 172
6.2.1 国防专利定密机制 …… 172
6.2.2 国防专利解密机制 …… 186
6.2.3 国防专利技术转移中介服务体系 …… 198
6.2.4 国防专利技术转移法律保障 …… 210
6.2.5 国防专利技术转移政策配套 …… 215

6.3 国防专利技术转移动力驱动路径 …… 219
6.3.1 国防专利技术转移策略选择 …… 219
6.3.2 国防专利技术转移效用评价 …… 232
6.3.3 国防专利技术转移偏差分析 …… 249

附录 …… 252

参考文献 …… 285

第1章 概 论

本章首先界定国防知识产权、国防专利、国防专利技术转移等相关概念；其次对目前国内外学界关于国防专利技术转移的研究现状进行系统归纳；最后对本书运用的相关理论与技术方法加以简单论述，并从积极意义以及运用局限性两个方面阐述其可借鉴之处。

1.1 相关基本概念界定

国防专利技术转移涉及的内容较多，其外延范围较广。针对国防专利技术转移的概念辨析，目前学界根据各自的研究方向和角度形成了不同观点。为明确本书研究的基本定位，有必要对涉及国防专利技术转移的相关概念进行界定。

1.1.1 国防知识产权

知识产权是一种无形财产权，是对脑力活动所取得的创造性劳动成果依法享有的一种专有权利，包括专利权、技术资料权、计算机软件和版权等。"国防知识产权"一词正式提出是在《国家知识产权战略纲要》(2008)中，强调的是知识产权的特殊用途，与之相对应的是"普通知识产权"。目前学界对国防知识产权的概念主要形成了"主体说"、"用途说"以及"复合说"三种观点。"主体说"认为：国防知识产权是国防科技工业系统产生和使用的知识产权。"装备知识产权"、"国防科技工业知识产权"、"军工知识产权"等概念均是"主体说"的代表。例如，专著《装备知识产权管理》对装备知识产权的定义是：装备知识产权就是装备领域内的智力活动成果的专用权利[1]。国防科技工业知识产权是指在国防科技工业领域产生的知识产权，不仅包括军品科研、生产和经营管理中产生的知识产权，还包括航空航天、船舶、兵器等主导产业产品研发及经营中产生的知识产权。[2] 上述概念均是军队和国防科技工业部门站在各自的立场和角度，针对各自实践中涉及的知识产权而进行命名的。该观点过分强调国防知识产的来源,忽略了国防知识产权的用途和目的,在属性表述上存在一定的局限性。"用途说"认为:国防知识产权是与国家军事活动有关并服务于国家安全行为的知识产权。然而该观点过分强调国防知识产权的目的,对国防知识产权的来源及产生的主体没有限定,在外延上可覆盖的范围过于广泛,也存在一定的局限。"复合说"认为:国防知识产权是国家为国防和军队建设直接投入资金形成的并用于国防目的的知识产权,以及其他投入产生并用于国防和军队建设的知识产权。国防知识产权包括国防专利权、国防著作权、国防技术秘密权和国防集成电路布图设计权四种类型。"复合说"提出的国防知识产权概念,既明确了国防知识产权的来源,也明确了国防知识产权的用途,兼顾了"主体说"和"用途说"的优势,并准确界定了国防知识产权的内涵和外延。本书认为"复合论"的概念界定较为科学和准确,根据本书研究对象和研究范围,本书采用"复合论"提出的国防知识产权的概念。

1.1.2 国防专利

国防专利是国防知识产权的下位概念,也是国防知识产权的重要组成部分。国防专利的概念,目前较权威的是由国务院和中央军委批准颁布的《国防专利条例》(2004)提出的,即国防专利是涉及国防利益以及对国防和军队建设具有潜在作用需要保密的发明专利[13]。该定义规定了国防专利保护的对象和范围。国防专利涉及"国防利益"比较容易理解,国防专利涉及"对国防和军队建设具有潜在作用",主要是指超前于国防建设现实需要或我国的现实技术实力尚不能实现,但未来可用于国防建设的发明创造,此类发明创造一旦公开,可能会被其他国家采用,进而威胁到我国的国家安全。在外延上,国防专利只有发明专利,没有实用新型和外观设计专利[6]。根据本书的研究对象和范围,本书采用《国防专利条例》(2004)中关于国防专利的概念,并从以下三个方面论述其属性,以期深刻理解和把握国防专利技术的内涵与本质。

1. 法律属性

从法律意义来讲,专利(Patent)就是专利权(Patent Right)的简称,即国家依法在一定时期内授予发明创造者或者其权利继受者独占使用其发明创造的权利[15]。通常,"专利"包含三层含义:一是指专利权;二是指获得专利权的发明创造;三是指专利文献。在上述三层含义中,专利权是核心含义。作为专利的一个重要分支和内容,国防专利与专利(普通专利)相比,二者在法律属性上是一致的,即发明人对发明创造客体享有专利权。

2. 技术属性

如果从技术发明的角度来看,专利是取得专利权的发明创造,是具有独占权的专有技术,这也是"专利"所包含的第二层含义。从哲学的观点来看,国防专利首先是一项技术,它是第一性的,而由专利技术派生出来的专利权利则是第二性的[16]。此外,技术资产转型是专利的一个主要职能,发明技术一旦被授予专利就成为具有重要经济价值和技术价值的无形资产。在未来的知识经济中,知识产权将以资本形式存在,与劳动、资本要素一样,作为知识成为一个基本的生产要素[5]。因此,本书将国防专利视为一种生产要素,即发明创造的专有技术。本书约定,国防专利技术即国防专利的简称。此外,本书研究主要从国防专利表现出的技术属性为依据,侧重于从技术角度看待国防专利,即国防专利技术。

3. 保密属性

鉴于国防专利涉及国家安全,国防专利的保密属性表现为国防发明创造申请专利后,不能像普通专利一样向公众公开,而是在国家保密专利制度规定下严格保密。根据我国专利法,国防专利属于保密专利的一种①,由国防知识产权机构受理和审查,由国家知识产权局授予国防专利权。

1.1.3　国防专利技术转移

1. 技术转移

关于技术转移(Technology Transfer)的概念最早是作为一个战略问题提出的,并把国家间的技术输入与输出统称为技术转移[18]。学术界较早提出技术转移概念的是美国学者布鲁克斯(H. blucurs),他认为技术转移是科学和技术通过人类活动被传播的过程,由一些人或机构所开发的系统、合理的知识被另一些人或机构应用于处理某事物的方法中[19]。对技术转移的准确定义,不同学者有不同的解释,主要代表性的定义如下。

联合国《国际技术转移行动守则草案》对技术转移的定义是:关于制造一项产品、应用一项工艺或提供一项服务的系统知识的转让,但不包括只涉及货物出售或出租的交易。

---

① 根据我国专利法的规定,保密专利分为两种:一种是指涉及国家重大利益需保密的;另一种是涉及国家安全的。前一种由国家知识产权局受理、审批;后一种又称为国防专利。

学界对"技术转移"做过很多解释,国内学者范保群等按照强调的侧重点不同将其做了总结概括,并分为七种观点:以转移领域、方向为侧重点的说法;知识诀窍的转移、分配说;技术商品流通说;技术知识应用说;技术载体转移说;转移环节说;相异主体合作说。综合学界对技术转移的不同解释和定义,总的概括起来,可以分为两大类,即"过程说"和"空间扩散说"。

1) 过程说

这种观点倾向从技术发展进程(时间)的阶段演进诠释技术转移。持有该观点的学者认为:技术转移是技术信息贯穿于技术发展的不同阶段和环节的过程,同时这种转移需要借助一定的载体形式。这种观点将技术转移作为一种过程,从技术的转移、发生与发展的全过程来认识和描述技术转移。

2) 空间扩散说

这种观点倾向于从扩散范围(空间)的广度诠释技术转移。持有该观点的学者认为:技术转移是技术由一国或地区(领域)向另一国或地区(领域)的转移。学界对这观点称为横向转移。

国内较权威的学术专著《科学技术管理学概论》中对科学技术转移的定义是"科学技术转移是指科学技术在国家间、地区间、行业间以及在科学技术自身的系统内输出与输入的活动过程,包括科学知识、技术成果、科技信息以及科技能力的转让、移植、引进、交流和推广普及"。书中同时对具体内容分为以知识形态表现的"软"技术(如科学理论、技术知识、技巧、科技信息等),以及以实物形态表现的"硬"技术(如装备设施、器械设备以及原材料等)。科学技术转移的形式,从转移的范围来看,可分为国家之间、地区之间和行业之间的转移。从转移的组织联系形式来看,又可分为官方的和民间的。在国内,技术转移可分为国家有关机构组织中央机关向地方转移、各部门之间的转移、军口向民口转移、先进地区向后进地区转移等类型。这一定义综合了学界"过程论"和"空间扩散论"的观点,是一种较全面且较有代表性的阐述。

综合以上技术转移的概念可以看出,技术转移强调三个方面:一是技术转移涉及两个主体,即供体和受体;二是强调技术转移的过程;三是强调该过程由供体和受体双方的相互作用完成。

2. 专利技术转移

关于专利技术转移,首先要明确"技术"与"专利"之间的关系。"技术"一词在《现代汉语词典》中的解释是"人类在认识自然和利用自然的过程中积累

第1章 概论

并在生产劳动中体现出来经验和知识"。法国哲学家狄德罗(1713—1784)对技术(Technology)的定义是:"技术是为某一目的的共同协作组成的各种工具和规则体系。"[25]这一定义将技术的目的性和技术的表现形式统一在一起,是迄今被学界公认的对"技术"一词的最为确切、权威的一种解释。然而由于研究目的的不同,学界对"技术"的概念的理解也不尽相同。从有关于技术转移的相关文献中,学界从不同视角提出了"技术"的概念[26],如表1-1所列。尽管学界从不同角度对技术的概念持有不同理解,但本书侧重于从专利的角度考察技术的概念。根据Helleiner的专利说对技术的解释,专利技术转移中的技术仅包括法律认识的专利和商标。从这一意义上讲,技术转移中的"技术"比专利技术转移中的"技术"在外延上要宽泛得多。综上所述,本书认为专利技术转移是指国家依据其专利法,授予单位或个人在规定期限内对发明创造享有的专有权的转移或该专利技术在不同地域或应用领域发生的转移,其中转移的对象包括发明专利、实用新型专利和外观设计专利①。

表1-1 技术概念的不同理解

序号	提出角度	代表人物	时间	主要观点
1	生产说	Erdlilaek, Rapoport	1985	技术是关于产品或生产技术的技术知识
2	信息说	Eveland	1986	技术是为了完成一定任务所使用的信息
3	专利说	Helleiner	1975	技术包括法律认可的专利和商标,也包括无法专利化的技术或未经专利化的专有技术知识
4	手段说	李平	1999	技术泛指人们利用稀有资源从事经济活动的有效手段
5	特性说	Nonaka	1994	技术的形式可以是有形的实体,也可能是一些信息,如专利、诀窍或者商业秘密。技术包括那些不易再生产或不易转移的信息,技术的这一特征反映了技术知识的隐含性或者特定企业的技术知识秘密
6	两合说	Jervis, Howells	1975 1996	从自然科学的角度看,技术的发展路径与其所在的领域密切相关。从社会科学的角度看,技术和经济、环境、历史以及使用各种偏好密切相关。在技术的转移、转化和成长过程中,它的自然科学属性是内因,社会科学属性是外因

3. 国防专利技术转移

从目前掌握的资料和文献来看,学界对国防专利技术转移这一概念还未形成统一的认识。但与之相关的概念,如国防技术转移、军民两用技术双向转

---

① 在国际上,专利主要是指发明专利。在我国,专利分为发明专利、实用新型和外观设计专利三种。

移、国防科技成果转化等概念在学界讨论相对较多。美国国防部对技术转移的定义是:技术转移是对知识、专业技术、基础设施设备以及其他资源在军事和非军事系统中的应用有目的交互活动。具体包括:国防部开发且具有商业可行性的军事技术转民用(Spin – off)、国防部以外开发的且具有国家安全功用的民用技术转军用(Spin – on)以及同时具有国防和非国防应用价值的军民两用科学技术(Dual – use science and technology)[27]。Molas – Gallart 基于应用领域的视角认为技术转移是技术跨领域的应用。技术转移是当前军民两用政策的核心要素之一,当技术以一种或多种形式在两个经济单元之间或两个应用领域之间变动时,技术转移也就随之产生了。此外,我国学者也从转移路线的角度提出了技术转移的概念。王祖文、李伯亭等认为:军民技术转移是为了国防效益或经济效益,在军民两个领域之间相互转移,包括军转民和民转军两个方向。侯光明认为,军民两用技术转移是指一项由军事科研单位开发(或民间开发)的技术转移到民品(或军品)方向的输入与输出的动态活动过程。

结合前面讨论的国防专利、技术转移等概念辨析,本书认为,国防专利技术转移是指由国防科技工业系统或军队系统开发的国防专利向民用领域转移的动态过程。这一概念包含四层含义。一是明确了国防专利技术转移的本体国防专利,即涉及国防利益以及对国防和军队建设具有潜在作用需要保密的发明专利。二是明确了国防专利技术的供方,在国防科技工业系统方面包括军工集团附属科研院所和军工企业;军队单位包括军队科研院所和军队院校等。三是明确了转移方向,即由武器装备科研生产过程中生成的国防专利向民用领域的转移,其中民用领域的受让方既包括民营企业也包括军工集团民口企业,即军转民。四是同时强调了横向转移和纵向转移,即国防专利技术既在不同的使用者之间(军用到民用)转移,如国防专利转让;同时也在不同的研究领域之间(从研发到生产)的转移,如国防专利的实施(在民用领域)等方式。

1.1.4 国防专利技术转移动力机制

技术转移的动力问题最早由日本学者斋滕优提出。他在专著《技术转移论》中,比较客观地解释了国际技术转移产生的原因及动力机制。他认为,一个国家的需求与该国的资源,在国家经济发展中存在着一定的制约关系,即需求与资源(NR)关系。如果 NR 关系不相适应,则技术转移自然产生。同时,这种需求与资源的相互作用也构成了技术应用的重要动力。此类技术转移动机制同样适用于地区之间、行业之间两个主体方 NR 关系的互补互动关系。我国学者对技术转移动力机制的概念的探讨主要集中在技术创新、科技成果转化等领域。姜秀山等认为动力机制是指某一子系统与其所处的环境系统中的其他要素相互关系、相互作用而产生的使自身发生某种行为的内在驱动力的方式、方法的总和。徐辉、马松尧等认为科技成果转化的动力机制是社会资源向有利于成果转化方向聚集的过程。在这一过程中，需要有技术供体和技术受体的共同参与，并且受到利益和对成果转化需求的双重驱动。此外，哥德尔不完备定理在逻辑上证明：系统的动力机制源于系统的"自我否定"。自然事物内部都存在"自我否定"的因素和力量。一切开放的自组织系统内部都存在一套动力机制，否则系统将成为死结构，无法调整，更无法创新。

从上述学界对动力机制概念的探讨可以看出，事物的运行不仅受到外部环境因素的作用，而且受到事物内部要素之间的关系以及作用所产生的力量所驱动。作为一个开放的自组织系统，国防专利技术转移系统只依靠外部环境的力量不可能驱动系统向有序的方向演化和发展，因为系统之外的环境在作用与影响系统的时候，不是根据系统的目标所作用的，环境要素的变化及其对系统的作用不可能与系统的目标始终保持一致。尽管系统外部环境对系统的作用产生一定的影响和作用，但这个力量是次要的。驱动系统演化发展的力量主要还是来源于系统内部，因此，需要从系统内部探索和识别驱动系统向有序演化和发展的动力源。在此基础上，通过各种途径和方式调动系统内部的动力源以及系统之外的环境资源实现系统的目标。上述途径和方式就是系统演化的动力机制。

综合学界对技术转移动力机制概念的辨析，并结合本书的研究对象和研究方法，本书认为：国防专利技术转移动力机制是指国防专利技术供体和技术受体为实现国防、经济和社会效益的最大化，通过相互作用而产生的驱动一切外部和内部资源向技术转移方向积聚的各种方式与途径的总和。在外延上，国防专利技术转移动力机制是指系统运行的动力源建设，包括动力源、动力机理以及动力路径等。从上述概念可以看出：国防专利技术转移动力机制的实质是系统内部技术供体与技术受体及其要素之间一系列特殊的关联或结构，其作用就是将微观层次的无序运行的动能整合为宏观层次定向运动的动力。

1.1.5 自组织理论的基本概念

系统自组织是指一个远离平衡的开放系统，在外界环境的变化与内部子系统及构成要素的非线性作用下,系统不断地层次化、结构化,自发地由无序状态走向有序状态或由有序状态走向更为有序状态。自组织理论是研究非线性复杂系统的方法论。其理论群包括:耗散结构论、协同学、突变论、超循环论、分形理论和混沌理论。其中,耗散结构论研究体系如何开放、开放的尺度,如何创造条件走向自组织等问题,是自组织演化的创造条件的方法论;协同学是研究产生自组织的动力学问题;突变论从数学抽象的角度研究自组织的途径问题;超循环论解决自组织的结合形式问题;分形理论和混沌理论是从时序与空间的角度研究自组织的复杂性和图景问题。根据研究范围和对象,本书主要运用自组织理论群中的耗散结构论、协同学理论以及突变论。

1.2 国内外研究现状

1.2.1 国外研究现状

国外很少使用国防专利概念,我国国防专利的概念相当于国外技术秘密(Know-how)或保密专利(Secret Patent)。国外关于国防专利技术转移的研究主要集中在政策制定、转移模式以及转移组织和机构三个方面。

1. 关于政策制定的研究

Donald E. Carr 等研究认为在美国高技术转移政策制定过程中,对高技术转移的概念和相关术语不统一,存在很大争议,并认为存在争议的根源在于缺乏一套对高技术转移决策过程的基本要素概念化的方法。作者研究提出一套基于经典决策原理的决策概念方法,同时阐述了该方法决策框架的应用。研究表明通过应用该方法,政策制定者更容易将注意力集中在高技术转移决策形成过程的关键因素。

Wen Hsiang Lai, Chien Tzu Tsai 等就如何解决向欠发达国家技术转移的目标一致性最小化问题进行了研究。作者运用模糊原理提出了一种基于"需求-能力"的技术转移评估模型,旨在通过使需求与能力最小化实现目标一致性。在模型设计中,作者还将输入输出矩阵和预算约束条件集成在模型中,解决了开发资金的最优分配方案,并运用 LINDO 软件解决了算法问题。

Brian S. Confer 等研究了美国空军开发的技术向民用领域转移情况,包括相关政策、法律法规、转移程序、当前转移的水平和程度以及扩大技术转移计划的障碍和利益等问题,并提出了实施集成技术转移计划的对策与建议。研究结果表明:技术转移工作和计划主要分散在不同的实验室和研究中心;机构间的协议和技术转移研究的文档分散在空军系统司令部不同的办公室;在整个空军司令部总部都缺乏一套对军用技术转民用的跟踪和信息公布机制,导致空军未能充分意识到其对国会作出的技术转移承诺;在目前严峻的金融气候环境下,转移代理机构在打破组织界限的同时使技术性能满足用户需求的过程中发挥着重要的作用,将更好实现空军及其他联邦机构的技术资源的转移;空军实施技术转移计划需要高层管理部门的支持和认可,包括空军系统司令部层面的追踪、监管和协调。

David Appler 首先回顾了美国技术转移政策的三次重要的变化。美国技术转移政策的第一次变化主要体现在国会 3701 - 3715 文件中,并提出要保证充分利用国家联邦研发投资的重要政策观点;第二次变化来自国防部 5535.3 指令,该指令指出,国内技术转移工作是国防部国家安全任务不可分割的组成部分,同时还强调将技术转移工作置于所有国防部采办规划日程最优先的位置;最近的一次改变来自技术转移有关政策,具体内容包括:合作研发协议(CRADAs)、专利许可协议(PLAs)、教育合作协议(EPAs)以及国家和地方政府合作(包括合作中介)。此外,作者还分析了技术转移计划的动力源、转移过程中各方关系等内容。

Jonathan F. Root 等指出自第二次世界大战后,美国维持着数量及规模庞大的联邦研发基地,产生了具有很多价值且过剩的但却在私有企业具有应用潜力的研发力量。这一挑战的提出是为了建立起将联邦实验室技术与工业界生产需求对接的综合手段从而创造一个新的应用市场。在意识到这一挑战和其他战略因素的基础上,美国航空航天局(National Aeronautics and Space Administration,NASA)开始着手统领一个以市场为导向的国家网络,即通过全美联网使联邦实验室与工业界的需求对接,这样既解决了工业界的技术需求,又把联邦技术推向市场。在这一背景下,作者研究了国家网络的关键要素,包括地区技术转移中心和国家技术转移中的作用以及二者之间的关系,还有在发展过程的战略影响因素。

Tom Handley 从喷射推进实验室(Jet Propulsion Laboratiry,JPL)的发展实践出发,研究提出喷射推进实验室应当改变现在的发展路线图并重新制定,快速地推动研发工作到主流的任务中。作者认为,为了 JPL 的生存和发展,技术升级是每一项任务的重要组成部分。目前,JPL 的技术运用已经跨越了 20 世纪 90 年代的技术,这也意味着 JPL 的发展需要更加专业的技术转移模式来驱动。

Robert Hebner 分析了自 1992 年以来美国联邦政府的技术转移政策及其发展变化。这种变化主要体现在四个方面:一是提高在民用领域的技术投资;二是开发为国防建设的两用技术基地;三是从联邦实验室到工业界的技术转移;四是持续重视基础研究工作。

John A. Alic 对美国第二次世界大战以后的军事及技术商业化过程进行了系统论述。从军事与经济大国的作用变化、科技政策和科技基础、军民技术衔接转化等方面梳理了相关问题。1945 年以后,技术基础的发展包括军民两用资源的投资模式,人力和技术两个方面、军民分离;国防政策及其对两用计划的影响;在对最主要的国防合同商和 50 家工业部门的现状研究基础上,分析了两用工业的结构与战略。最后,作者在上文分析的基础上提出了一个面向未来的新的联邦科技政策路线图,两用技术的协同研究趋势。

VK Gupta 以 1962 年原子能法案中规定的一些具有民用潜力的物质,如铀、钍、锆、石墨以及放射性同位素为研究对象,探讨了知识产权在军民两用核技术转化的政策运用,并提出知识产权在国防采办程序和实施过程中的作用在于可以规避国家内部的专利和商标盗版行为。

2. 关于转移模式的研究

Tony Gorschek 等分析认为科研机构在研究的全过程中都应与生产企业之间建立并保持合作和协作的关系,并通过研究 Blekinge 技术研究院和 Danaher Motion SäröAB(DHR)和 ABB 两家企业的技术合作实践与经验,论证设计了一套技术转移模式。该模式包括七个步骤:一是在满足工业生产需求的基础上确认未来可能促进发展的相关领域;二是建立研究日程;三是建立技术转移后选方案;四是实验室验证;五是实施静态验证;六是实施动态验证(试验);最后确定技术转移方案。

Dennis R. Holden 对国防技术转移中的信息交换进行了专门研究。作者研究认为技术的采办不仅仅是技术本身。在采办过程的每一个阶段,甚至包括从未使用过的技术都需要在应用前以一种方式对相关信息分类,才能使技术得到有效应用。作者论证提出建立国防技术转移信息交换中心的构想,为联邦实验室以及政府投资的国防科技机构寻找受让方以及为中小企业寻找相关的国防技术提供了信息平台手段支撑,从而减少了技术转移主体双方的时间成本。此外,作者还认为该中心的任务不仅仅局限于信息共享,还应为国防技术承包商提供额外的专业化中介服务,如军事信息检索、军种专利技术信息等。在此基础上,作者还对国防技术转移中需要克服的障碍问题作了讨论。

Renaud Bellais 等研究认为由于国防系统本身的复杂性和提高研发经费投入产出效益的迫切性,特别是在国防资金支持下的技术商业化过程中,国防在国防创新体系中的作用越来越明显。在实践中证明外部转移是困难的,如劳动密集型产业,特别需要双方坚固的承诺。该研究还提出知识产权可以发挥激励双方协作的作用,并对国防工业系统中在知识产权匮乏的文化背景下阐述了军转民面临的困难和失败。最后,从公布创新和技术的信息、通过保护知识产权来确定权利边界、在合同术语方面减少国家及其工业合作方的不确定性以及为加快建立有利于发展民用领域应用的机制等方面提出了对策建议。

J. Creedon, K. Abbott, L. Ault 美国技术转移小组报告针对技术转移问题进行了深入研究。首先,报告从界定技术转移的概念出发,并对技术转移小组和技术一体化小组之间的区别进行了区分。其次,报告论证提出一套技术转移过程的整体模式。该模式描述了由 NASA 实施的技术转移工作和 NASA 开发技术与技术转移工作的之间关系的区别。通过应用该模式可以从整体上审查大多数技术转移的进程并记录存档。同时,为了给未来提供正确的转移方向或进一步完善和修改转移过程,报告提出了评估技术转移工作效益的度量问题。最后提出针对性的对策与建议,细化具体实施过程。

Jordi Molas-Gallart 对"两用技术"转化机制类型进行了研究。作者通过比较分析了两种不同的"两用技术"政策,提出了在性质和目的上不同的四种"两用技术"转化机制类型,并认为四种类型是建立在直接转化和适应性转化两种机制之上,其中适应性转化主要根据技术的转移是否能具有新科技的适应性;而直接转化在国防研制与生产方式上不需要做改变。通过比较研究,作者认为适应性机制是更具激进和风险的政策,但也为解决工业部门一直面临的结构问题提供了对策和思路。

John Monniot 介绍了专门旨在建立学术科研和工业产生合作关系的教育培训公司战略(TCS)的运作模式及发展趋势。该战略通过实施一系列计划,使英国的大学毕业生能尽快适应和满足公司需求。其目的是加速技术转移和管理技能的扩散并鼓励在培训及研发方面的工业投资。作者研究认为科研学术机构和工业界的合作关系不仅对生产制造工业的发展意义重大,而且对年轻的工程师也有很重要的意义。

Suzanne E. Majewski 通过合同数据研究了公司组织联合研发协议,分析得出了几类主要的联合研发模式,包括研发外包、研发的专门化与分离以及引入"学习方法"。该研究还得出,合作方如果是生产市场中的直接竞争者,则这种关系更倾向选择"合作"研发外包的方式。研究结果表明,许多联合组织避免了溢出效应,因此没有获得国家合作研究法案所设计的知识共享。

Renelle Gurichard 认为欧洲的"军民两用"创新体系由于其协同效应、规模经济和范围经济的作用对经济的竞争性产生了实际的影响,不仅有利于缩小欧洲和美国在科技方面的差距,而且也有利于提升欧洲创新的独立性。作者提出在"军民两用"技术合作中的技术转化机制是一个长期的、复杂的"合作研发"的过程,需要重点促进军用技术的商业化发展。此外,作者还认为专利和排他性许可会通过排他权力保护企业的利润并以此推动军用科技成果向民用领域转化。

3. 关于转移组织和机构的研究

Rejean Landry, Nabil Amara 研究设计一个概念框架,提出了知识和技术转移组织(KTTO),并就该组织如何创造价值以及如何获取并转移价值进行了深入研究。作者首先将知识和技术转移过程在概念上视为一条价值链;其次,通过将知识和技术转移价值链融合为一个商业模式进一步扩大了 KTTO 价值链范围,旨在强调 KTTO 客户的价值;最后,作者从改变或加强商业模式运行中互相关联的要素职能和作用等方面,对 KTTO 经理人明确了具体职责并进行了实例验证。

Alp Ustundag 等运用模糊认识图原理研究了影响技术转移办公室(TTOs)绩效因素之间的因果关系。研究表明技术转移办公室的人力资源、工业研究需求、大学的研发经费以及经济的不确定性是影响技术转移办公室绩效的最关键因素,其中影响绩效产出的最重要的因素是许可证、专利、合同以及咨询费。

Craig Galbraith 分析了影响美国海军国防研发机构技术秘密纵向转移的组织因素,研究提出了纵向转移的"中间地带",即从创新循环的探索研究阶段到工程定型这一阶段。同时,作者在对海军研究中心 342 项数据分析的基础上,得出技术供应方和技术需求方共同影响着技术转移的成功的结论。不过,数据还显示,技术衔接可能会起到反作用,而且没有证据表明这些关系在技术上是独立的。

Shahidi H. 对与联邦资助研发中心(FFRDCs)相关的一系列问题及其在联

邦研发科技转移中的作用等方面进行了研究。作者首先介绍了FFRDCs的发展历史、地位和监管定义；然后回顾了在国家总研发资源水平的资助情况并为所有FFRDCs提供了最新的组织信息；最后对FFRDCs技术转移的未来发展和方向作了论述。

Paul H. Richanbach等从技术转移中心的类型和属性出发，介绍了密西根大学技术转移中心的经验和特点。在此基础上，报告论述了技术转移中心在美国海军工业基础设施中采用新科技和新技术中的作用，并对美国海军成立技术转移中心的路径选择提出对策和建议。

1.2.2 国内研究现状

从目前掌握的文献和资料来看，国内学者从社会学、经济学、管理学等多学科角度，围绕解决国防专利技术转移或科技成果转化，已取得不少有价值、有影响并富有开拓性的研究和探索。根据CNKI数据库查询系统，2009年以前对国防科技成果转化和国防技术转移的研究明显少于2009年以后，且在此之前的研究主要是对技术转移的宏观理论研究，最近2~3年对这一方向的研究明显增多，并且重视对国防专利技术转移的实证研究，研究的范围也逐渐细化。目前，国内学界关于科技成果转化、国防科技成果转化以及国防技术转移的研究主要集中在以下六个方向：一是国防科技成果转化以及国防技术转移理论的相关内容；二是自组织理论应用于科技成果转化方面的相关内容；三是专利技术转移运行机制方面的相关内容；四是专利技术转移动力机制方面的相关内容；五是专利技术转移模式方面的相关内容；六是专利技术转移效果评价方面的相关内容。总体而言，关于国防专利技术转移的针对性研究比较匮乏，仅有的几篇针对性研究文献也仅仅停留在问题对策研究，并且侧重于规范分析，缺乏对转移的规律及机理的实证分析。此外，关于国防专利技术转移或国防技术转移的研究主要涵盖在国防科技成果转化领域。

1. 国防专利技术转移理论的研究现状

关于国防专利技术转移的理论研究，国内并没有一本专门的针对性专著，但都作为一部分内容见诸于专利技术转移和国防科技成果转化等相关专著。其中，较早的理论专著是《国防科技成果推广转化理论与实践》(2004)。该专著较为全面系统地概括和论述了国防科技成果推广转化的理论及实践经验，是几年来国防科技成果推广转化工作实践宝贵经验的科学总结，同时也对国防科技成果推广转化的相关理论、规律、机制和政策作了系统的阐述。该专著具体论述了我国国防科技成果推广转化的总体概况和发展进程,科技成果推广转化过程必须解决的重要事项和关键问题,经济体制与外部环境给科技成果推广转化带来的影响,科技与经济、成果与市场有机结合的途径和措施等。其次,技术基础丛书之《国防科技成果管理》(2005)也涉及了国防科技成果推广交流方面的内容,包括探索国防科技成果推广新机制、开展促进国防科技成果转化研究等内容,该书主要从工作实践的角度对近年来我国国防科技成果转化工作的经验进行了概括和总结。侯光明编著的《军民技术转移的组织与政策研究》(2009),从组织和政策两个方面对军民技术转移进行了剖析,提出了军民技术转移组织变革和政策创新的规律和措施。同时,该书从规范研究和实证研究两方面为国防科技发展与军民技术转移政策提供了有效支持,具有较强的理论性与科学性,是目前国防科技管理和军民技术转移领域比较全面、系统的研究专著之一。陶鑫良主编的《专利技术转移》(2011)从企业的角度,以研究、分析企业专利工作中的实际问题及解决实际问题的办法为目标,运用实际案例和大量数据,从知识产权经营、专利检索与评估、技术开发合同、技术进出口等方面出发,分析了企业在专利技术转移过程中已经或者即将涉及的专利技术经营管理策略问题、法律问题。李红军、王春光编著的《装备知识产权管理》(2013)以装备知识产权的管理制度为切入点,从装备知识产权战略管理、装备知识产权客体、装备知识产权权利管理、装备知识产权获得管理、装备知识产权转化管理、装备知识产权合同管理以及信息管理几个方面,针对装备知识产权管理工作进行了系统、深入的论述。其中,在转化管理方面,从转化途径、转化管理实践以及对策三个方面进行了专门讨论。

除了理论专著外,还有部分学者从战略角度探讨了国防专利技术转移的相关问题。比较有代表性的观点有:卞勇(2007)从国家技术转移体系的有机组成部分、国防科技创新体系的内在需求、有利于促进国防与经济建设的良性互动三个方面首先论述了国防技术转移的重要地位;其次,作者从管理体制、运行机制、思想认识等方面分析了目前我国国防技术转移存在的问题;最后,作者从完善保密制度、完善竞争机制以及搭建信息交流平台等方面提出了对策建议。丁锋、魏兰(2013)将军民技术相互转移的实质理解为有效地综合利用高科技资源问题,并认为对一个国家的整体而言应当是战略考量。作者首先从民用技术向军用转移以及军用技术向民用转移两个方面分析了军民技术相互转移的战略意义;其次,从管理体制、军品市场准入条件以及信息不对称等方面分析了制约军民技术相互顺畅转移的主要问题;最后,根据不同的技术类型,从技术转移平台、军工单位与民用单位的需求等方面,研究了直接转移、间接转移以及"外转内"在内的三种军民技术转移方式。

2. 自组织理论应用的研究现状

关于自组织理论在社会科学应用中研究是目前学界讨论的热点,然而专门针对国防科技成果或国防技术转移研究几乎空白。从目前掌握的文献来看,多数是从系统的观点,以技术创新系统或体系为研究对象展开研究的,并形成了"系统构成—机理剖析—演化模型构建—运行机制—对策建议"的主流研究范式。比较有代表性的观点如下所述。

(1) 从技术纵向转移的角度运用自组织理论描述和解析技术转移系统的研究。其中有代表性的研究是:刘志迎、谭敏(2012)从技术转移纵向视角出发,结合系统论,对技术转移系统进行概念界定及结构解析。在此基础上,选择合适的序变量,基于2000—2009年相关数据,运用复合系统协同度模型对我国技术转移系统演变的协同度进行实证分析。

(2) 从企业的角度运用自组织理论探索其创新系统的演化。这方面的代表研究有:李嘉明、甘慧(2009)根据产学研联盟的自组织特征分析了产学研联盟的演化机制。研究表明,仅有企业群和创新群组成的产学研联盟具有不稳定的特性,将政府纳入产学研联盟既能克服传统自组织的不稳定性,又能克服被组织的内耗缺陷,具有稳定且能够进化的特性,具有盟主的产学研联盟是将来产学研合作的主要形式。李锐(2010)运用自组织理论,并以企业创新系统为研究对象,围绕运行机制、协同机制等问题对企业创新演化过程进行了系统分析。苗成林、冯俊文等(2013)综合运用协同理论和自组织理论系统分析了企业能力系统自组织演化过程,并认为协同能力以及盈利能力共同构成系统的序参量。胡颖慧、陈伟(2013)首先运用自组织理论从宏观和微观视角探讨高技术企业自主知识产权创造的自组织机制并建立协同竞争模型;其次运用Matlab软件对模型参数变化进行函数模拟,并对模拟结果进行了讨论;最后从定量角度探索高技术企业自主知识产权创造、演化规律。

(3) 以创新系统为研究对象,在军事、农业、高校等科研范围内运用自组织理论进行规律探索和自组织特性的研究。这方面的代表观点有:宋黎(2006)运用自组织原理分析认为,我军在建设军事科技创新体系的过程中,要着重解决好科技创新体系生成的条件和动力机制问题,既要创造有利于军事科技创新体系健康生长的环境,又要建立各创新主体之间既竞争又合作的动力机制。李锐、鞠晓峰、刘茂长(2010)从复杂系统理论角度阐述了技术创新系统的自组织特性,在此基础上,运用演化经济学以我国通信产业为例构建了技术创新系统自组织演化过程的定量模型,并以实例进行了分析。何敬文(2012)运用自组织理论对我国装备制造业创新系统进行了研究。作者运用自组织理论中的动力学模型对我国技术创新系统演化过程进行了定量分析。作者分析认为技术创新系统的演化是一个非线性的复杂系统,系统演化的动力来源于系统与外部环境要素之间的非线性作用。吴雄周(2013)运用自组织理论分析了农业科技孵化网络体系的要素组成、结构功能以及自组织形成机理,并以某科技孵化联盟为背景探寻了具体的培育思路和途径。施振佺、郭畅(2013)通过对高校科研管理系统的要素以及结构和功能分析认为:高校科研管理系统具有自组织系统的特征,可以用自组织理论研究,并从整合资源、调整结构等方面提出促使高校科研管理系统循序发展的对策和建议。

3. 转移运行机制的研究现状

关于技术转移运行机制的专门性研究也是目前学界讨论的热点,并形成了以企业、科研院所以及军兵种装备科技成果等为研究对象的相关成果。在研究方法上,基本遵循"现状分析—原因剖析—规律揭示—运行机制"的研究思路。具有代表性的观点有以下几种。

(1)以企业为研究对象。张金华、吕新江(2008)分析认为国防科技工业企业的技术演化有其特有的规律可循。作者认为在民用技术向军用转移的过程中,要注意顺轨累积性技术转移和变轨突破性技术转移两种方式的异同,防范防御滞后陷阱和进攻超前陷阱,同时要把握技术转移过程中技术演化轨迹及其时效性与技术转移的周期性特征。袁田利(2013)以高新技术企业为研究对象,从转化信息、支撑体系、转化机制以及科技中介四个方面剖析了高新技术企业成果转化存在的主要问题同时分析了未来发展的趋势,并从市场机制、组织机制、投融资机制、竞争机制、激励机制等方面提出了高新技术成果转化的管理运行机制以及对策。

(2)以装备科技成果为研究对象。谢玉科、尹邦万(2011)分析认为装备科技成果转化过程存在动力规律、序列和层次规律、综合效益规律、计划规律等,并认为这些规律反映了装备科技成果转化过程中各要素之间的必然联系和转化过程的发展趋势。吴威娜、于丽颖(2012)以海军装备科研院所以研究对象,探讨了成果转化机制。作者在总结国外科研院所科技成果转化的主要做法基础上,从研究方向与重点偏差、成果过剩和短缺并存、激励机制不配套以及应用意识淡薄四个方面分析了科技成果转化的制约因素,并从管理体制、激励机制以及评估机制等方面提出了对策和建议。李萍、马曙辉、王蒙(2014)分析了我国国防科技成果转化的必要性以及在转化过程中面临的困难与问题,参照美国科研机构技术转移办公室(OTT)标准模式并结合中国国情、军工企业和国防知识产权现状,探索出将我国现有的科研项目全过程管理与国防科技成果转化全过程相融合的新模式,并从政策法规、信息资源服务平台搭建和保障机制等方面提出了具体的解决途径。

(3) 以自组织理论作为依据对系统动力机制研究。陈娟(2011)将科技资源共享系统作为一个开放的系统,并在分析该系统是一个自组织系统的基础上,从动力、保障、组织以及信息四个方面构建了系统运行机制。作者分析认为:共享价值是科技资源共享系统从无序向低阶有序演化的序参量;共享文化是科技资源共享系统由低阶有序向高阶有序演化的序参量。在确定序参量的基础上,作者进一步根据序参量的使役作用及其对系统动力机制的功能,提出了科技资源共享机制建设的具体内容。张娟(2013)以大学科技成果转化为研究对象,综合运用自组织理论和项目管理的思想与方法,围绕管理体系构建、效果评价等方面对大学技术转移管理运行机制进行了系统分析与设计,并针对实践中的突出问题提出了具体的对策和建议。

4. 技术转移动力机制的研究现状

技术转移动力机制研究是目前学界在成果转化领域方面的主要方向,并形成了"障碍因素分析 – 机制构建"的主流研究范式,在研究方法上侧重规范分析,主要代表观点如下:

(1) 从要素分析及问题出发,提出动力机制的研究。这方面的代表有:马松尧(2004)首先在系统梳理科技成果转化现状的基础上,总结归纳了制约我国科技成果转化的主要障碍因素;在此基础上,针对分析提出的障碍因素,提出了运用动力机制解决问题的具体内容。作者分析认为:构建科技成果转化动力机制应把重点放在对科学技术研究开发人员的激励制度、完善科技成果中介服务体系、建立多元的融资渠道和平台以及对技术发明权利人的权益保护等方面。此外,作者在设计成果转化动力机制的过程中,还进一步剖析了内在的动力机理,即企业市场主体地位的确立与认可是保证系统有序演化的重要动力源,系统的运行主要通过自激励放大系统的正向反馈作用。该研究对加速我国科技成果转化具有重要的理论参考价值和现实指导意义。赵正洲、李玮(2012)以武汉、上海地区6所高校的专任教师和科研管理部门负责人为调研对象,进行高校科技成果转化动力机制调研,从政策导向动力机制、市场驱动动力机制、人才激励动力机制三维度剖析了制约我国高等院校技术转移的障碍因素,并从法人中介体系构建、部门职能化完善、技术人员的绩效激励等方面,提出了针对性的对策建议。张永成、郝冬冬(2009)在分析当前专利转化动力体系不足的基础上,从完善内部评价与激励机制、培育中介服务体系、完善知识产权体系和权益保护法规、加大对专利产业化的政策支持力度等方面提出构建专利转化动力体系的相关措施。

(2)民用技术转军用的研究。杨立秋(2005)运用有关技术转移的理论,讨论了民用技术转军用的动力机制和运行机制问题。作者在确定民用技术向军事领域转移过程中的要素基础上,运用技术转移理论的动力理论,分析了民用技术转军用的外力。此外,在明确具体的转移外力的基础上,从技术供体与技术受体信息交互平台建设、转移法规政策保障等方面进一步设计了军民技术转军用的运行机制,并提出民用技术向军事领域转移的主要困难在于技术转移前期中试环节和二次开发。

(3)运用成长上限理论对技术转移动力机制进行研究。持有该观点的代表是徐辉、王忠郴(2007)。作者运用成长上限理论构建了我国技术转移的动力机制,并从建立健全技术创新人员的激励机制、确立企业市场主体地位等方面提出了推动我国技术转移的原动力。

(4)从知识转移的视角研究技术转移动力机制。持有该观点的学者厉春雷(2011),分析认为技术成果的不断沉积和技术信息的顺畅交流构成了技术创新的重要环境支撑。技术转移的主要内容在于知识,通过对凝结在技术中的知识的生成、传播以及物化,才能实现技术转移过程。作者从知识转移的视角,探索了技术转移的本质规律,并分析认为我国的技术发展在某种程度上不可避免地受到发达国家技术输入和知识扩散的积极影响。该研究对于探索把握我国引进国外先进技术和知识实践具有较强的现实指导意义。

5. 专利技术转移模式的研究现状

关于专利技术转移模式研究,在国防领域内,学界的讨论并不多见,从目前的文献来看，主要集中在军民两用技术转移模型、军工技术转移模式等方面。

1) 国防领域

（1）从军民融合战略角度系统考察军用技术转移模式的研究。这方面的代表观点有：雷延军（2007）认为军民两用技术是实现军民一体化战略的关键，并分析了军民两用技术转移的含义及具体转移模型，从任务要素、人的因素、机器设备要素、管理要素、环境要素等方面建立了一个支持军民两用技术成功转移的"6M"分析框架。夏守军、李海超、李柏洲（2008）从科技成果推广中心的成立、国防军工技术转移与应用重点领域的开辟、国防军工技术成果的积累以及以军工技术为背景的高科技园区的发展等方面阐述了我国国防军工技术转移工作取得的成绩。此外，作者还从军民分离的管理体制、军用标准与军工企业标准的"绿色"壁垒、国防科技工业企业的不完全市场主体的地位等方面分析了国防军工技术转移工作中存在的问题，并针对这些问题提出了我国国防军工技术转移与发展的相应对策。

（2）从国防经济资源配置的视角分析军民技术转移的研究。这方面的代表观点有：孙兆斌（2009）分析认为加强军民之间的技术转移，能够降低军用与民用企业的研发成本，促进军工企业武器装备的技术升级，有效整合民用与军工科技优势资源并从引进国外先进技术、发展军民两用技术、统一军民通用技术标准、完善中介服务机构以及建立军民两用研发网络体系五个方面提出了促进军民技术之间的双向流动和转移的对策建议。

（3）将产学研合作模式运用到军民技术转移中的研究。这方面的代表观点有：张敏、田军、申健（2012）在对军工企业装备型号研制产学研合作实践现状总结归纳的基础上，首先根据不同企业的技术能力和任务需求，分别提出了技术服务模式、技术转让模式、委托开发模式、联合开发模式以及共建实体模式等在内的装备研制中的产学研合作模式；其次，从风险认识、合作形式以及主导能力等方面论述了目前产学研合作模式在军工企业应用中存在的问题；最后，从军方引导和协调、招投标制度的监督、合作方资质要求以及评估体系完善等方面提出了军事代表在产学研合作中的职能作用。

（4）关于风险投资模式应用在国防科技成果转化领域的研究也是学界近年来讨论的热点。杨艳军、张伟超（2009）研究认为国防科技成果转化风险投资中存在复杂的双边委托代理关系。有效的风险投资契约，有助于解决国防科技成果转化风险投资中的双边委托代理问题,协调好风险投资者与军方代表之间的关系。解决利益冲突、克服权利与义务不对称及减少代理人问题,应该将国防风险企业中的剩余索取权和决策权配置分离,决策权应尽量多地分配给风险投资者,而剩余索取权的分配应随着军方代表的努力程度对剩余份额的弹性而变化。

2)民用领域

除国防领域外,在民用领域的技术转移以及知识产权转化等方面,学界讨论的比较广泛并形成了以许可模式、知识产权资本化以及企业合作网络作为主要考察对象的代表观点。

(1)关于许可模式的研究,学界对非对称信息条件的专利许可模式进行了相关讨论,比较有代表的是李攀艺(2007)。作者以不对称信息下,专利权人与潜在被许可者之间在专利许可过程中形成的委托——代理关系作为出发点,针对高校通过专利许可进行技术转移的情况,建立基于高校发明者和被许可企业道德风险的博弈模型。

(2)关于在转化模式分类的基础上提出不同转化模式的研究有,武士俊(2009)提出按产出渠道,将科技成果分为生产企业科技成果、社会个体科技成果、科研院所科技成果和高等院校科技成果四类,并提出了四种转化模式,包括科技中介机构科技成果转化的股份制模式、高新科技开发区科技成果转化模式、产学研结合共促科技成果产业化模式、建立风险投资机制保证科技成果转化模型和大学科技园区科技成果转化模式。

(3)关于知识产权资本化的模式,学界也进行了相关讨论。刘春霖、安秀明(2009)对学界关于知识产权使用许可权资本化的争论进行了归纳分析,并对知识产权使用许可权资本化进行了可行性研究认为公司资本信用向资产信用的转移,虽然弱化了公司注册资本的担保功能,但具有一定的经营功能;知识产权的使用许可权具备知识产权出资标的物的要件;用益物权可以作为投资者的出资对象是不争的事实;从现行立法的有关规定来看,当事人以知识产权出资,既可以是专有权也可以是使用权。

(4)关于知识产权转化路径和价值实现方式的研究,学界形成了几种主要观点。吕素敏(2011)阐述了从知识产权应用的四个不同方面论述了知识产权价值实现的各种路径与模式。一是利用知识产权成果转化为直接生产力,产生经济效益;二是利用知识产权转让、许可、特许的价值增值方式,促使知识产权商品化;三是利用知识出资、出资的形式将其转化为无形资本进行融资,从而获得知识产权投资收益或是企业急需的现金;四是利用产学研的合作形式,加快高校和科研院所的研究成果向企业转化,促进知识产权市场的形成和培育。李蕾、杜辉(2012)在分析专利转化率低的因素基础上,从自行转化、专利技术入股、引入技术风险投资、参加专利技术展会或对接会以及利用高科技和专业化平台等方面探讨了拓宽专利转化路径。

(5)针对现有转移模式选择以及相应政策取向的研究,这方面的代表观点是:黄亲国、肖灵机等(2013)在提出技术转移全过程模型的基础上,针对技术转移市场失灵原因及效率损失,提出了科研机构促进技术转移的政策设计取向,进行了技术转移模式选择分析。研究表明要促进技术转移,政策设计取向上要有利于培育牵涉技术转移独特而有价值的技术创新互补资产,模式选择上要根据成果成熟度、技术生命周期所处阶段,对继发性创新和突破性创新分别进行合理决策。

(6)从地区或企业合作网络的角度研究技术转移问题,这方面的代表观点是:司尚奇(2010)首先分析认为政府主导特征、二元特征、跨区域特征构成了我国技术转移合作网络的特征;其次,通过对技术转移合作网络的自组织性、开放性和协同性的研究,提出网络治理理论在通过分析技术转移要素流动关系模型的基础上,提出了代理、委托开发、技术集成和生产联合体等治理模式,并揭示了这几种模式运作机理;最后,对网络治理机制进行了相关研究,并分析认为技术转移合作网络在组成上有宏观的政府间技术转移合作网络和微观市场间技术转移合作网络构成,在结构上既有层级制的特征,又有组织交易模式的特征。

6. 专利技术转移效果评价的研究现状

专利技术转移效果评价研究,是近年来学界讨论的焦点之一,并形成了以主成分分析法和数据包络分析法(DEA)作为主流模型的研究范式。

(1)以国防科技成果为对象进行效果评价。陈文芳(2012)根据国防科技成果转化的特点,首先分析了国防科技成果转化的主体(政府、国防科研机构、企业、中介服务机构)、客体及中介机构(包括国防技术转移信息交流互动平台、国防高新技术开发区、国防科技成果展示交易会、市场上的中介机构)在国防科技成果转化中的作用;其次,作者对制约国防科技成果转化的相关因素因素进行了梳理,并在此基础上运用专家打分法,构建了转化效果的指标体系;

最后,基于 DEA 的评价方法构建评价模型并利用 30 家国防工业上市公司的科技成果转化的数据进行了实证分析。

(2) 以国家或省一级地区为对象进行科技成果转化效果评价。谢丽云(2009)、徐晨(2010)对我国各省、直辖市以及自治区的技术成果转化能力进行了综合评价。首先,根据影响成果转化的影响因素建立评价指标体系,在此基础上,综合运用专家打分法和主成分分析法对指标的相关性进行了剔除和进一步筛选,最终确定了 3 个层次、19 个三级指标的评价指标体系。其次,以某省为例对科技成果转化能力进行实例分析。通过对评价指标体系的建设以及评价模型的设计,并结合实例结论,系统论述了我国技术成果转化的影响因素,为以省为单位进行科技成果评价提供了有效的方法借鉴和手段支撑。安蕊(2005)、唐敏(2010)分别以四川省、江苏省为实例,系统考察了全省的科技成果转化效果。其基本思路是在梳理全省科技成果现状的基础上,从人员基础、资金基础、现有成果、生产与应用水平以及社会效益等方面,建立评价指标体系。在此基础上,作者综合运用主成分分析法和专家打分法,以省为对象,进行了实例验证。通过对两省的科技成果综合评价指标体系的建立以及综合评价模型的构建,对省科技成果评价提供了重要的手段支撑。

1.3 相关理论借鉴

国防专利技术转移既是一项社会活动,更是一项经济活动,尽管目前国防专利的保密属性在一定程度上对转移的实施或多或少带来一些局限,但这并不会影响到一般的技术转移理论及系统科学理论等对国防专利技术转移的应用。本节结合国防专利的特点,系统阐述技术转移理论和自组织理论与方法对国防专利技术转移的指导意义及其适用性。

1.3.1 技术转移理论

国防专利技术转移是技术转移的组成部分,理应以技术转移的一般理论作为分析依据。技术转移的一般理论基石是以科技功能论为基础,以技术转移机会论为核心,以利益耦合论为本质论的三论紧密结合的理论体系。结合国防专利的特点,本书对用到的 NR 关系论、梯度落差理论以及利益耦合论进行概述,并论述这些理论在国防领域应用的适用性及局限性。

1.3.1.1 NR 关系理论

1. 对技术转移动因的解释

N–R 关系论是日本学者斋滕优提出的。他认为,一个国家的需求与该国的资源,在国家经济发展中存在着一定的制约关系,即需求与资源(NR)关系。如果 NR 关系不相适应,则技术转移自然产生。同时,这种需求与资源的相互作用也构成了技术应用的重要动力。此类技术转移动力机制同样适用于地区之间、行业之间两个主体方 NR 关系的互补互动关系。

2. 对国防专利技术转移的指导

从上述理论阐述可以看出,基于 NR 关系论的技术转移动力理论同样适用于两个主体方 NR 关系的互补互动关系。就国防专利技术转移而言,其转移的方向存在于军民两个主体之间。其中,以军方为主导的军队科研院所、国防科技工业集团等单位组成的主体可以看成是技术供体,而由地方生产企业等单位组成的主体可以看成是国防专利的受体。在技术受体内部,其技术创新及行业生产规模发展的需求也受到其本行业内部资源(主要指技术)的制约,如果其内部有足够的 R 来满足 N 时,NR 关系就不成其为问题;倘若 R 不足以满足 N,NR 关系就不相适应,这必然导致国防专利技术受体对外寻求 R(主要指技术资源)的结果。如果其技术面临的需要正好是国防科技工业领域,则构成了军民技术转移的原因。

3. 运用局限

斋滕优的 NR 关系论,从需求与资源的角度揭示了两个主体之间产生技术转移的原因,从技术受体的角度,可以解释国防专利技术转移的动因,然而对于技术供体的转移动力,该理论却不能解释其内部供给不足时,对外产生技术输出的原因,这在技术供体的动力分析中产生了局限性。此外,由于该理论的提出首先是源于国际技术转移,即更多的是站在国家与国家的关系角度,针对一个国家国内的转移主体来说,理论中的条件并不成为真正意义上的条件,并不完全适用。总之,该理论在技术供体转移的动力源分析中具有一定程度的解释力,可以借鉴运用。

1.3.1.2 梯度落差理论

1. 对技术转移动力的解释

梯度理论最早是由我国学者为了寻找经济起飞模式而探索发展的经济理论。该理论认为:一个国家不同地区在技术上形成的差距构成了该国经济发展非平衡的主要因素。一个国家不同地区的技术、经济发展不可能同步进行。一个国家的经济、技术发展在地区范围内应以先进技术地区带动相对落后技术地区发展的模式进行。在这种模式下,一种技术梯度在国家范围内逐渐形成,并使先进技术地区向"中间技术"地区转移,使新兴技术地区向"传统技术"地区转移。在这种技术转移的过程中,地区间的技术差距不断缩小。梯度理论的积极意义表现在处于梯度上下两侧的落差,而这一落差体现的势能正是技术转移产生的原因和动力。

梯度主要包括两个含义:第一个含义是指某地区或某行业技术发展的程度,在技术领域,通常用"先进技术""中间技术"和"传统技术"概念等表示技术发展的不同程度。在地区范围上,通过用"先进技术地区""传统技术地带"和"中间技术地带"表示。第二个含义是指不同国家不同地区人均国民收入相近、消费结构相近、需求偏好相似的异质性产品(如质量、品牌、款式、服务等)相互需求强度、产业内的技术相互互补程度(导致竞争对手之间结成战略联盟—竞争性合作)和非产业内不同技术的相互需求强度等。前者是实现垂直转移问题,后者是解决水平转移的问题,从技术贸易的角度来说,后者的贸易额超过前者。总之,落差一是指不同梯度间的距离,二是指主体间相互需求的强度。通常来讲,存在落差就存在"势能"。梯度落差理论的积极意义正是在于把握其势能所产生的机遇。

2. 对国防专利技术转移的指导

梯度落差理论强调技术转移主体二者在技术上的差别和相互需求,运用在国防专利技术转移中的指导之处主要体现在两个方面:一是社会(民用领域)对高新技术(以武器装备技术为牵引)的迫切需要,是社会对技术需求与供给矛盾运行的必然结果。随着经济社会的发展,社会对技术的需要越来越迫切,以武器装备建设为牵引的高新技术成果在整个社会中处于领先的位置。这种社会的技术需要与源于国防安全和军队建设而带来的技术供给形成了一对相互矛盾的运动,从而产生了社会(民用)对技术(军用)的驱动力。二是国防专利技术转移主体之间客观上存在技术落差。以国防和武器装备建设发展为牵引的国防科技工业高新技术成果代表了梯度中的先进技术,而构成这些技术核心的理论知识和实践中的专利技术,其用途比技术产品本身具有更普遍的多样性。例如:对导弹作精确制导的微芯片可以安装在儿童玩具、汽车内,或将其安装在制造芯片的机器上用于制造芯片;设计"抗爆导弹发射井"的计算技术可用于设计大楼;火箭发射塔架升降技术可用于设计和制造大型升降舞台;设计、制造和使用喷气发动机、光纤电缆、磁控管、硼纤维复合材料、火箭推进剂、离子注入设备、三维流体力学代码以及自动车床等技术都具有潜在的民用价值。在这些技术领域中,民用科研生产企业由于受到市场壁垒、规模经济、巨额研发投入等客观条件的限制几乎不可能依靠自身来开发类似技术,即使存在这样的技术,也在相应技术领域处于低位梯度的中间技术或传统技术。国防专利技术面向武器装备建设特定需求并受装备需求牵引,是装备科研生产的结果,其产生的专利技术在民用领域的同类行业具有不可替代性。因此,国防专利技术转移主体间在技术生成模式上客观存在技术差距,而且这种差距越大,势能就越大,转移动力就越强。

3. 运用的局限

梯度落差理论以技术差距为出发点,牢牢抓住"技术发展的不平衡性"作为其理论的基础。然而,这也是技术发展客观存在的规律。国防专利技术也不例外,其转移主体间客观存在的技术差距正是可以运用梯度落差理论来分析国防专利技术转移动力源的前提和条件。但是技术差距并不是国防专利技术转移动力生成的主要动因,而是国防专利本身包含的技术属性。那么这种差距的背后到底是什么在起作用?为什么要保持这种差距?以及如何保持这种差距?显然,技术差距理论并没有作出解释。这在技术转移动力规律揭示方面存在一定的运用局限。此外,国防专利技术转移也不完全是仅存在技术差距的条件下才发生。有些转移动力的产生并不以技术的先进性作为主要考量,而更多的是从维持产业发展或维护企业技术垄断地位的利益角度考虑。因此,梯度落差理论并不能完全解释国防专利技术转移动力形成的真正原因。

技术转移,由于受到具体的转移对象和转移方向的限制,其转移动力的成因也应具体分析。但作为一般技术转移理论,梯度落差理论可以作为国防专利技术转移动力源分析的部分理论依据。

1.3.1.3 利益耦合理论

1. 对技术转移动力的解释

技术转移既要讲利益,也要讲耦合,讲利益耦合。耦合是指在社会经济系统中,两个或两个以上的技术转移主体,在经营发展过程中,通过各种相互作用而彼此影响的现象。如一个主体(A)有合作的需要,有专利转让的需要,另一个主体(B)也有合作的需要,有引进专利的需要,AB之间存在合作的可能性,若合作成功,对AB双方都产生积极的影响,这种在技术转移中的耦合现象,如同电路的耦合。然而实现电路耦合是要有条件的,这个条件就是电路之间必须有公共阻抗存在。在技术转移过程中,实现技术转移上的耦合,也必须要有条件。这种条件(公共阻抗)在社会经济系统中非常复杂,但最重要的是要有共同利益。不同转移主体对利益的理解和要求也不同。就国防专利技术转移而言,从技术供体角度来看,专利持有方更注重其转移专利为其带来的争取科研项目时的重要支撑指标、在同行业内的技术优势声誉以及应对上级领导部门和管理机构的考核指标;从技术受体角度来看,专利受让方更侧重于其受让专利后为企业所带来的经济利益、通过技术消化和吸收后为企业带来的技术升级等方面;从国家或整个经济社会的发展来看,国防专利技术转移还应侧重长远的根本利益,充分发挥国防专利技术的经济价值;就企业个体而言,短期利益也是其追求的主要目标。总之,这种基于共同利益(或互利)实现的耦合,就是利益耦合。从利益耦合理论的观点,可以得出:共同利益、互利是实现耦合的基础和条件;耦合是实现更大利益的途径和条件。

电路的耦合因公共阻抗性质的不同,会产生不同的耦合方式,如电阻耦合、电容耦合、互感耦合、电阻电容耦合等。技术转移活动的耦合,不是一般自然现象简单的耦合,它因共同利益关系的构成和性质不同而有多种多样的耦合模式。主要包括:一是扩张模式。这种模式是指处于高位梯度的战略主体,向处于低位梯度的战略主体转移落后产业、推销适用技术等。二是依赖模式。通过该模型,处于技术落后的地区通过引进先进技术、利用发达地区在资本、人力资源等优势弥补自己的发展不足,依靠发达地区带动自己的技术、经济发展。三是转移主体之间的合作模式。技术转移主体之间互相转移对方的优势技术,并通过优势互补建立技术联盟或跨国公司,进入新的市场并生产新的产品,实现互利共赢。上述各类技术转移耦合模式可以说是不同利益耦合形态的具体体现,都是把握和利用机会的具体形式。

2. 对国防专利技术转移的指导

利益耦合理论对于国防专利技术转移的指导意义在于:转移的任何一方(供体或受体)不能仅考虑自己的利益而不考虑转移另一方(受体或供体)以及其他相关主体的利益。只考虑某一方面的利益不考虑转移过程中各方的利益也不是科学的技术转移理论。国防专利技术转移同样遵循这一规律。代表国家或军队向地方民用领域实施专利技术转移的主体单位,一方面要从国家利益着眼,实现军事、社会效益最大化的目的,但同时也要考虑到技术受体的经济利益,让受体有利可图,要让技术受体看到引进该项专利技术的发展前景。同理,为实现转移目标,技术受体引进国防专利时,也将受到国防专利技术供体单位在国防科技成果转化方面的政策、法规等要求和限制等。正是基于双方利益的考虑,技术供体或技术受体,才会积极加强就国防专利技术转移的各项条件的创造,并从中找到各方发展的机会,寻找到转移的耦合点,互利共赢。

利益耦合模式对于国防专利技术转移的指导意义在于:一是有助于国防专利技术转移的供体单位认识和把握国防专利的技术梯度规律。这对于技术供体充分利用国防专利技术在同行业或技术领域中的梯度优势,并科学、合理地选择合适的受让方有积极的意义。当然根据耦合模式的不同特点,技术受体(民用生产企业或科研单位)的技术可能处于国防专利技术的低位梯度也可能与其处于同一梯度水平。二是有助于为国防专利技术转移的模式选择提供借鉴。虽然利益耦合模式起初是建立在国防技术转移的实践基础上的,是不同利益耦合的表现形态,但作为一般技术转移的规律,同样有利于指导国内不同地区或主体之间的转移模式研究与分析。

1.3.2 自组织理论

自组织理论是研究非线性复杂系统的方法论。其理论群包括耗散结构论、协同学、突变论、超循环论、分形理论和混沌理论。本节从自组织与被组织概念出发,对自组织理论群简要概述,并对本书运用到的耗散结构论、协同学、突变论阐述其原理和分析方法,为下一步国防专利技术转移系统的自组织条件剖析及动力机理分析奠定理论基础。

1.3.2.1 自组织理论概述

1. 自组织与被组织

名词意义的"自组织"是通过事物自己自发、自主地走向组织的一种结果;动词意义的"自组织"是通过事物自己自发、自主走向组织的一种过程。按照事物本身如何组织的方式,组织化应该划分为两种方式:一种是自组织,另一种是被组织。组织、自组织与被组织的概念之间的关系如图1-1所示。

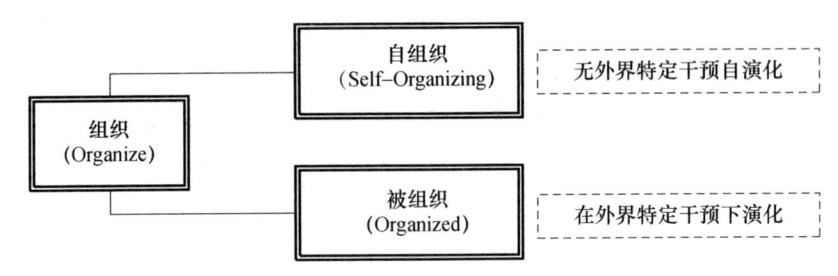

图 1-1 组织、自组织与被组织的关系

组织、非(无)组织、自组织和被组织的概念如表 1-2 所列。

表 1-2 组织、非(无)组织、自组织和被组织的概念

总概念	组织(有序化、结构化)		非(无)组织(无序化、混乱化)	
含义	事物朝有序、结构化方向演化的过程		事物朝无序、结构瓦解方向演化的过程	
二级概念	自组织	被组织	自无序	被无序
含义	组织力来自事物内部的组织过程	组织力来自事物外部的组织过程	非组织作用来自事物内部的无序过程	非组织作用来自事物外部的无序过程
示例	生命的生长	晶体、机器	生命的死亡	地震下的房屋倒塌

2. 系统自组织

系统自组织是指一个远离平衡的开放系统,在外界环境的变化与内部子系统及构成要素的非线性作用下,系统不断地层次化、结构化,自发地由无序状态走向有序状态或由有序状态走向更为有序状态。自组织理论认为系统产生自组织现象需要满足一定的条件:①开放性,即系统与外界有物质、能量和信息的交换;②非平衡态,即系统的各组成部分是否均匀一致,各部分之间的差异越大,系统离平衡态就越远;③非线性,即系统组成部分在性质上相互独立且存在差异,同时组成系统的独立要素大于等于3;④存在涨落,即涨落是系统演化的内部诱因,系统的有序演化是通过涨落而实现的。⑤正反馈,系统靠正反馈机制使涨落得以放大,从而为系统演化到具有新的结构、功能的新系统创造条件。

任何技术转移主体(一个国家或一个企业、转让方或接受方),都是一个非线性非平衡开放系统;系统的环境、内部的结构要素及其本质联系,都直接关系到系统的运行状态、主体的决策行为和系统目标的实现。国防专利技术转移系统同样遵循这一规律并且具有开放、非平衡、非线性、涨落等自组织特征,满足自组织形成的条件,其发展演化符合自组织规律。运用系统的自组织理

论首先要剖析国防专利技术转移系统的要素及过程,判断其是否具备自组织的条件,在这个基础才能进一步研究其自组织演化的动力问题。

3. 自组织理论群

作为研究系统自组织现象和规律的学说,自组织理论还没有形成统一的理论,而是一组理论群,该理论群包含的理论如表1-3所列。鉴于课题的研究对象,本书主要运用自组织方法论中的条件方法论——耗散结构论、动力学方法论——协同学理论以及突变理论。

表1-3 自组织理论群

创立人	理论名称	内容
C I. Prigogine	耗散结构理论 (Dissipative Structure Theory)	研究系统如何开放、开放的尺度,如何创造条件走向自组织等问题,是自组织演化创造条件的方法论
H. Haken	协同学理论 (Synergetic Theory)	解决自组织的动力学问题,如竞争、协同和支配以及序参量等概念和原理
M. Eigen	超循环理论 (Hyper cycle Theory)	提供如何充分利用过程中的物质、能量和信息流的方法,是自组织的结合发展方法论
Thom	突变理论 (Morphogenesis Theory)	研究系统在其演化的可能路径方面所采取的方法论思想
Mandelbrot	分形理论(Fractal Theory)	研究系统走向自组织过程的复杂性结构过程
Lorentz	混沌理论(Chaotic Theory)	研究系统走向自组织过程中的时间复杂性问题

4. 自组织理论对国防专利技术转移动力机制的指导

自组织理论为研究自组织现象提供了重要的方法论。尽管自组织理论中多数理论起源于对物理、化学等自然科学规律的认识,但是随着该理论的成熟与发展,自组织理论逐渐被应用到社会经济系统中,并对社会经济现象作出了科学的解释和预测,如群体与公众舆论的规律、市场经济与计划经济的演进、充分就业与非充分就业的规律、城市发展模式的选择等。自组织理论对国防专利技术转移动力机制的指导意义在于以下三个方面。

(1)国防专利技术转移动力机制问题的研究对象符合自组织理论的应用条件。根据技术转移理论,任何技术转移主体(一个国家或一个企业、转让方或接受方),都是一个非线性非平衡开放系统。国防专利技术转移这一社会经济现象符合自组织的特征,并且是客观现实存在的一种典型的自组织系统。运用自组织理论研究国防专利技术转移动力机制问题符合系统认识论的科学规律,可以从系统的视角准确地把握其发展规律。

(2)为国防专利技术转移主体之间的关联方式提供重要的方法支撑。从技术转移理论角度来看,国防专利技术转移过程是一个涉及多主体参与并且主体之间存在相互联系和作用的复杂系统,其运行和发展受到多种因素影响,如国家技术转移的法规、政策、国防知识产权制度、国防科技工业管理体制等。因此,对其运行规律的揭示以及对内在动力机制的分析也变得非常复杂,需要有一种方法既能以系统的视角对国防专利技术转移过程进行宏观上的规律分析,同时能从微观上探求系统内各子系统和要素之间的相互关系及作用方式,并揭示其内在的运行动力机理。自组织理论的协同学理论和突变论通过引入系统宏观上的变量对复杂系统问题进行描述。其中,序参量是少数的几个重要的变量,通过运用自组织理念既有利于对国防专利技术转移这一社会现象进行宏观描述,又能以较少的关键变量对系统内各子系统和要素之间的相互关系及作用方式进行描述,可以以一套完整的分析问题、解决问题的逻辑框架思路贯穿于国防专利技术转移动力机制问题始终,相比其他理论与方法具有明显的优越性。

(3)有助于对国防专利技术转移过程进行宏观预测和控制。研究国防专利技术转移动力机制问题,一方面要探索和把握其运行规律及其内在的动力机理并在遵循国防专利技术转移规律和动力机理的基础提出科学的动力路径;另一方面,自组织的理论精神是协同学原理中的序参量作用,通过序参量的调整并在使役原理和涨落的作用下使系统从一种状态向另一状态演变。对于国防专利技术转移系统而言,通过对系统序参量在演化临界点的调整,可以控制未来国防专利技术转移的演化方向,不仅为解决当前国防知识产权转化面临的现实突出问题提供理论与方法支撑,还可以对未来国防专利技术转移的实践发展进行科学控制,使国防专利技术转移按照有序的演化轨迹发展。

5. 自组织理论的运用局限性

任何理论和方法都不是完美的。自组织理论虽然可以从系统中为国防专利技术转移的发展演化及其内在的动力机理研究提供重要的方法论支撑,但也存在其固有局限性。主要体现在以下两个方面:

(1)缺乏定量的描述与分析。自组织理论应用于社会科学领域,在解决问题时,主要通过其定性的描述和分析得出对事物发展和演化规律的认识。对于国防专利技术转移这一社会实践,可以根据历史经验积累数据,通过对系统的输入与输出的专利数量以及其他数据进行科学统计,并得出如物理学定律似的数学模型。但是自组织理论的基础是黑箱理论,也就是通过对系统的宏观测量和描述,达到解释、预见和控制系统演化的规律,对系统运行的内在机理上缺乏定量化的描述和解释。

(2) 缺乏对动力机制具体路径实现的指导。自组织理论是对系统宏观运行规律与演化过程的刻画与描述,强调并关注的是如何实现系统从无序走向有序的动力学机制问题,并根据演化规律提供理论指导,但是具体到国防专利技术转移系统的目标实现以及动力路径设计时,还需要借鉴其他理论以及实践现实问题具体分析。

因此,本书在总体分析框架布局上按照自组织理论的分析展开,同时也综合运用技术转移理论,并结合实践现状对国防专利技术转移动力机制问题进行全面的考察,不仅为国防专利技术转移提供理论上的参考,还为解决现实问题提供指导。

1.3.2.2 耗散结构论

1. 理论概述

耗散结构论理论认为:一个远离平衡的开放系统(力学的、物理的、化学的、生物的乃至社会的、经济的系统),通过不断地与外界交换物质和能量,在外界条件的变化达到一定阈值时,可能从原有的混沌、无序、混乱状态转变为一种在时间上、空间上或功能上的有序状态,在远离平衡情况下形成新的有序结构。

2. 分析方法

运用耗散结构理论定性分析问题的方法是分析所研究的对象是否满足耗散结构的自组织结构的基本条件,满足这些条件的判据如下。

1) 体系开放

开放是系统向有序发展的必要条件。只有与外界有物质、能量、信息交换的开放系统,才有可能走向有序。而判断一个系统的开放性,只要知道系统有无输入和输出即可。以国防专利技术转移系统为例,该系统本身就是一个非常复杂的系统,它包含技术供体、技术受体、中介等各种子系统。探讨它与外界的关系,就会发现开放是技术转移系统的重要特点。系统中转移出的技术产品要不断地输出到民用技术市场中;同时,也要不断从武器装备计划规划或装备科研生产任务中获取技术研发所需的资金、人才和设施设备以及信息等。一个技术转移系统就是在不断地输入新的科研任务和项目的投入资源、输出专利技术产品的过程中,促使国防科技工业科研和生产的,没有这种输入输出的交换,技术转移就不能实现。此外,国防专利技术转移系统的开放性还表现为系统与外部环境的交流。如实现技术转移所需的资金引导与社会信贷融资环境的交流、专利技术市场交易前所需的专利价值评估机制以及转移所受的国家政策法规调控和约束等,这些都表现出国防专利技术转移与系统外部环境的交流特征。

2) 远离平衡态

普利高津指出,非平衡是有序之源。判断系统是否远离平衡态就是研究系统的各个组成部分之间的差异性,差异越大,系统离平衡态就越远。在国防专利技术转移系统中,所谓平衡就是国防专利技术转移的这种开放系统的有序稳定态,也就是遵循技术转移规律的、处于良性循环的国防专利技术转移的系统结构。转移过程保持顺畅,就是使技术供体、技术受体以及子系统内部的要素之间的关系,以及在与转移系统外部的交流中保持一种稳定的有序的结构。这种结构对外保持能量、资金、信息、技术人才等的开放,在内部是一种各子系统或子系统内部各要素之间的相互作用(相互竞争和相互协同)的局面。这样的结构才可能使系统达到新的有序状态。不打破平衡,不使系统远离平衡态,就不可能形成耗散结构。

3) 非线性

非线性就是研究系统的组成部分构成是要素还是元素,即组成部分不仅在数量上而且在性质上要相互独立且有相当的差异。国防专利技术转移系统内的要素在性质是独立的,如技术供体,军工科研院所、军工企业以及军队科研院所等单位在性质上与技术受体的民营企业等存在明显差异,而且相互独立。非线性的条件还要求系统内各要素之间不是线性的关系,也不是因果关系,而是既存在着正反馈的倍增效应,也存在着限制增长的饱和效应,即负反馈。国防专利技术转移系统内的技术供体与技术受体之间在围绕国防专利技术转移这一目标所进行的活动也不是简单的因果关系,国防专利不是有多少就能转移多少,系统的输入与输出不是线性关系,而是受到内部复杂关系作用的影响。

4) 非稳定性

非稳定是相对于稳定而言的。自组织理论认为,稳定性是指系统的存在方式或演化趋势(运动状态)不因内部涨落或外部因素干扰而改变,即稳定性是相对扰动的不敏感性。稳定是系统的平衡状态。稳定性越高,系统越不容易变化;反之,如果由于内部涨落或外部扰动系统就发生较大变化,则系统就为不稳定状态。一般来说,系统处于低能量态时,是稳定的,反之是不稳定的。

5) 存在涨落

在宏观系统中,由于微观的无规则运动,系统的某些物理量有时自发地偏离其统计平均值或最大似然状态的现象,这种现象就是涨落,其形成是一个随机过程,包括由系统自身产生的内部涨落和由外部噪声引起的外部涨落。国防专利技术转移系统,作为国家技术创新系统的一个组成部分,处在社会经济的大环境,受到系统外界的干扰和影响。当然系统处于远离平衡区的非线性区时,系统外部的干扰,如国家关于技术转移的政策、法规、体制等环境变化带来的干扰以及系统内部要素的涨落就会起到一个全新的积极作用,此时,各种微扰和涨落会被放大,从而驱使系统失稳、演化并跃迁到一个新的稳定结构。涨落需要在一定条件下才能发挥其耗散结构出现的触发器作用,这一条件就是系统远离平衡态。与自然系统一样,经济社会系统的涨落根据其所处的阶段发挥不同的作用。因此,对于国防专利技术转移这样的社会经济系统来说,只有认真研究转移临界点附近的涨落,才有可能把握住转移系统转移发生演化的时机和方向。

本书运用耗散结构论作为分析国防专利技术转移自组织运行的判断依据。

1.3.2.3 协同学

耗散结构理论主要研究发现或促进结构何时何地可以出现或发生。协同学是进一步研究产生组织的动力学问题,并被进一步总结和抽象成为一般的自组织动力学方法。

协同学的理论要点是,一个系统从无序到有序转变的关键在于系统内部各子系统间通过非线性相互作用和协调,在一定条件下,能自发地产生在时间、空间或功能上稳定有序的结构。协同学的理论对于国防专利技术转移的指导意义是:可以制定一定的规则(主要是动力机制的构建),以一定的参数(动力机制的具体内容)进行调节,然后让子系统(国防专利技术转移的供需主体)相互作用,产生序参量运动模式(促进转移的路径设计等),从而推动整个转移系统的演化,使转移系统自组织运行。协同学是自组织理论中的动力学方法论,其研究的基本内容有竞争、协同、序参量和支配原理。

1. 竞争与协同

竞争是系统演化的最活跃的动力。竞争的作用体现在两个方面:一是为系统的自组织运行创造条件;二是推动系统演化。国防专利技术转移系统中的技术供体子系统、技术受体子系统,以及各子系统内部各要素之间均不同程度地存在着竞争。系统演化的动力主要来源于系统内部,其中系统内部子系统之间或要素之间的相互作用形成了内在的力量,这种力量正是协同与竞争所产生的。系统内各要素之间的竞争正是运用协同学分析国防专利技术转移系统动力机制的前提和条件。

协同有狭义和广义之分。狭义主要是指要素之间的相互协作、互动,与竞争相对应;广义主要是指合作,也包括竞争。根据协同学理论,系统向各子系统或要素之间以协作的方式产生联合作用。系统整体性、相关性正是协同作用的体现。国防专利技术转移过程中供需双方之间的合作主要存在于军地联合研制模式。该模式要求生产企业与高校及科研院所以合同、契约的形式对项目共同进行研制。这种紧密合作关系为了转移目标的实现是国防专利技术转移系统协同效应的具体体现,最终导致"转移有序"的良好局面。

2. 序参量

根据协同学原理,对于任何一个系统,序参量是这样一个参量,即该参量自始至终都存在于系统之中,并且随着系统的演化而产生,同时还可以改变系统的新的结构并体现出系统结构的有序状态。序参量主要包括两层含义:一是指示系统宏观状态或形成模式的有序度,描述系统整体行为;二是子系统合作效应的表征和度量。另外,序参量的个数也不是固定不变的。随着系统的演化阶段的不同,系统内各要素之间的竞争与协同作用也不同,由此形成的序参量之间也存在竞争与协同的关系,这种竞争与协同作用使其中某个序参量支配其他序参量,最后取得整个系统演化的主导地位。因此,在系统演化的不同阶段将形成不同的序参量。在国防专利技术转移过程中,支配国防专利技术从无序到有序,并自组织形成的序参量也不止一个,而且这些序参量之间也将产生竞争与协同,并通过它们之间的相互作用最终留下一个或少数几个支配整个系统演化的序参量。系统序参量的确定是运用自组织理论分析系统动力机制的必要条件。因此,如何寻找到支配国防专利技术转移的序参量将成为本书研究的关键环节。

3. 支配原理

支配和序参量是协同学中不可分割的一对范畴。根据协同学原理,系统演化的动力来自于系统内各子系统或要素之间的竞争与协同。这种力量使系统中竞争的某些优势力量向形成序参量的方向发展,并支配着系统从无序向有序演化。序参量不仅支配各子系统或要素的具体行动,而且指示系统整体的宏观运行状态。

1.3.2.4 突变论

耗散结构理论方法是自组织条件方法论之一,而突变理论则是被普里高津和协同学研究者认为是耗散结构理论和协同学的数学工具和基础。

1. 理论概述

突变论是对事物某种过程从一种稳定状态到另一种稳定状态跃迁的系统描述。突变论以稳定性理论作为其逻辑起点,寻求状态变量(函数)同控制因素中所有控制因子(自变量)间的关系。突变论的内容主要包括两方面:一是确定系统序参量和控制变量,根据确定的序参量和控制变量的个数选择相应的突变类型,通过对突变模型的选择及其势函数,得到系统演化的序参量方程;二是根据系统序参量方程的稳定性分析,进一步分析系统演化的途径。通过运用突变论对系统演化过程的定性描述,可以对系统的演化过程有一个清晰的认识,对于把握系统运行规律具有重要的意义。

2. 突变论的类型

初等突变理论的势函数中,变量有两类:一是状态变量(行为变量),表示系统的行为状态;二是控制变量,表示影响行为状态的因素。当状态变量不多于2,控制变量不大于4时,共有7种不同的基本突变类型,常用突变类型及其势函数如表1-4所列。

表1-4 常用突变类型及其势函数

突变类型	控制变量个数	状态变量个数	势函数
折叠型	1	1	$V(x) = x^3 + ux$
尖点型	2	1	$V(x) = x^4 + ux^2 + vx$
燕尾型	3	1	$V(x) = x^5 + ux^3 + vx^2 + wx$
蝴蝶型	4	1	$V(x) = x^6 + ux^4 + vx^3 + wx^2 + tx$
双曲脐型	3	2	$V(x,y) = x^3 + y^3 + wxy - ux - vy$
椭圆脐型	3	2	$V(x,y) = \frac{1}{3}x^3 - xy^2 + w(x^2 + y^2) - ux + vy$
抛物脐型	4	2	$V(x,y) = y^4 + xy^2 + wx^2 + ty^2 - ux + vy$

在各势函数中,x、y 为状态变量;u、v、w、t 为控制变量。本书运用突变论的条件包括两个方面:一是国防专利技术转移系统具备自组织耗散结构的条件;

二是国防专利技术转移系统内的技术落差形成的效应引发的巨涨落推动突变产生,使系统从无序态向一种时间和空间或功能上的有序态演化。本书将运用突变论来建立国防专利技术转移系统序参量方程,并根据国防专利技术转移系统的序参量个数来决定具体的突变类型。

第2章 国内外国防专利技术转移实践现状

系统梳理我国国防专利技术转移历史演进以及我国国防专利技术转移实践中的做法,并进一步分析制约国防专利技术转移的障碍因素,对于从实践上把握国防专利技术转移动力机制设计的逻辑起点具有重要的先导性作用。此外,横向比较分析国外国防技术转移实践也有助于为探索把握我国国防专利技术转移的规律提供有益参考和经验借鉴。

2.1 我国国防专利技术转移历史演进

任何事物的发展和演化都是与其过去、现在及未来的连续性统一。国防专利技术转移也有其存在的历史烙印。考察和分析国防专利技术转移的历史演进过程,有助于从纵向上深刻把握其演化规律。

国防专利技术转移如果从专利的角度来考察,其发展是伴随着国防专利制度的建立而开始的;如果从技术角度来考察,其发展则可以从我国国防科技工业的建立、发展以及完善等不同阶段来考察。因此,在国防专利制度建立之前,本书从国防科技工业的历史发展阶段简要探寻国防技术转移的演进特点。我国国防科技工业从历史上分别经历了自成体系发展期(从新中国成立到20世纪70年代)、军转民转型期(20世纪70年末至90年代初)以及军民融合时期(20世纪90年代初至今)三个历史时期。

2.1.1 自成体系发展期

在自成体系发展期,由于受国家安全形势和军事战略的影响,国家要求军工厂以军品生产为主。此外,国防科技工业体系尚未建立,我国国防科技工业基础较薄弱,科技研发水平总体上不高,自主创新成果较少,在数量和质量上都不具备向民用转移的条件。尽管当时在国家层面提出了一些"军转民""军民结合"的思想,要求利用军工厂的多余生产能力满足民用生产需求增加国民经济能力,但是军转民工作主要利用剩余的设备和能力生产民品,即在同一生产线上,当军品任务不够饱满时转为民用生产。这种转移是被动的,真正意义上的国防技术向民用转移尚未形成规模,转移的数量和比例较低。在这一时期,我国国防专利工作和制度尚未建立,国防技术转换主要以生产设施、设备以及成品为主。由于受国家军事战略的影响,此时整个国防技术转移系统处于一种封闭的状态,系统与外界环境基本没有信息、能量的交换,系统不具备耗散结构的特征,在宏观上完全处于一种无序状态。

2.1.2 军转民转型期

在军转民转型期,国防科技工业体系基本成形,自主创新的国防科技成果也随之增多,为国防技术向民用领域转移奠定了较好的基础。在这一时期,我国知识产权工作正式启动,我国国防专利工作随之基本同步开展,并经历了酝酿筹备阶段(1980—1985年)和初创阶段(1985—1990年)两个阶段。

2.1.2.1 酝酿筹备阶段

1979年3月,我国着手起草专利法。在起草过程中,中国专利局认为,对涉及国家安全的发明创造如何进行专利保护问题是一个不容回避的特殊问题,不认真对待可能会给国家带来损失。鉴此,中国专利局与原国防科委协商,并责成科技部对此问题开展研究。

1980年6月,原国防科委科技部领导与中国专利局钱传炳副局长就国防专用发明专利申请案受理问题进行协商。双方对国防专用发明进行专利保护问题达成一致意见,认为需要在起草的专利法中对此加以规定,其主要内容是:国防专用的发明专利申请案,由国防科委受理;中国专利局对涉及国家机密的发明专利申请不得公布,并负责保密。

1980年9月,国防科委科技部向国防科委领导呈送《关于国防专用发明实行专利制度的建议》的报告,报告的要点是:①对国防专用发明要实行专利保护,以促进国防科技事业的发展;②国防专利筹备工作的重点是培养审查员和各级专利管理人员,以及起草相应的法规;③国防科委一级的专利管理机构设在国防科委科技成果办公室,由科技部负责组建。各级专利管理机构也由其科技成果管理部门改组而成。

1982年6月,国防科委与国防工办合并,成立国防科工委,有关国防专利管理的问题相应由其综合计划部负责研究。同年12月,综合计划部向国防科技工委领导呈送《关于在国防系统内部建立专利机构》的请示,其主要内容为,在国防系统设专门机构受理国防专利申请,如不能设立新机构,可先增编人员组成筹备小组开展工作,同时,在机关主管局增编人员负责管理工作。对此,国防科工委领导批示:先成立一个10~15人的筹备组开展工作,由情报所代管。

1984年4月,国防科工委综合计划部就建立国防专利管理体系问题请示国防科工委领导,提出国防专利工作体系由国防专利局和国防专利代理机构构成;国防专利局作为国防科工委的直属单位,行政上受国防科工委领导,业务上接受中国专利局的指导。对此,国防科工委领导批示:可考虑国防科技工业部门先设立机构;国防科工委设立机构问题待研究体制、机构调整时再定,先由一个研究所承担专利管理工作。此后,国防科工委领导批准在情报所列10名专利人员。

1985年2月,国防科技成果办公室设立由7人组成的国防专利组。同年3月,国防科工委成立由主管机关牵头的国防专利筹备组、负责筹建国防专利工作机构;国防专利筹备组根据专利法及其实施细则和中国专利局的有关规定,从4月1日起受理国防专利申请。与此同时,国防科技工业和军队有关部门根据1984年8月国家经委、国家科委、劳动人事部、中国专利局联合发出的《关于在全国设置专利工作机构的通知》,陆续设立了专利管理机关,例如,电子工业部于1984年10月设立专利管理处,航空工业部于1985年4月设立成果专利处。

2.1.2.2 初创阶段

从1985年4月1日受理国防专利申请开始,到1990年8月国防专利条件施行为止,是国防专利工作的初创阶段,在此阶段国防专利工作从无到有,逐步开展起来,其主要标志是:《国防专利条例》批准发布;国防专利工作体系的框架初步形成;国防专利申请、受理、审查工作程序开始全面运转;国防专利实施初见成效;宣传和培训工作取得一定成效。

1. 制定《国防专利条例》

1990年7月30日,国务院、中央军委批准了《国防专利条例》,1990年8月17日,由国防科工委发布施行。《国防专利条例》的批准、发布,是我国国防专利发展史上的一件里程碑式的大事,标志着我国国防专利工作有了自己的法规,为进一步开展国防专利工作奠定了坚实的法律基础。

2. 国防专利工作体系建设

1987年2月4日,国防专利分局开始办公,1989年3月,国防专利分局正式设立国防专利受理处、国防专利审查部和国防专利管理部等三个业务部门。在国防科技工业系统方面,国防科技工业各部门都明确有包括国防专利管理在内的专利管理机构,配备有一定数量的专、兼职相结合的国防专利管理人员。

从1984年开始,国防科技工业各部门、国防科工办、军队有关部门以及部分基层单位先后成立了专利代理事务所,截至1990年,已达38家,共有专利代理人300多名。

在此阶段,逐步形成了包括国防专利机构、国防专利管理机构和专利代理机构组成的国防专利工作体系。

3. 受理与审查工作

在1985年4月1日专利法实施的当日,国防专利筹备组开始受理国防专利申请。此后,受理、审批工作全面展开,并在实践中不断完善,初步形成了较为规范的受理、审批工作程序。

1985年12月28日,中国专利局在人民大会堂举行我国首批专利(包括国防专利)证书颁发大会。在首批143件中国专利中有5件是国防专利,标志着我国国防专利从此诞生。

4. 国防专利实施工作

国防专利实施是国防专利工作的重要环节,直接关系到国防专利事业的发展。国防科工委、国防科技工业部门、军队有关部门和单位均对国防专利实施工作予以关注,通过各种方式促进国防专利实施,使得一批国防专利技术得到不同程度的实施应用,为国防建设和武器装备建设作出了贡献。

5. 宣传和培训工作

宣传和培训工作是国防专利工作的先导。在初创阶段,各部门均下大力气抓了宣传培训工作,普遍提高了专利意识,培养了专利管理人才和专利代理人。在此阶段,国防专利分局举办了近20次培训班和讲座,各国防科技工业部门和军队有关部门也开展了多种形式的宣传与活动,如举办培训班及讲座、编写书籍、出版刊物等,广泛宣传普及国防专利知识。

在军转民转型期,尽管国防专利工作处于筹备阶段,但国防技术向民用领域转移已经开始实践。国防技术向民用领域转移主要包含在国家对军工企业参与国家重大技术装备研制的过程中,并在国家"军转民"技术的实施计划中得到发展,包括统一规划确定的"军转民"项目目录、"国家重大设备研制计划"等。此外,在军转民战略部署以及相关政策引导下,国家对一些重点的国防技术项目转民用提供专项科技开发贷款,为推动当时的国防技术转民用发挥了重要的支持作用。国家专项计划的政策安排以及专项配套资金支持为当时国防技术向民用领域转移打开了局面,军工部门转移国防技术的动力以及民用部门引进国防技术的需求动力逐渐被激活,整体上开始呈现出活跃的局面,国防技术转移系统开始与外界进行资金、信息、人员等物质能力交换,系统具备开放的条件,并开始呈现耗散结构的基本特征,但此时国防科技工业体系仍然封闭,这些特点并不明显,此时系统仍然处于一种平衡态,在宏观上基本处于一种它组织的无序态。

2.1.3 军民融合时期

在军民融合时期,我国国防专利制度建立并不断完善,国防知识产权战略进入全面实施阶段,军民融合发展战略开始启动,我国国防科技工业体系初具规模并在武器装备研制生产中积累了一大批国防技术成果,以先进技术为代表的国防专利也作为一种新技术成果形式登上历史舞台,为国防专利技术向民用领域转移提供了必要条件。

从1990年8月《国防专利条例》施行起,以贯彻落实条例为标志,国防专利工作进入了全面发展阶段,其主要标志有:国防专利工作体系建设全面启动、国防专利配套规章逐步完善、《国防专利条例》重新制订以及国防知识产权战略实施等。

2.1.3.1 国防专利工作体系建设

1. 国防专利机构

1991年10月23日,根据《国防专利条例》规定,原国防科工委发文,将国防专利分局变更为国防科学技术工业委员会国防专利局。

2. 管理机构

1990年9月,机械电子工业部在军工司规划科技处设立国防专利管理机构;1992年4月,航空航天工业部成立定编5人的航空专利管理办公室;1993年3月,原总后勤部指定其科技装备局为总后系统的专利管理机关,并成立列入军队编制的专利代理机构。这一阶段,国防科工委、国防科技工业部门和军队有关部门、基层单位组成的三级国防专利管理体系得到了进一步加强。

3. 专利代理机构

国防专利代理是国防专利事业的一项既特殊又重要的工作,国防专利局和各部门一直重视国防专利代理机构建设和代理人培训。国防专利局从1995年开始考虑指定国防专利代理机构,并于2002年12月,经国家知识产权局核准,指定了首批34家国防专利代理机构。

2.1.3.2 制定规章

1.《国防专利条例》配套规章的制定

与《国防专利条例》配套的规章主要是《国防专利条例实施细则》。从1993年起,国防专利局先后发布了3个通告,分别是:关于国防专利收费项目、标准及费用减缓的第一号通告,关于国防专利补偿的第三号通告和关于专利申请保密审查的第四号通告。

2. 国防专利审查规章的制定

从1997年开始,国防专利局制定了一系列国防专利审查规章,包括《国防专利审查内部规程》《审查质量检查规定》《审查质量检查项目与内容》《审查质量检查评定标准》等。

3. 部门规章的制定

1992年,船舶工业总公司、机械电子工业部分别制定了《中国船舶工业总公司专利工作管理办法》《机械电子工业部专利管理办法》。这些规章都包括国防专利管理的内容。1993年,核工业部总公司制定了《中国核工业总公司国防专利管理办法》。

1994年7月,国务院发布《关于进一步加强知识产权保护工作的决定》后,国防科技工业部门开始制定知识产权管理规章。1994年8月,航空工业总公司制定了《中国航空工业部公司保护知识产权的规定(试行)》,1996年5月,电子工业部制定了《电子工业企事业单位知识产权管理工作导则》。这些规章都将国防专利工作作为本部门知识产权工作的重要组成部分加以规范。

2.1.3.3 重新制定《国防专利条例》

2004年9月17日,国务院、中央军委批准和发布了新制定的《国防专利条例》,自2004年11月1日起施行。

2.1.3.4 其他国防专利工作

为加强对普通专利申请中涉及国家安全的申请的管理,从1993年12月开始,国防专利局定期派人对中国专利局进行保密筛选,将需要保密的国内普通发明专利申请,转为国防专利申请。1996年,国防专利局启动国防专利补偿工作,对授权的国防专利项目评定、发放补偿费。为扩大国防专利的信息交流,从1992年3月31日开始,国防专利局按季度出版《国防专利内部通报》,通过保密渠道向有关部门和单位发放。

2.1.3.5 国防知识产权战略实施方案

2008年6月5日,国务院颁布了《国家知识产权战略纲要》。《纲要》明确了"激励创造、有效运用、依法保护、科学管理"的十六字方针,部署了专利、商标、版权、商业秘密、植物新品种、特定领域知识产权和国防知识产权等7大专项任务。为落实《纲要》,2008年12月12日,国务院办公厅发布了《关于印发实施国家知识产权战略纲要任务分工的通知》,通知明确,国防知识产权战略实施工作由原总装备部牵头负责。

2009年,按照党中央、国务院的统一部署,原总装备部会同国家科技部、工业和信息化部、国家知识产权局,以及国防科技工业局,成立了国防知识产权战略实施领导小组,组织制定了《国防知识产权战略实施方案》,启动了战略实施工作。中央军委对国防知识产权战略实施高度重视,把"推进国防知识产权战略实施工作"列入了2011年工作要点。

2012年8月2日,国防知识产权战略实施工作会议在北京举行,会上正式揭牌成立解放军总装备部国防知识产权局,我国推动国防知识产权战略实施工作进入全面实施阶段。

随着国防知识产权制度的建立和不断完善,国防专利向民用领域转移和运用受到国家、国防科技工业部门、军队单位等有关部门的高度重视,国防专利申请量和授权量迅速上升,军工现代企业制度逐渐建立并完善并对国防专利技术转移模式进行积极探索,促进国防技术转移的政策法规进一步出台并建立,军转民信息交流平台等也在全国范围内陆续建立以及军转民专项计划的大力实施。这些实践中取得的成绩正在为国防专利技术转移系统的自组织形成奠定重要基础。在国防科技工业系统、军队单位以及地方科研机构、地方院校以及民营企业等主体的共同参与和协合下,国防专利技术转移系统与外界环境的能量交换更加频繁、系统的开放性、非线性、非平衡性等自组织特点愈发明显,系统在宏观上已经具备了耗散结构的特征。

2.2 国内国防专利技术转移的基本情况

2.2.1 专利数量增加迅速

经过几十年的发展,军队和国防科技工业领域在许多技术领域取得了显著成绩,产生了大量的国防专利,且数量呈逐年上升的趋势。在总体规模上,如"十一五"期间,国防专利申请量年均增长率达到30%[98],2010年一年的申请量就相当于2005年之前20年的总和。2012年的申请量比2010年增长了36%[99],国防领域获奖成果数量已占到科技成果总数的10%以上[100]。截至2013年底,军工集团公司申请并授权的国防专利数量占所有授权国防专利总数的64.6%;军队系统占总量的12.7%;地方院校占总量的13.2%;其他单位占总量的9.3%;个人占总量的0.2%。

在行业领域内,以物理与电学领域为例,国防专利申请量占总量的比例由2000年的30%跃升为2010年的55%[77]。另外,新材料、化工、先进制造工艺、航空航天等一批军民两用性质的发明专利申请量也迅速增加,研发单位除军工集团附属科研院所外,还包括中央直属高等院校以及军队院校。

在地方高等院校科研方面,西北工业大学研制的"××陶瓷技术"获得了12项发明专利,在航天航空领域具有广泛的应用前景。南京航空航天大学的"新型××技术"打破了国外专利技术在该领域的长期垄断,已获得21项国家发明专利。哈尔滨工业大学研制的"××机器人"打破了国外厂商的垄断,填补了国内多项空白,获得了10余项专利,可应用于石化、化工等民用领域。

军队院校方面,国防科技大学研制的"天河"一号超级计算机、北斗卫星导航系统若干关键设备、麒麟操作系统、环形激光器、中低速磁浮列车等代表中国和世界先进水平的成果,获得多项专利和国家科技进步奖,并已经转移和应用于民用领域。

此外,为加速国防科技成果的转化、交流和推广,国防科工委曾3次批准3000多项国防科技成果解密,如表2-1所列。解密的技术范围包括原子能、航空、电子、兵器、船舶制造、工程机械、核技术等方面的实验研究和装置,工程设计、加工工艺、新材料、新设备及测试等实用技术[26]。大批国防专利技术的申请及未来国防科技成果的解密,为国防专利技术向民用领域转移实施奠定了良好的基础。

表2-1 国防科工委批准国防科技成果解密情况

批次	解密时间	数量/项	技术范围
第1批	1988年1月	210	原子能、航空、兵器等
第2批	1989年2月	2336	电子、兵器、船舶制造、航空等
第3批	1997年	742	电子、工程机械、核技术等

2.2.2 努力探索转移模式

关于国防专利技术转移,目前还没形成一套统一、固定的模式供技术转移主体遵循,但是在转移实践中,不同转移主体根据自身单位的性质、特点等,不断尝试探索出适合自己的技术转移模式,并取得了良好的转移效果和经济效益,为推动国防专利技术转移工作起到了明显的示范作用。

在军工集团附属科研院所方面,航空材料研究院探索并实践了国防专利技术转移模式,根据不同单位的性质、合作与竞争关系,采取了无偿使用或有偿转让等方式,取得了良好效果。兵器208厂选择两家控股公司签署环保光学玻璃配方技术独占许可合同,开展专利有偿许可使用模式的尝试,即以专利技术出售的形式收回了研发成本,从中获得丰厚利润。

在军队单位方面,依托信息工程大学,由解放军总参谋部驻豫6家单位和济南军区8家单位组成的总参郑州科技创新工作站围绕军队信息化建设的重难点问题开展科技创新,取得了一大批军用完全自主知识产权的科技成果,先后获得各级科学技术进步奖270余项,这些成果在军内广泛应用的同时,积极向民用转化,在支援地方经济社会发展中发挥了重要作用。

此外,军队单位与地方政府通过联合研制、与地方产业开发区建立合作机制共创新基地等方式开发重大科研项目,也为国防专利技术向民用领域转移进行了有益的探索。

2.2.3 积极建立法规制度

随着国家对知识产权工作的不断重视以及国防知识产权实施战略的稳步推进,我国国防知识产权相关制度逐步建立,使国防专利技术转移的制度环境得到进一步改善。

2004年,国务院、中央军委联合发布了《国防专利条例》,对包括国防专利在本系统以外的实施和向外转让等方面进行了规范。如《国防专利条例》(2004)第二十二条规定,需要指定实施本系统或者本部门以外的国防专利的,应当向国防专利机构提出书面申请,由国防专利机构依照有关职责分工报国务院国防科技工业主管部门、原总装备部批准后实施。第二十四条规定,国防专利权人许可国外的单位或者个人实施其国防专利的,应当确保国家秘密不被泄露,保证国防和军队建设不受影响,并向国防专利机构提出书面申请。第二十五条规定,实施他人国防专利的,应当向国防专利权人支付国防专利使用费。这些规定都在一定范围内对国防专利转移的条件、适用范围以及转移程序等内容进行了明确。

2001年,原国防科工委出台了《关于加强国防科技工业知识产权工作的若干意见》,从建立规章制度、加强组织领导、重视宣传培训、建设专业队伍、开展战略研究、强化过程管理、保护合法权益、激励创新等方面提出了要求。《若干意见》提出了国防科技工业知识产权实行有偿使用原则,规定任何单位和个人使用他人知识产权的,应当支付使用费。2009年,国防科工局出台了《国家国防科技工业局关于贯彻落实国家知识产权战略纲要的实施意见》,提出了建立知识产权信息资源共享平台、完善国防专利定密解密制度、加强制度建设、提高知识产权运用能力等方面的任务。2010年,国务院、中央军委联合出台了《关于建立和完善军民结合寓军于民武器装备科研生产体系的若干意见》,明确要求,国防科技成果解密制度需要进一步完善,为推动国防知识产权管理工作,加快国防技术向民用领域转移奠定基础。

在军队方面,原总装备部发布了《关于加强装备技术基础工作的若干意见》,规定与装备有关的知识产权管理机构要积极组织国防专利技术的实施和推广,对建立健全与装备有关的知识产权制度、加强对装备经费投入产生的知识产权的保护、保护科技人员在国防科研生产活动中享有的权利等方面作出了规定。1999年,四总部联合下发了《军队科技对外有偿服务管理办法》,2001年又先后下发了《军队院校以技术入股方式转化科技成果暂行管理办法》《关于加强军队院校科研工作的意见》和《中国人民解放军院校科研管理暂行规定》等,规范了军队科技对外有偿服务管理。

2.2.4 积极搭建转移平台

为加速国防专利技术的转移、交流和推广,促进科技与经济的结合,我国建立了技术市场,为国防专利技术进入到民品技术交易市场提供了环境和保障条件。在国家和地方政府主办方面,国家有关部门先后在杭州、北京、深圳等地举办"军转民"技术交易会,先后组织军工系统与北京市、天津市、浙江省全面开展军工技术转民用的合作及军工与民用部门之间的横向联合。"军转民"技术交易会的类型以及具有代表的几次技术交易会如表2-2所列。在军队主办方面,1983年到1997年,原国防科工委先后在北京、香港等地举办军转民技术和产品交易会、交流会40余次。此外,关于国防专利技术的交易还包括一些与军民两用技术以及军民融合相关的展览会及论坛,其中影响力较高的有中国重庆高新技术交易会暨中国国际军民两用技术博览会、中国国际军民两用技术展览会、中国国际国防电子展览会。在国家、行业部门、地方政府以及军队有关部门的牵头和组织下,有关军转民、军民融合交易会的举办一方面给地方企业了解国防专利技术提供了沟通渠道,另一方面也使军队科研单位和军工集团科研院所进一步了解市场需求,为使国防专利技术逐步走入了技术市场、并按照市场规律进行平等交换提供了可能。

表2-2 "军转民"技术交易会类型

类型	举办时间	交易会名称(具有代表性的)	主办方	地点
全国性	1985年3月	全国首届军工技术转民用交易会	国务院科技领导小组办公室、国家计委、国家经委、国防科工委等	杭州
地区性	2013年11月	2013军转民专利技术发布暨科技成果对接洽谈会	国家专利技术南昌展示交易中心	江西
行业性	1984年4月	航天部科技成果交流交易会	航天工业部	上海
国际性	2008年8月	第五届中国国际和平用军工技术与装备(西安)博览会	中国和平用军工技术协会,陕西省人民政府	西安

在宣传媒介建设方面,原国防科工委后编辑出版了《国防工业系统重要科技成果选编》《全国军工技术向民用转移项目》《军工技术转民用重点推广、开发项目》等成果信息资料,创办了《军工技术转民用信息报》(1985年创刊),特别是工业和信息化部成立以来,还编制了《军用技术转民用推广目录》。军转民的信息平台搭建为地方科研生产单位了解和掌握国防科技工业技术的发展和可转移的国防专利技术项目打开了信息渠道。此外,在网络平台建设方面,我国成立了国防科工委技术成果推广中心,并建立以"国防科技成果推广转化网(www.techinfo.gov.cn)"为代表的国防科技成果网上交易资讯平台,有力地

促进了国防专利技术的推广转化。2015年1月4日,"全军武器装备采购信息网"于国防科技信息中心正式上线。该网是装备采购需求信息的权威发布平台,是优势民营企业产品和技术信息的主要展示平台,是引导"民参军"的重要服务窗口,也是民营企业了解国防专利技术行业及具体领域分布的重要信息渠道。

2.3 国内国防专利技术转移存在的问题

尽管国防专利在数量、转移模式的探索、计划实施以及信息平台建设等方面取得了一些成绩,一个开放式的国防专利技术转移系统正在逐渐形成。在这个系统中,既有国家、政府和军队有关部门自上而下的引导,又有科研院所、企业单位自下而上的推动。然而,国防专利转移过程是一个涉及各子系统和要素协同的开放系统,其运行好坏不仅取决于系统外部环境,更取决于构建系统的要素本身。本节按照技术转移构成要素,从技术本体、技术供体以及技术受体三个方面分析国防专利技术转移存在的问题。

2.3.1 技术本体方面

数量充足、质量高的国防专利的维持量是保证转移能够真正实现的基本源泉。然而在国防专利生成的实践中,维持数量较低、维持年限较短、可转移的数量和比例较低等成为国防专利技术本体面临的突出问题。

1. 维持数量较低

多年来,尽管我国国防专利的申请数量在不断攀升,授权量也在不断增加。但是,横向比较的情况,总体不容乐观。以整体国防科技工业系统申请的国防专利来考察这一指标,更能进一步显示出我国国防专利维持数量低的现状。例如,航天系统的专利申请量还不到美国一个军工集团公司在航天领域的专利申请量(欧洲航空航天公司至2001年底,共申请国内外专利10523项)[6]。此外,还有相当数量的军工和军队单位国防专利申请量为零。

2. 维持年限较短

国防知识产权的权利人,应当采取相应的措施,维持权利自取得之日起不少于规定年限内有效①。然而根据国防知识产权机构截至2013年底对维持有

---

① 《国防专利条例》(2004年)第五条规定:国防专利权的保护期限为20年,自申请日起计算。

效的国防专利数据统计分析,如图 2-1 所示,我国维持国防专利的年限主要集中在前 3 年,从第 1 年至第 2 年下降近 36%,从第 1 年至第 3 年下降近 50%,这与实际情况也比较吻合。根据对几类军工集团附属科研院所、企业以及军队科研单位调研反映,自提出国防专利申请至正式批准授权的时间大概在 2~3 年,而到了正式授权之日也是国防专利放弃维持之日。从第 4 年起,有近 80%的国防专利供体单位放弃了有效维持权,且呈迅速下降趋势,到第 10 年后维持的国防专利数量基本不足 100 项。

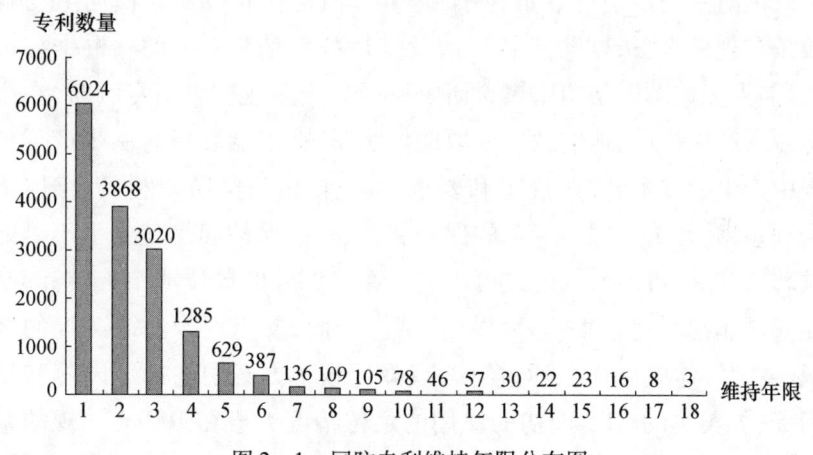

图 2-1　国防专利维持年限分布图

（数据来源:国防知识产权局（截至 2013 年底））

3. 可转移的数量和比例较低

根据国防知识产权机构有关数据统计,截至 2012 年,只有 1 项国防专利转让,30 余项国防专利许可。另据北京市技术转移管理办公室统计,2001—2007 年期间,北京地区 78 家军工法人单位的技术转让合同数 2001 年为 1467 项、2007 年为 1867 项,年均增长率仅为 3.9%,远远低于 37.51%的北京市平均增长水平;合同成交总额的比例从 2001 年的 8.99%下降为 2007 年的 1.61%[4]。在国防专利实施方面,在项目计划外的国防专利实施较低,为 15%~20%[6]。这些数据均从不同侧面反映出国防专利转移率低的现状。

此外,从国防专利的申请以及授权情况来看,国防专利的质量整体也不高。根据国防知识产权机构的数据统计,大部分国防专利在授权后两年内即弃权,占总量的 89%的有效国防专利维持年限分布在 1~5 年[105]。

2.3.2 技术供体方面

国防专利技术供体指技术的拥有者和首创者,主要包括军工集团附属科研院所、军队科研院所、军队院校、民口科研机构以及中央与地方所属高等院校等。这些机构和单位在促进国防专利向民用领域转移的过程中,也不同程度地存在一些问题,主要表现在以下几个方面。

1. 技术供体单位规避国防专利制度

尽管国防专利申请的数量在不断上升,但是在同行业从横向上与普通专利的数量和规模来看,国防专利申请及维持数量是非常少的。根据相关调研情况,目前大多数军工集团附属科研院所或生产企业在申请专利时,在主观上对国防专利产生排斥,他们通常采取的做法是,在武器装备研制生产任务完成的过程中产生的技术,按照规定和要求,本应该申请国防专利,但供体单位出于自身利益,并且由于国防专利的保密属性,一旦保护起来就几乎不可能向民用领域转移,即使目前条例规定可以向本系统以外的单位或个人转让和实施,也需要通过非常严格审批程序才能完成。因此,鉴于现行法律法规的客观限制,专利技术供体单位往往通过篡改或降低技术方案中的部分内容和技术的性能指标(如美军的GPS最初的民用的定位精度大概在100m,军规的精度在10m以内[106]),将本该申请国防专利的发明技术转换到满足普通专利的申请条件(因为军用标准和要求相对国家标准较高,从军用向民用转换变得更容易),规避了军方采购合同有关国防专利的相关要求,向国家专利局申请了普通专利,使得这部分专利成为隐形的"国防专利"。从相关的调研情况来看,这种"国防专利"隐形化现象在军工集团内部均不同程度地存在。

这种非常规做法带来的结果:一是容易造成泄密,给国家和军队建设造成安全隐患和经济损失。本应当申请国防专利的发明由于通过普通专利的渠道公开技术内容而极有可能造成泄密,即使是国防知识产权机构定期去查看并抽出涉及国防利益或者对国防建设有潜在作用需要保密的申请,但是在大量的专利面前以及有限的审查人员的情况下,也难百密一疏。二是导致国防专利的质量和转移的比例越来越低。供体单位由于出于经济利益考虑,其早已对武器装备研制过程中产生的发明专利进行了战略布局和条件分类,即把那些具有民用潜力和商业价值的发明专利申请为普通专利,而把其余不具备转移条件或没有明显商业价值的发明专利则申请国防专利,同时也满足了国防科技工业主管部门或军队系统在合同条款或项目计划中对专利的要求。

2. 转移产业规模较小

根据相关调研报告,以十大军工集团为例,2009年的民品销售收入为4821.6亿元,仅占GDP的1.4%;原国防科工委组织的军工民用产业现状调研数据显示,来源于军用技术的民品类占全类民品类别的比例为57.58%,但其销售收入也大大低于其他渠道来源技术的产品。这些数据从一个侧面反映了军用技术向民用转移和开发的能力相对较弱,项目规模小,产业化还处于较低层次。

3. 转移方式单一

根据专利技术转移方式,我国军工集团企业或附属科研院所在国防专利技术转移中积极摸索了多种模式。特别是在转移与许可实施两种主要方式下,还进一步探索了专利投资入股、专利交叉许可以及专利联营许可等方式。但是,无论是军工集团公司还是军队单位,在实践中采用的方式都局限于其中的一到两种,很多有效且科学的转移方式未能够在国防专利技术转移实践中得到重视和应用。军工集团主要通过自行转化的方式,将其申请的专利技术在本单位的民品生产企业得到自行转化并转民用,而通过技术转让、许可使用、技术入股等方式转移的比例较低;军队系统单位则主要以技术转让为主。根据有关单位对军队院校208项装备科技成果转化情况的调查,在140项已经转移的国防专利中,自行转化占3.6%,技术转让占52.9%,专利许可占1.4%,合作转化占16.4%,其他方式占24.3%[125]。

2.3.3 技术受体方面

国防专利技术受体主要指国防专利技术的吸收和引进者,包括军工集团工业企业(民品)以及民口科研生产企业等。

1. 二次开发及中试实施难度大

国防专利技术转移的根本目的是产业化、商业化,然而由于国防专利技术的本质属性是为武器装备建设所服务,故其技术转移更加困难。根据技术纵向转移的原理,民口企业在引进或吸收国防专利后,需要经过二次开发和中试环节等过程才能利用。这方面的难度主要表现在:军用标准与国家标准的差异、部分性能技术的更改(军用标准或国防应用的性能要求一般更高,转民用时需做调整)、配套的试验环境的重建(国防技术开发平台需要大型试验场)等方面。

2. 风险承受力弱

对于一项未来具有不确定性的国防专利技术,无论是军工集团企业(民品)还是民营企业,其在产业化的过程中不免带来很多风险因素。这些风险主要表现在:中试环节的失败、资金投入的风险、技术人力资源的分配、未来市场需求的不确定性等。此外,民营企业由于技术开发的能力不足,生产的规模经济不平衡等原因,承担的风险能力相对较弱。因此,尽管国防专利技术应用在诸多领域前景看好,民营企业也会由于其高投入、高风险等特征,不敢贸然引进,进而制约了国防专利技术向受让方转移的进程。

3. 军工集团企业的产权意识淡薄

作为国防专利技术受体的要素组成,军工集团企业也是主要的转移受让方之一。然而,在国防专利领域,受长期计划经济的影响,许多人没有真正认识到知识就是一种财富,许多军工科研院所和军工企业长期以来习惯于吃大锅饭,等、靠、要的思想严重,除完成国家下达的科研任务外,不关心实施他人国防专利的使用支付和补偿问题,而是向主管部门请求,奉行"拿来主义",以最小的代价获得实施他人国防专利的权利,这不仅影响了国防专利研究单位和研究人员的积极性,同时也进一步助长了等、靠、要思想的蔓延。

2.4 制约我国国防专利技术转移的障碍因素

国防专利技术转移在实践中虽然取得了一些成绩和进展,但作为一个开放的系统,国防专利技术转移是在技术本体、技术供体以及技术受体与外界环境的相互作用和影响下共同作用完成的。因此,制约国防专利技术转移的因素不仅局限于技术本体、技术供体和技术受体本身,还与系统的外界环境有关,如涉及国防专利转移的法规、政策环境、国防专利保密制度等。

2.4.1 国防专利转移法规缺位

尽管目前我国积极探索并建立了国防知识产权相关制度,使国防专利技术转移的制度环境得到改善,初步做到了国防专利转移有法可依,但是随着人们对技术的经济价值认识的加深以及利用他人技术为自身经济利益服务已成

第2章 国内外国防专利技术转移实践现状

为多数人共识的趋势,目前的国防知识产权的相关法律法规已经落后于国防知识产权转化的实践,是阻碍国防专利技术转移的重要原因之一。

专利技术转移的主要模式即转让和实施许可两种,除了纯粹的专利权/专利申请权转让合同以及专利权/专利申请技术实施许可合同外,还有多种新型专利技术转移活动,然而其本质还是转让或许可。从目前我国关于国防知识产权的法律法规的现状来看,《国防专利条例》有关国防专利转移的形式也包括转让和实施两方面。

1. 转让方面

《国防专利条例》第七条规定:"国防专利申请权和国防专利权经批准可以向国内的中国单位和个人转让。""转让国防专利申请权或者国防专利权,应当确保国家秘密不被泄露,保证国防和军队建设不受影响,并向国防专利机构提出书面申请,由国防专利机构进行初步审查后依照本条例第三条第二款规定的职责分工,及时报送国务院国防科学技术工业主管部门、原总装备部审批。"上述规定为国防专利通过转让的方式向民用领域转移提供了可能。但是在具体操作中,转让的条件是非常严格和复杂的。一是需要本人提出申请,先由国防知识产权机构进行初审;其次需要经过所属单位上级部门通过国务院国防科学技术工业主管部门、原总装备部审批。对于这两级审批单位来说,不管是业务审查还是行政批复,审批单位在国防专利转让上具有非常高的权限。特别是在转让方向上的区别条件,如用于军用的条件及审批程度相对简单,转民用有没有更严格的审批条件或更宽松的鼓励政策等。这些进一步的详细说明在条例中均未作出区分和规定。这势必会使技术供体在转让国防专利申请权或国防专利权在具体操作时造成信息阻碍,也不利于技术供体提前作出专利转移的战略布局。

2. 实施方面

在实施方面,《国防专利条例》第二十二条规定:"国务院有关主管部门、中国人民解放军有关主管部门,可以允许其指定的单位实施本系统或者本部门内的国防专利;需要指定实施本系统或者本部门以外的国防专利的,应当向国防专利机构提出书面申请,由国防专利机构依照本条例第三条第二款规定的职责分工报国务院国防科学技术工业主管部门、原总装备部批准后实施。"根据该条规定,国防专利通过实施向民用领域转移包括两条途径:一是实施本系统或本部门内的国防专利;二是实施本系统或者本部门以外的国防专利。对于前者,由于国防科技工业系统内既包括军口科研生产单位也包括民口生产企业,如果按照上述条例规定,在未明确实施的目的是用于军用还是民用的情况下,国防专利也可以在国防科技工业系统军工集团内部的民口生产企业内实施,将国防专利通过产业化和商品化,推向民品市场,直接在军工集团内部,即通过所谓的自行转化实现了"军转民"的转移过程。如果是这种转移发生在军工系统内的不同军工集团之间,那么就构成了上述的第二种途径,即自行转化发生在不同的军工集团之间。这也可以作为解释目前国防专利转移的转移方式之所以以自行转化为主的原因之一。

该条规定的积极意义在于其为国防专利在国防科技工业系统内部通过自行转化实施提供了法律依据。但是,对于实施本系统或者本单位以外的国防专利的情况增加了多层级的行政干预和批准的规定,却有碍于国防科技工业系统内部不同军工集团及其附属科研院所之间专利共享与合作,这在一定程度上也会迟缓技术转移的进程。此外,该条规定虽然表面上明确了国防专利允许实施的范围,即包括本系统或者本单位以内或以外,对于本系统或本单位以内比较好理解,但是对于本系统或本单位以外,却没有进一步说明允许实施的具体范围,如本系统或本单位以外的国防专利权所有单位的性质是什么?是仅限于军工集团内部还是可以包括民口科研院所、军队单位抑或是地方高等院校等?实施的用途又为何用?军用还是民用等。这些进一步的规定在条例中几乎没有体现,然而却是国防专利向民用领域转移在实施模式上可能扩展的重要途径。国防专利条例在实施条件及适用范围等方面规定的缺失影响并阻碍了民口科研院所、军队单位以及地方高等院校通过实施途径实现国防专利转移的可能,同时也是造成目前国防专利转移方式单一,以自行转化为主的直接原因。

3. 专利权终止方面

在专利的有效期限内,因专利权人弃权、未缴年费或专利被宣告无效等原因,专利权也有可能在期限届满前终止。

一是保护的时间很长,国防专利权的保护期限为20年,自申请日起计算。如果专利权人或单位不缴年费,则这部分国防专利是否公开?还是仍然处于保密状态?还是转化为普通专利?针对上述问题,按照目前《中华人民共和国专利法》的规定,专利权终止后,该专利技术即成为公知技术,任何人均可使用。但是对于国防专利来说,如果因国防专利权人主动放弃或未按时间缴纳或缴足专利年费,那么这部分国防专利权利是否采取和普通专利一样的处置方式,如果是,则专利技术公开后是否会造成失泄密？如果考虑到保密因素,仍然由国防知识产权机构扣押,则这部分国防专利的转移如何实施等。因此,在国防专利权生成后直到权利终止期间都应充分考虑国防专利的转移规定,包括在权终止后对国防专利转移的规范等,都应在《国防专利条例》或其配套规定中予以体现,然而目前《国防专利条例》还未能充分体现这一点。

虽然我国在积极建立国防知识产权法规体系上取得了一些成绩,但尚未有一部系统和专门规范指导国防知识产权转化或国防专利转移的法规,这在一定程度上影响了国防专利技术向民用领域转移和运用工作的开展。

2.4.2 实施费用规定未充分体现转移的价值

《国防专利条例》第二十五条规定:"实施他人国防专利的,应当向国防专利权人支付国防专利使用费。实施使用国家直接投入的国防科研经费或者其他国防经费进行科研活动所产生的国防专利,符合产生该国防专利的经费使用目的的,可以只支付必要的国防专利实施费；但是,科研合同另有约定或者科研任务书另有规定的除外。前款所称国防专利实施费,是指国防专利实施中发生的为提供技术资料、培训人员以及进一步开发技术等所需的费用。"尽管该条规定明确了实施国防专利将给予国防专利权人支付专利使用费,但是在实施费的具体内容上却未考虑到国防专利实施转让后未来产生的经济价值,特别是对于一项未来在民用市场具有潜在市场价值的专利技术,从技术供体角度讲,其市场价值将会成为实施费用的主要构成部分。而且目前条例规定的关于实施费用的项目也不能够足以支付研发单位和研发人员的智力劳动价值。从技术供体的角度来看,如果在实施费中不能够允分考虑专利权利人的智力劳动价值将严重影响国防专利权人的积极性,成为制约国防专利转移的重要因素。此外,从技术受体的角度来看,条例中关于主管部门的强行指定和这种近乎无偿的使用规定也是造成目前军工集团公司内部对实施他人国防专利方面等靠要思想蔓延的主要原因。

此外,除实施费用规定不科学外,较高的国防专利申请费、维持费以及缺乏足够的专项资金投入也是造成目前国防专利维持年限短的主要原因。尽管《国防专利条例》的配套规章中对国防专利的申请费和维持费采取了减缓办法,如国防专利存续期间的年费每年都可以申请减缓,而普通专利仅限于第1年至第3年。但是从专利申请的数量总体以及维持年限综合考虑,则总体产生的费用将会是一笔非常大的投入,将对企业造成很大的经济负担。国防专利申请费、审查费以及维持年费比较如图 2-2 所示。

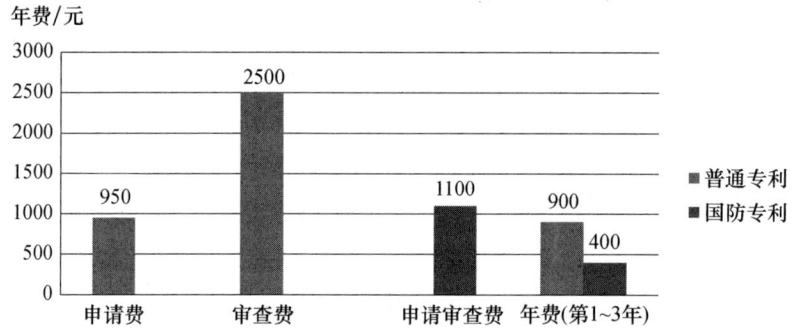

图 2-2 国防专利与普通专利申请费、审查费以及维持年费比较

(数据来源:国防专利局第一号通告)

2.4.3 国防科技工业管理体系内部封闭

由于信息的不完全公开以及主管部门的强行指定实施的规定使得国防专利管理体系内部过于封闭,技术供体申请国防专利后很难知晓并追溯其专利的去向,其专利权益得不到应有的保障。例如,处于同行业竞争位置的技术受体单位,为了争取到生产任务,往往依据现行规定,主管管理机构会在不通知国防专利权人的情况下,私自将国防专利转让给同行业的其他单位,造成国防专利权人或单位在同行业中失去了竞争优势,造成不正当竞争的行为。国防专利的过分保护以及管理体系内部封闭严重影响了国防技术创新主体通过国防专利渠道向外转移的积极性。

此外,国防科技工业管理体系内部封闭还体现在科研院所内部和生产企业内部,即军工集团附属科研院所搞生产、军工生产企业搞研发的现象较为普遍。以航空、船舶、兵器行业为例,军工集团附属科研院所和生产企业一般是自主经营、自负盈亏的市场主体,而科研院所出于自身的利益,一般采用变通方式从其获得的专利技术中收到利益,即把核心技术转移为产品的核心零部件,出售给生产企业,通过核心零部件出售获取属于专利的收益,而不是采取专利技术向企业转移的方式。例如,根据相关调研情况反映,在兵器行业,部分总体研究单位自建生产线,拥有自己的生产能力,通过专利自我实施或不申请专利直接产业化来维持其核心技术的垄断地位,在技术交易中占据主动权。

而作为专利技术受体的生产企业,为了摆脱研究院所对专利技术的控制,也有意识地加强自身研发力量的培育和建设,建立和壮大自己的研发队伍,拓展研发能力,而不采取吸收和引进专利的方式提高生产效益。因此,研究院所在研发方面的优势资源和生产企业在生产方面的优势资源均不能得到充分利用和发挥,最终导致重复投资,资源逆向配置,降低了国防资源的利用效率和效益。

2.4.4　行政命令干涉严重

知识资本或智力资源是指"能够转换为价值的知识"。作为一种无形资产,国防专利具有重要的技术价值和经济价值。为保护国家安全、维护国防利益的同时推动创新经济的持续增长,国家必须注意在鼓励国防科技创新和强化国防科技成果保护之间保持微妙的平衡,侵犯国防知识产权行为对损害国家利益和国防安全,以及对发明创造是致命的打击,但是过于严格地实施国防知识产权保护,也会阻碍国防专利技术创造者的竞争,使国防专利拥有人变得懈怠,从而抑制发明创造的实施和转移运用。《国防专利条例》第二十二条第二款规定明确了国防专利实施在本系统以外实施的要求,但是这一规定存在着主管部门的强行指定以及实施非计划科研项目在使用自己或他方国防专利上的限制,客观上造成了国防专利技术在转移运用上主管机关介入过深。主管机关介入过深将会造成专利权利人对转移实施工作在履行相关程序上变得更加复杂、交易成本的增加以及转移效率的降低。据有关调研情况得知,国防专利中目前在计划外实施他人国防专利的情况非常罕见,仅有的两次实施案例也历经了非常"艰难"的审批过程。主管机关介入过深使阻碍了国防专利技术转移的自发性和自主性,同时也制约了国防专利技术转移的自组织形成及演化。

2.4.5　转移激励机制尚未建立

从目前的国防知识产权转化和运用的实践来看,国防专利转移机制没有建立,转移动力明显不足。主要体现在以下两个方面:一是缺乏国防专利转移的考核和评价机制。关于单位的考核评价机制方面,军工集团公司主要履行国家指令性计划职责,集团成员单位的考核评价主要以营业收入和利润总额为主,其考核权重远大于其他因素的权重。在年度考核指标的压力和考核导向下,并由于受短期利益的驱动,军工集团宁愿通过规模生产或通过收购其他企业来提高其销售收入。因为通过将国防专利转民用的方式对军工单位销售收入的提高,远不如兼并或收购外部成熟企业来得快速和直接。关于个人的考核评价机制方面,在现行的科技评价制度下,对国防科技人员的考核主要以承担课题的级别、科技进步奖的获得、学术论文发表情况以及完成科研项目。在国防专利方面,也仅从申请量和授权量两个指标来考察,而对申请国防专利的质量以及转化实施等内容未作进一步考察。在目前科研人员绩效考核评价的导向下,大量的国防科技成果以论文或报奖的形式转化,导致具有潜在的经济和技术价值的技术成果被埋没。二是缺乏国防专利转移的激励机制。目前国家有关法律法规(如《中华人民共和国专利法》及其实施细则、《国防专利条例》等)对于职务科技成果的完成人和突出贡献人员在专利实施后的奖励都有明确规定,但是缺乏对专利权人的激励机制。在没有明确的激励机制的作用下,国防科研人员发明创造的积极性将受到一定程度的影响。特别是对于国防专利制度的补偿以及奖励办法也仅是针对军内实施所设计,未从国防专利向民用领域转化和实施给予设计。国防专利在向民用领域转移的激励制度的缺失也影响国防技术发明人的创造积极性以及国防专利权利人转化实施国防专利的主动性。

2.4.6 定密解密制度滞后转移需求

针对国防专利的保密属性,国防专利除《国防专利条例》中规定的转让和许可实施两种模式外,国防专利向外转移还有两条途径:一是对于已经申请并授予的国防专利,需要通过解密,转换为普通专利才能转移;二是对于用于国防和军队建设用途申请的普通专利,则可以直接向民用领域转移,不受《国防专利条例》的限制。

就前者来说,如果目前的定密、解密制度不能根据时间、空间和技术的发展随时作出科学、合理调整并及时进行密级变更或解除,将不可避免地造成国防专利技术转移进程的迟缓。《国防专利条例》第六条对于解密也有明确规定:"国防专利在保护期内,因情况变化需要变更密级、解密或者国防专利权终止后需要延长保密期限的,国防专利机构可以作出变更密级、解密或者延长保密期限的决定;但是对在申请国防专利前已被确定为国家秘密的,应当征得原确定密级和保密期限的机关、单位或者上级机关的同意。被授予国防专利权的单位或者个人(以下统称国防专利权人)可以向国防专利机构提出变更密级、解密或者延长保密期限的书面申请;属于国有企事业单位或者军队单位的,应当附着原确定密级和保密期限的机关、单位或者其上级机关的意见。"

对于一项处于保密状态的国防专利,在保证国防和军队建设不受影响的前提条件下,出于国防专利技术的商业应用价值以及专利的技术生命周期,则国防专利权人可以通过申请国防专利解密将国防专利转换化为普通专利并向民用领域转移。从条例规定可以进一步看出,解密的决定权在于国防专利机构以及确定原密级的单位或者上级机关。然而在现行规定下,通过解密的途径向外转移将不可避免地在行政审批以及办事程序上受到层层限制。这种限制主要体现在两方面:一是解密在具体履行和操作会受到阻碍。无论是对在申请国防专利前已被确定为国家秘密的还是国防专利权属于国有企事业单位或者军队单位的,根据条例要求,需要经过原定密单位或者上级机关的批准。对于这些机关、单位或者上级机关而言,该国防专利的解密对于他们不存在任何利益可得,而经他们批准解密后,如果专利在后续转移或运用的环节中出现对国家和国防利益造成损失等情况,还会给他们带来不必要的行政和法律问责。因此,无论从利益驱动还是规避风险等角度考虑,确定原密级的单位或者上级机关在一般情况下不会轻易批准国防专利解密。通过对现状的调研发现,现实的情况也确实如此。二是对于申请国防专利前不涉密或国防专利权不属于国有企事业单位或者军队单位的情况,国防专利机构也同样会出于规避风险和安全考虑对解密批准慎之又慎,不轻易批准,即使在条例允许的范围内也同样造成了操作和实施上的限制。

此外,在专利的有效期限内,因专利权人弃权、未缴年费或专利被宣告无效等原因,专利权也有可能在期限届满前终止。对于普通专利,专利权终止后,该技术即成为公知技术,任何人均可使用。然而对于国防专利,目前的《国防专利条例》中还尚未对此作出明确的说明。对于国防专利权终止后是否仍然受到保密限制也未作出具体规定,条例对国防专利权利终止后的保密规定缺位是制约国防专利转移的因素之一。

因此,尽管许多具有民用潜力和商业价值的国防专利技术开发时间较早,然而由于专利的技术寿命周期属性以及解密制度的滞后性,即使这些国防专利历经严格、复杂的审批程序通过解密并具备转移条件时,也可能错过了技术转移的最佳时机,成为市场上开始淘汰落后的技术。根据国防专利条例,国防专利的解密主要有两种形式:第一种是被动解密,即统一由国防专利机构统一组织对国防专利解密;第二种是主动解密,即国防专利权人提出解密请求,经国防知识产权机构审查后决定解密。根据实践调研反映,目前国防专利权人主动提出申请解密的案例呈现上升的趋势。然而通过第一种方式解密的案例到目前还未实施,国防专利的解密工作并没有真正开展起来。国防专利机构重保密轻解密的制度造成国防专利在解密数量上的过度控制以及解密时间上的严重迟滞已经与目前国防技术转移的客观需要不相适应,同时也是成为国防专利转移数量和比例低的直接原因之一。

2.5 国外国防专利技术转移的经验及启示

事物的发展规律往往在比较中才能被正确把握。国防技术转移也不例外,比较分析国外国防技术转移的实践,有利于认识国防技术转移的本质和规律,为我国国防专利技术转移的动力机制研究提供经验借鉴和有益启示。

2.5.1 国外国防专利技术转移的基本经验

几十年来,美、英、法等国都很重视国防科技成果向民用领域的转化应用,极大地推动了民用技术的发展。第二次世界大战以来,各国军方支持研究的雷达、人造橡胶、激光技术、互联网技术等,都较好地转化应用到民用领域,推动了民用技术的迅猛发展。近年来,各国通过制定一系列技术转移法律法规、政策等措施和手段,促进技术转移工作。

国外关于国防技术转移是指把国防科学技术成果转化应用到其他领域的活动,主要包括两层含义:一是向装备采办领域的技术转移,指把国防科学技术成果转化应用到装备采办各个阶段的活动;二是向民用领域的技术转移,指把国防科学技术成果向民用科研生产领域转化应用的活动。根据本书研究的范围,主要针对向民用领域的技术转移进行相关情况分析。

1. 美国

自冷战结束至今,美国一直保持着世界武器装备研发生产大国的地位,并在这一过程中持续生成了大量的国防技术成果。其中,以专利形态存在的技术成果主要包括发明保密制度、国防部与承包商签订合同完成的专利、各军种与科研机构联合研制生成的专利等。为了使联邦政府投资形成的国防技术或其副产品积极向民用领域转移,美国采取了法律法规制定、专项计划实施、专门的技术转移政策以及构建专业的技术转移中介服务体系等措施。系统梳理美国在国防技术转移实践中的有益经验可以从横向上对国防技术转移的自组织演进过程有一个基本的认识。

1) 发明保密制度

美国对由联邦政府、国防部等政府公共部门投资所形成的且涉及国家安全的发明专利有特殊规定。美国的做法是不对这些发明授予专利权,首先将其进行统一保密,并通过一套解密制度逐步将保密的发明公开。公开的同时也意味着可以申请专利。美国、英国和法国等国家实施这种制度,这与我国国防专利制度正好相反。我国国防专利制度的设计是对涉及国家安全和对国防建设有潜在作用的发明授予专利权。采取这种制度的还有俄罗斯、德国。尽管我国国防专利与美国发明保密制度存在区别,但是从保密属性上看,在本质上是一致的。因此,对美国发明保密制度的经验总结对于我国国防专利技术转移过程中在定密、解密机制的设计上具有重要的借鉴意义。

美国发明保密制度始于1917年,后经两次修订,形成1951年的版本。美国发明保密制度经历了第一次世界大战时期、第二次世界大战时期以及和平时期三个发展阶段。

美国发明保密制度的运行机制包括四个部分,分别是保密指令的类型、保密指令的发布、保密指令的效力以及保密指令下对发明人的救济。

(1) 保密指令的类型。美国发明保密法规定,保密指令只适用于发明专利(与我国国防专利制度保护对象一致),其保密条件是:通过授予专利对一项发明的公开或揭露会危及到国家安全。现行专利审查指南第100节明确规定了三种类型的保密指令,指令的类型决定了限制公开的范围。

Ⅰ类指令"允许在特定外国呈递"可以用于专利申请;Ⅱ类指令,是指申请人在与国防部签订安全协议的,允许"公开保密信息"用于专利申请;Ⅲ类指令用于未签订国防安全协议且包含应当保密的技术资料的专利申请。

(2) 保密指令的发布。保密指令的发布根据政府是否拥有发明的特定财产权而不同。特定财产权包括发明专利的完整所有权或者其他较弱的权项。

当政府拥有特定的财产权益时,则政府首长具有指令发布权利的决定权。其判断条件是"该发明如果申请并授予专利将可能有损国家安全"。其操作流程为:政府首长以通知形式发给专利商标局局长,由专利商标局局长颁发保密指令。政府拥有特定财产权益时保密指令发布的程序,如图2-3所示。

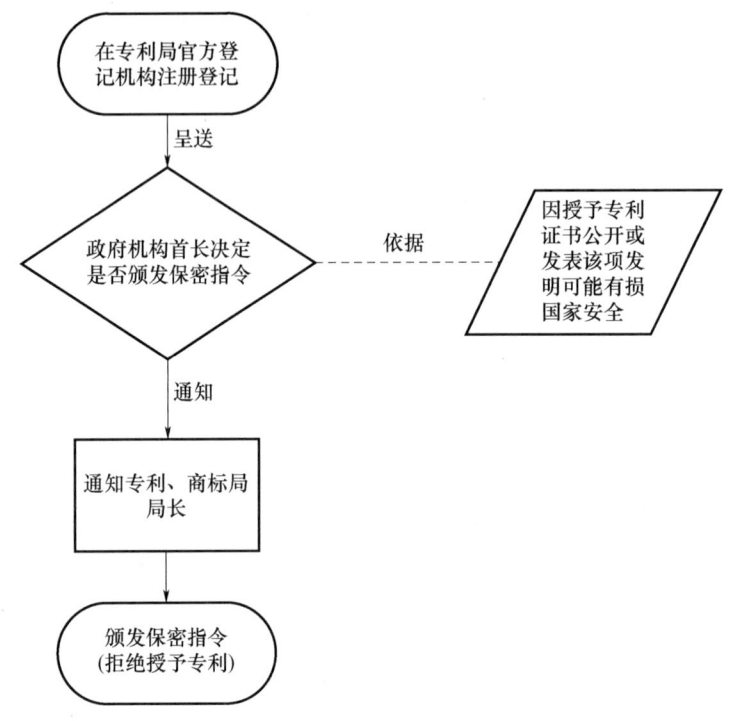

图2-3 美国政府拥有特定财产权益时保密指令的发布程序

当政府无特定财产权益时,保密指令的发布需要经过专利局的特别法律执行组的许可和专利检视分组的严格审查。其中,审查的内容包括发明文件的主题、附带说明等;检视分组的实施需要军事服务专利咨询委员会(The Army Service Patent Adversory Board,ASPAB)[①]、能源局以及航空航天局等机构的业务指导,依据法令标准对专利保密分类的检查提供必要的筛选指南。通过特别法律执行组与检视分组的审查,如果专利商标局局长认为该发明授予专利可能有损国家安全,则上报原子能委员会、国防部长,同时作出保密指令的决定。对于军队系统的发布,以非正式通知的方式下发给ASPAB,然后由ASPAB再通知专利商标委员会颁发保密指令,最后由专利商标委员会正式颁发保密指令。对于地方系统(非军事机构)的发布,则由申请人自己直接通知专

---

① 为专利局提供是否发布保密指令的实质性指导,1997年后被国防技术安全管理部(Defense Technology Security Apartment,DTSA)代替。

第2章　国内外国防专利技术转移实践现状

利局,由专利局下发保密指令。政府无特定财产权益时保密指令发布的程序如图2-4所示。

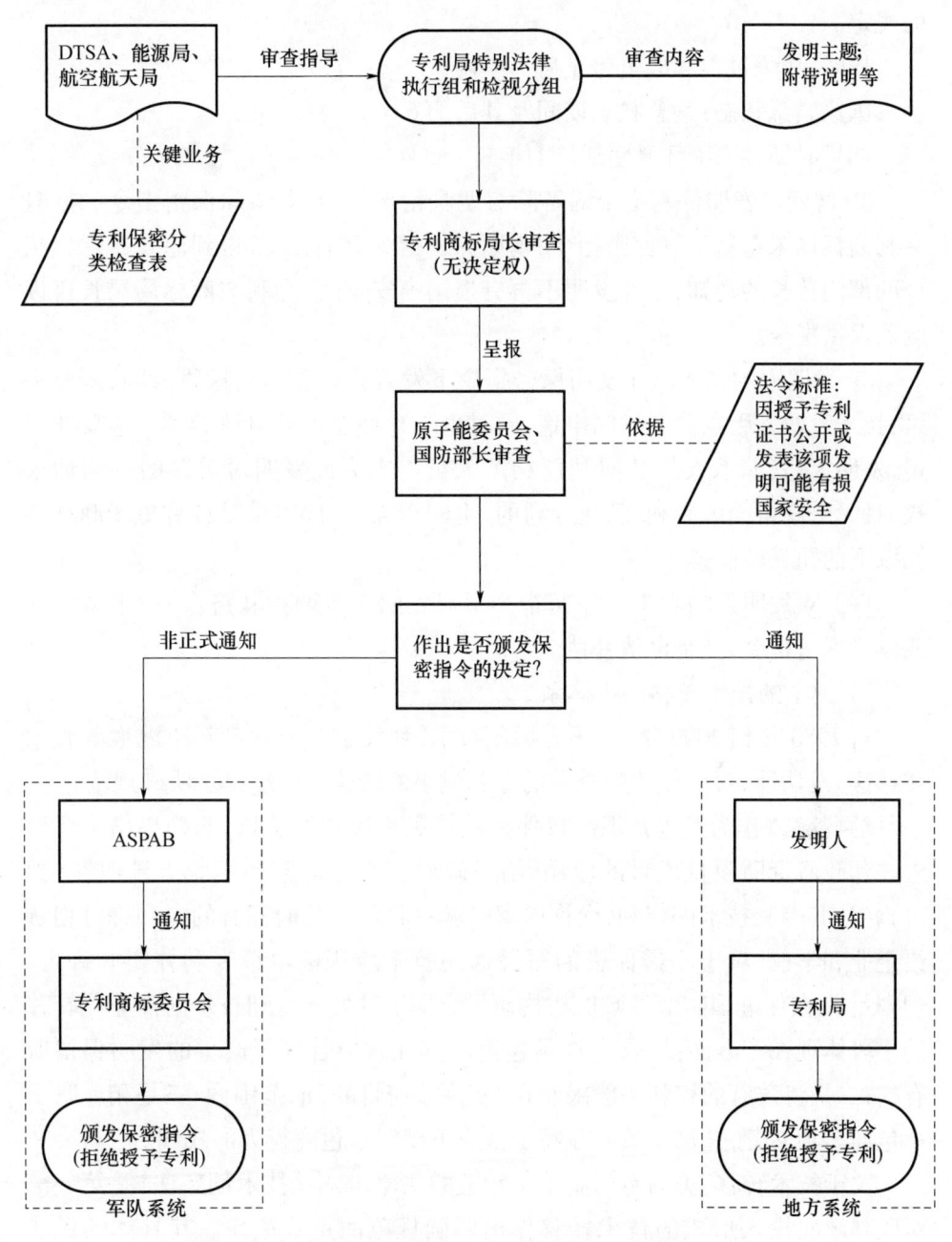

图2-4　美国政府无特定财产权益时保密指令的发布程序

（3）保密指令的效力。

① 保密期限。保密期限根据战时、国家紧急状态以及和平时期作出不同的规定。

战时：战争过程和战争停止后 1 年内；

国家紧急状态：紧急状态期间及其后的 6 个月内；

和平时期：1 年（可弹性延长 1 年）。

② 解密。发明保密指令的解除有两种情况：一是如果原保密指令到期且专利商标局未重新下发保密指令，则原保密指令解除；二是得到原发布保密指令的部门首长的通知，公开发明不再有损国家安全时，专利与商标局局长可以废除保密指令。

③ 发明人的义务。在发明保密指令下发直到解除前的这段时间，未经许可，技术发明人无权公开发明申请，同时也不允许在国外申请专利。违反此规定，发明人、其继承人等共同利益相关人员将丧失此发明对美国的一切请求权，且无法获得美国专利，已获专利的，也归于无效，同时单处或并处 10000 美元以下的罚款或监禁。

（4）对发明人的救济。保密指令下对发明人有两种救济：一是申请解除或修正保密指令；二是申请补偿金。

2）健全的技术转移法规体系

自 1980 年到 2000 年，美国先后颁布了《拜杜法》《技术创新法》《联邦技术转移法》等法律，对联邦政府资助的专利成果的转化应用作出了明确规范。

《拜杜法》作为美国知识产权保护政策里程碑式的法律，明确提出了要促进联邦政府资助项目成果的应用，给予政府拥有和运营的实验室排他性（独占）转让其专利技术的权利，允许国家实验室将联邦政府拥有的专利许可租赁给企业和学校，对于不需保密的军民通用技术应积极申请专利并实施许可。《拜杜法》在促进国防部等政府机构研发合同下开发的专利技术向商业化转移的手段体现在三方面：一是允许承包商对其在政府合同下产生的发明保留所有权；二是将政府的权利一般限制在"实现政府目的"的范围内；三是相应赋予承包商多项义务，并赋予政府在特定情形下规制承包商行为的权利。

关于技术转移，美国专门制定了相关的法律，其中《技术创新法》是第一部对联邦政府投入形成的技术转移作出明确规范的正式法律。其具体的做法是，在政府或联邦实验室建立专门的技术转移办公室，专门负责对政府投入形成的技术成果转移进行管理,并将投入预算的0.5%用于各转移办公室的正常运作,支持技术转移工作的正常开展。此外,为了保证《技术创新法》的具体实施,美国又针对技术转移中的具体工作制定了与《技术创新法》相配套的补充性法案《联邦技术转移法》。该法案规定要求联邦实验室对技术转移的数量和成功实施作为科研人员重要的考核依据,并规定将转移取得的收益按一定比例奖励给实验室科研人员。

此外,美国还先后制定了《国家竞争力技术转移法》《国家技术转移与促进法》《技术转移商业化法》等补充和修正法案,进一步规范和明确国防技术向民用领域转移的具体实施工作。

3) 军民"两用技术"计划对专利转移制度的灵活安排

美国实施"两用技术"计划以及其他支持私营企业的技术投资计划有其科学的现实依据。美国国防技术军转民的模式主要有两种:第一种模式是第二次世界大战后形成的军转民副产品模式。在该模式中,在武器装备科研项目实施过程或完成时,将产生一批发明专利。这些发明专利技术在国防科技研发人员来看,有可能成为用于民品的重要研发技术或生产加工工艺。而从事民用科研生产的科学家和工程师获悉这些专利技术的信息后,在这些专利技术的基础上开发出打入市场的民用商品。第二次世界大战后,国防技术军转民就以这样的模式从国防部门"外溢"到民用领域的私营企业,并从国防实验室或办公室转移到私营企业的生产厂房。此外,由于此类技术源于美国武器装备的研发项目,其技术专用性以及技术核心程度较高,具有不可替代性。因此,获得这类专利技术使用权的美国商业界私营企业可以成为此种新产品的唯一销售者并从中获得超额利润。在这种利益的驱动下,美国商业界的私营企业对引进国防项目中生成的专利技术产生强烈的需求,并纷纷通过各种途径来寻找和购买此类技术,用于开发民品。这种军转民副产品模式在当时的时代背景下从某种程度上可看作是自发的,国防技术转移不需要政府的统一管理并且不用花钱。然而这种模式并不是常态的,而且只有极少数情况下才能实现。为了改进国防技术以适应民用生产,需要支出附加费用,如用于二次开发和中试的巨额投资、专业化管理成本支出、对科研工作的重新定向和设计等,并且由于放弃了原国防项目特有的其他用途而要支付机会成本。典型的国防技术转移都需要付出大量的精力和投资,而这种模式下的国防技术开发应用成本都是由技术受让方,即私营企业承担。因此,为了鼓励私营企业积极参与国防技术的民用化开发、生产,美国积极推行专项资金支持计划,为解决国防技术转移所面临的资金障碍提供手段支撑。第二种模式是军民两用技术共同开发模式。这种模式要求承包商在国防科研项目立项之初就考虑民用的可能性,或要求各军种对武器装备中尚未使用的技术向民用领域推广。但这种模式仍然需要一定的资金支撑,包括对民用技术的改进、合作立项时的统一管理以及吸引私营企业参与开发的商业化运作等。

为此,针对上述意向以及非单向的国防技术转移模式,美国同时制定专门设立"军民两用技术中心"、制定军民两用技术计划等,为推动国防技术向民用领域转移提供资金和配套支撑。其中,技术再投资计划(The Technology Reinvestment Program,TRP)是比较典型且规模较大的国防技术转移计划项目。该计划的实施过程是将缩减的国防预算反哺国防科研,通过国防科研开发技术再次用于民用,发展民用领域的技术并带动经济发展。其中,投入的项目多数是军民通用性较强的技术。因此,这样做一方面可以直接用于装备建设,提高国防经费的使用效益;另一方面通过对军民两用技术的开发的投资,又为民用经济发展作出了间接贡献。可以看出,美国的技术转移计划在建设初期就充分考虑到了未来民用的可能性,使国防技术在开发前期就配套专项计划为其后期转移提供路径。美国通过"两用技术"计划开发形成的专利技术,类似于我国的军地联合研制生成的国防专利。

美国实施军民"两用技术"计划秉持公私双方利益。具体来讲,一是保留发明的所有权归承包商所有,但联邦政府拥有对该发明技术的使用权。如果承包商在项目开发后的一定时期内(通常为1年)不将该发明转移到民用领域并商业化实施,则政府有权对该发明采取强制实施。这一制度安排既有利于保障技术开发者的私人利益,同时也兼顾了政府投资形成的公共科技资源的经济正外部性的有效发挥。此外,由于技术发明的所有权归承包商所有,承包商在项目开发过程中,将会投入更多人力、物力和财力到新技术的开发中,而不会将核心技术或关键创新性成果隐藏。

除"再投资计划"涉及的发明专利外,美军在各军种内部也有一部分军民联合研制产生的知识产权的转移项目。但是,此类项目由各军种自行组织计划实施,并主动寻找专利技术的受让方,及时将其拥有的专利技术向民用领域转移。以美国海军为例,截至2006年,美国海军附属的科研院所与高等院校和其他科研机构联合研制生成的专利技术共计22000多项。在联合项目完成之后,美国海军为了将其拥有的这些专利技术尽快转移并商业化,在2006年美国海军的官方网站上,就将其所有拥有的760多项专利技术信息公布于众,寻找合适的受让方并通过转让、许可等方式回收研究投入的资金,同时将这些资金反哺美国海军的科研基础设施建设,充分发挥专利的经济价值。

4) 重视国防技术转移中介服务体系建设

为了落实和推动国防技术向民用领域转移,美国在国防部内设立了专门的国防技术转移办公室。其中,国防技术转移办公室的职能和工作人员的具体职责也通过法律的形式予以明确和规范。《国防授权法》对美国各军种及其附属的科研院所进行的科研活动进行了具体规范。在技术转移方面,该法要求项目负责人及时将所承担和负责的技术向技术转移办公室汇报并由技术转移办公室跟踪登记备案,对于项目完成后形成的专利技术,要求尽快向民用转移和实施。此外,该法还进一步对国防技术转移相关的职业化教育、业务培训等工作机制作出了具体规定。

2. 英国

英国成立统管机构并改革专利许可证管理办法推进国防专利转移。

类似于美国的做法,英国通过建立统一的国防技术转移部门来推动国防专利转移工作。建立在国防部下的技术转移局负责各军种技术转移办公室的业务指导和行政管理职能。在组织体系上保证了国防技术转移工作的有效实施,这种组织保证使得国防技术在生成之时就有专门的部门负责监督。在国防技术项目实施过程以及完成之后,都有相应的部门对其转移工作的履行实施跟踪,确保国家投资形成的专利技术快速产业化和商业化。这种自上而下的统管模式对国防技术转移工作产生较强的实施效力。此外,除国防部的技术转移局外,国防部、科技协会以及其他科研机构均建有相应的技术转移办公室,并负责其系统或部门内的技术转移工作,并在业务上受国防技术转移局的指导,形成了纵向一体的组织体系。

在组织体系建设的基础上,英国国防部还积极制定相关技术转移的倡议、专利许可证贸易制度以及合作研究计划等措施,推动国防技术向民用领域转移。

(1) 通过倡议的形式推进国防科技工业部门与地方高等院校的技术合作。英国国防部实施了多项技术转移倡议,如"卓越之塔技术转移"倡议。该倡议旨在将国防科技工业部门与科研机构、高等院校在合作前期就建立起纽带,使国防技术在生成时就得到工业生产部门得早期介入,为在项目完成时将技术产业化、商业化创造有利条件。

(2)以专利许可证贸易的形式推动国防技术转移。专利转移的条件是有技术供体与受让方的共同参与。其中,转移完成需要通过专门的许可协调来得到保证。英国专门为国防技术转移制定了许可证贸易制度,旨在对国防技术的提供方在寻找受让方的同时,有明确的权利说明,保证专利权人和受让方的利益。在专利的权利归属方面,类似于美国的技术转移法,英国政府对由合同产生的国防技术,规定其所有权归承包商,政府拥有该技术发明的免费使用权。该制度对于规范国防技术转移过程中交易主体的知识产权权利归属、利益分配等具有积极的作用。关于国防技术向民用领域转移,英国政府还规定要求对民用部门或企业在使用政府投资形成的国防技术专利应支付必要的使用费,并将该费用反哺于国防科研投入。

(3)探索提出企业出资,院校、科研机构出技术的合作模式。为鼓励技术供体对发明技术的创造,英国政府特别探索了企业与科研院所、院校的合作倡议模式。在该模式下,企业根据自己的行业属性以及生产要求遴选出合适的合作科研院所或院校,并与这些科研机构和院校签订技术合作协议。在协议的框架下,企业首先在技术开发前期就为合作的高等院校、科研院所投入大量资金,鼓励科研院所和院校的技术人员进行探索研究和技术发明创造。待技术成果形成时,根据协议要求,直接将该成果用于企业生产,并进行产业化和商业化,从而实现技术的纵向转移。这种倡议模式的优点在于其不仅利用了企业的资金优势,还充分发挥了科研机构以及高等院校的技术优势,但是该模式也存在一定的局限性,即企业的前期投资面临较大的技术风险,一旦技术开发和后期应用的某一个环节发生问题,则对企业和科研院所都将是巨大的损失。但是从整体上看,这种合作倡议模式仍然是英国推动技术转移的一种有效手段。

(4)建设信息技术平台助推技术转移。英国政府还通过积极建立专门的技术转移信息数据库为技术供体选择合适的受让方提供手段和途径。其中比较典型的应用平台是国防技术转移局建立的技术评估系统,该系统通过对用户需求分析,制定专门的技术合作路线,为技术承包商选择转移技术提供策略支持。

3. 俄罗斯

俄罗斯颁布技术转移法和制定专项技术计划并行推行国防技术转移。

第2章 国内外国防专利技术转移实践现状

俄罗斯由于经过了冷战时期的装备储备,在国防领域积累了大量的科技成果。在20世纪初期还未能够充分开展军事技术的民用化工作。然而普京总统上任执政后,对国防科技工业指导方针政策作出了重新调整和布局。他认为:通过利用军事技术转民用的途径可以进一步提高国防实力和带动经济发展。在这一方针指导以及国防科技工业政策调整布局下,俄罗斯的军工技术在开发时期就要求各军工部门考虑军民两用性的需求,使得俄罗斯军工技术有近70%的技术具备转民用的条件和可能。

俄罗斯国防技术转移的推进策略主要是通过政策支持与计划实施两种手段同时实现的。在政策支持方面,俄罗斯首先出台了《俄罗斯国防工业军转民法》(1998年),对国防科技工业生成的军事技术向民用领域转移从部门职能、权利归属以及利益分配等方面作出了明确规范,使国防技术转民用有法可依,有章可循,为军工技术转移奠定了重要的法律法规基础。在计划实施方面,俄罗斯先后制定了《1998—2000年国防工业军转民和改组专项规划》《俄罗斯军民两用技术总统计划》等。这些国防技术转移专项计划分别从技术转移经费支持、军事技术二次开发、应用实践等工作提出具体要求,为加快扶持一批重点高新技术企业的技术转移工作发挥了重要的支撑作用。此外,除政策法规保障和计划实施推进外,俄罗斯还通过其他途径和方式,有重点地对高新国防技术研发机构给予资金方面的大量支持。具体做法包括:由联邦政府和地方政府共同提供技术转移预算用于支持当地军工企业的技术转移项目实施;通过风险投资、吸引民间资本等形式畅通技术转移的融资渠道以及强制要求在特殊领域(如航空航天、卫星、电子等)优先采用军事技术等措施。

4. 法国

法国实施高新技术计划以及财税政策等推进国防技术转移。

国防技术转移一直被法国政府以及国防军工部门受到高度关注。在国防技术向民用领域转移方面,法国采取的主要做法可以概括为三个方面:一是通过制定军民两用高新技术计划推进国防技术转移;二是对实施高新技术的科研机构给予政策倾斜;三是通过税收政策优惠鼓励科研机构和企业加强技术创新和转移。

在军民两用高新技术计划方面,法国政府强调在重点技术领域制定专项计划,首先帮助关键技术领域(如航天、电子、核能信息和通信等)的国防科技机构形成一批创新性军事技术成果,并通过专项计划加快民用化。通过关键

69

领域的军事技术转移来带动其他领域的技术转移工作。比较有代表性的国家军民两用高新技术计划有"航天计划""核能计划"等。此外,法国政府还特别强调对这些的计划的应用实施力度,要求在计划完成时尽快完成转移项目。

在技术合作的政策倾斜方面,法国政府强调企业与科研院所的紧密合作。对于建立长期合作伙伴关系的高新技术企业与科研机构,在政策上给予倾斜,如为科研机构的军民两用预先研究设立专项基金,对于科研机构的专利申请、维持、保护等费用实行减免以及为国防生产企业提供专项资金支持等。这些政策优惠为扶持一批军民两用技术高新企业和研发机构起到了重要的保障作用,并刺激了一大批军民两用知识产权的形成。

在财税政策优惠方面,法国政府为了鼓励中小企业通过引进军事技术并产业化、商业化,特别对面临资金困难、具有一定技术实力的中小企业给予在税收上的减免,具体措施包括对企业税的部分减免和所得税的减免等。

5. 日本

日本通过组建专家团队推进知识产权战略实施。

与美国类似,日本的国防专利技术主要通过防卫厅与私营企业以合同的形式在实施军品科研生产过程中完成的。日本有近1500多家企业从事军品科研生产,并共同构成日本的国防科技工业基础。这些企业中比较代表性的是三菱重工业公司、川崎重工业公司、三井造船公司、石川岛播磨重工业公司、富士重工业公司、住友机械公司等。对于大型项目合同中生成的专利技术,为充分保护政府投资的技术成果,日本政府通过组织具有一定规模的专家团队对科研生产合同中生成的专利技术进行统一管理。具体包括:一是从拟制军品科研生产知识产权战略计划,为统一管理防卫厅签订合同生成的知识产权从顶层规划统筹;二是组建专业化的专家团队对防卫厅签订合同生成的知识产权在申请、保护、维权、产业化、商业化等方面提出具体的政策建议;三是组织知识产权专家团队针从合同签订时就对可能生成的专利技术备案登记,并在研制过程中持续跟踪,对专利的申请、维持等情况进行阶段性评估,并通过评估结果及时调整和完善知识产权政策。

在国防技术转移的法律法规方面,日本于1997年制定的《促进大学等技术移转法》,是日本技术转移活动的顶层法律,适应于全国所有的技术转移活动,也是国防技术转移工作的主要依据。该法的主要内容是:在大学和科研机构设立技术转移组织,推动技术转移工作;鼓励大学和其他科研单位的科技成果转化应用到其他科研生产领域,实现科技成果商业化;制定对科研人员的激励措施,规定将技术转移和商业化成果回馈给原来科研单位和人员,激励大学和科研单位产生出更多、更有价值的科技成果。

6. 澳大利亚

澳大利亚通过严格的许可文本协议鼓励转化。

澳大利亚的国防专利转移管理主要由国家科学技术部负责,将科学和技术应用到澳大利亚国防和国民利益的各个方面。国防科学技术部以其科学技术部门的资格在其内部活动中产生大量的知识产权。知识产权的绝大部分产生于国防科学技术部内科技人员的智力劳动以及由工业界承担的合同。此外,知识产权还通过以下的机制合作产生。

(1) 合作研究中心(CRC);

(2) 性能技术演示者(CTD);

(3) 通过备忘录(MOUs)体现的政府间合作协议;

(4) 工业联盟;

(5) 合作研究开发(R/D)协议。

在专利转移方面,国防科学技术部鼓励通过许可或其他商业化协议将专利技术转移给工业界。具体措施包括:一是规定统一的标准技术许可文本,在协议条款中对知识产权的所用权、使用权进行明确;二是成立技术转移和商业化办公室(T2CO)和国防科学技术部办事处(位于墨尔本和爱丁堡)提供技术许可协议样本;三是通过许可协议格式认可的方式,规定不同的地区或不同的技术应用范围等分割方式;四是国防部随时给工业界介入国防知识产权研发机会,并使其取得国防科学技术部开发计划内归国防部所有的知识产权的许可。

2.5.2 对我国国防专利技术转移的启示

从国外的实践现状分析可以看出,加速国家投资或用于国防和军队建设的科技成果或专利技术向民用领域转移并商业化成为世界各国在国防专利技术利用上的主要趋势,同时各国也对此进行了积极探索,并形成各自的转移模式和途径。对世界主要国家国防技术转移实践做法的梳理可以得出,国防专利技术向民用领域转移是一个由技术供体(主要指国防部科研机构、武器装备合同承包商等)与技术受体(主要指私营企业)之间为满足政府的公共利益以及私营企业的利益,围绕国防技术的商业化应用相互关系和作用的动态过程,并逐渐形成一个开放的技术转移系统。由于这些国家在政治体制、道德文化等方面与我国存在差异,加之国防科技工业也较我国先进,在国防技术转移的实践探索中起步较早,并积累了丰富的经验。因此,对国外先进国家的国防专利技术转移实践考察可以得出国外国防专利技术转移系统经历了他组织到自组织的演进过程,目前已经呈现出较为明显的耗散结构的特点,系统与外界社会经济系统在人才、物质、资金的交换频繁,技术供体与技术受体之间围绕技术转移目标所产生的非线性作用明显加强、系统内涨落的刺激不断被放大等,正是国防技术转移的这些自组织特征才要求各国通过政策、法律法规、专项计划、中介体系建设等方面给予相应的手段支持与配套,为系统的自组织形成以及有序演化创造了有利条件。

对各国国防专利技术转移实践做法的考察一方面可以从纵向上把握国防专利技术转移的自组织演化规律提供现实参考;另一方面可以为我国国防专利技术转移提供有益借鉴,但由于我国与其他国家在政治制度、经济基础、道德文化等方面的差异,在学习和借鉴时的同时还要结合我国具体的国情、军情。国外国防专利技术转移的实践对我国的启示主要体现在将国防专利转移纳入国家专项计划实施、建立健全技术转移法律法规、加强组织机构和服务体系建设、开放国防科技工业体系拓宽合作渠道、制定有利于国防专利技术转移的激励政策以及建立国防技术转移信息系统6个方面。

1. 将国防专利转移纳入国家专项计划实施

国防专利技术转移涉及包括国家投资的国防实验室、国防部科研机构、各军兵种所属的科研机构、装备承包商、私营企业等在内的不同性质的主体。在转移的领域方面,还涉及国防部、商业部、能源部等不同行业机构和部门。这些转移主体和行业主体在国防专利技术转移的过程中需要权威机构的统筹、协调、决策并保证转移的顺畅运行,因此,世界主要国家都比较注重从国家层次上统筹考虑国防技术转移工作,并将国防专利技术转移工作纳入国家技术转移的专项计划实施,并强调政府的主导作用。

在政府发挥统筹协调作用方面,美国多个政府部门都有技术转移工作,但注重通过立法等手段进行统一管理,建立起国家统一的技术转移工作体系。美国国防部联邦实验室的技术转移工作与商业部、能源部、农业部、环保局、交通部等部门的技术转移工作一样,均遵循美国《联邦技术转移法》。美国商业部统一管理联邦实验室的技术转移工作,每年要向总统和国会提交年度工作报告。

在实施专项计划方面,美国通过实施如"技术再投资计划"(TRP)的专项计划在对国防技术项目立项前期就强调民用的可能性,将国防专利技术转移纳入该计划实施。该计划由美国国防部主管,国防部高级研究计划局负责具体实施,国防部、商业部、能源部、运输部以及国家科学基金会等政府部门联合参与,涉及25个重点研究领域。又如,为了促进国防部已有专利技术和技术基础更广泛地应用于非国防用途,美国还设立和实施了"小企业技术转移计划"(STTR)。这个计划类似于法国的军民两用高新技术计划,对具有科研实力但面临资金困难的中小企业在技术开发之初提供资金支撑,帮助其参与军品科研生产项目。这类计划通过政府实施税收减免、知识产权开发费用的支持等方式扶持了一大批中小企业的成长,并推动了国防技术向民用领域转移的进程。除美国外,英国国防部鉴定与研究局也出台了多个计划或倡议推动国防技术转移工作,包括"部门外研究计划"(EMRP)"稀有资金倡议"(PEI)"战略联合倡议"(SAI)"开拓者计划"(PI)。澳大利亚出台的"创新行动计划",加拿大的"技术引进计划""技术伙伴计划",印度的"技术利用计划"以及"技术吸收和适应计划"等均涉及促进国防专利技术向民用领域转移的内容。德国通过实施"企业技术创新风险分担计划",推行一系列优惠政策,包括直接资金支持、税收减免、低息贷款等,充分发挥政府技术转移资金引导的作用。

2. 建立健全技术转移法律法规

促进国防技术向民用领域转移是国家意志和国家战略,要通过立法,依法规范有序地推动。在美、英等市场经济发达国家,主要采用法律手段开展技术转移工作。这些国家国防技术转移活动纳入国会和政府部门的法律和法规制度中,通过有关技术转移的法律、法规、指令和指南,对技术转移的指导方针、政策、原则、工作程序、具体做法等作出系统的规范,并通过知识产权管理、利润、合同份额、奖金等经济激励手段,调动科研单位和科研人员对技术转移工作的主动性和积极性。美国2000年修订的《技术转移商业化法》对上述内容作出了明确规定。此外,澳大利亚、南非、马来西亚、巴西等国均通过加强对政府资助研究所产生知识产权管理的法律来加强对政府资助所产生知识产权的管理,在确保政府相关权利的前提下,大力促进其向民用领域转移,实现产业化,从而提高国家的竞争力。南非于2008年12月公布了《政府资助所产生知识产权保护法》,旨在确保政府资助研究所产生的知识产权得到有效实施。印度2001年国家计划委员会正式向政府提交的《知识产权大国的社会转型战略》工作报告中提出,建立促进印度保持领先的国防、原子能、空间等领域的科研成果转化为社会财富的机制。

3. 加强组织机构和服务体系建设

技术转移是一项涉及多方主体的复杂系统,需要在一定的组织环境下才能得以有效实施。特别是国防专利技术转移涉及的技术供体和受体分别属于不同性质的机构和部门,作为联结供体与受体之间桥梁纽带,政府组织机构和中介服务体系将对监督各方履行转移工作、提供咨询服务、协调处理纠纷等问题发挥不可或缺的作用。

各国实践表明,加强技术转移机构和中介服务体系建设是推进国防技术转移的重要措施之一。例如,美国在国防部内设立了专门的国防技术转移办公室并在《国防授权法》对国防部、联邦实验室以及能源部等其他部门关于技术转移的职能、工作关系以法律的形式进行了统一规范和明确。该法案还对美国各军种及其附属的科研院所进行的科研活动进行了具体规范。在技术转移方面,要求项目负责人及时将所承所和实施的技术向技术转移办公室汇报并跟踪登记,对于项目完成后形成的专利技术,要求尽快向民用转移和实施。该法还进一步对国防技术转移相关的专业教育、业务培训等工作作出了具体规定。此外,美国商务部、能源部、国家科学基金会等机构也被授权作为专门的特别法律执行小组,负责对技术转移的执行工作。又如,德国于2004年通过启动"创新伙伴关系计划",加强了国防专利技术主体间的信息沟通,建立了产业界、科研机构、教育界联合的技术转移网络,确保国防专利技术成果市场化和商业化各环节的贯通。日本政府主导成立了专门为大学和科研所提供中介服务的技术转移机构(TLO)。俄罗斯以大学、科学院和部门研究机构为依托成立技术转移中心来从事科研成果(包括获得政府专项经费支持的项目)的商业化,这些中心同时也作为小型高科技企业的孵化器。

4. 开放国防科技工业体系拓宽合作渠道

任何一个转移系统都不可能孤立存在,一个转移系统要想生存和发展就必须和所处的外部环境发生资源交换。国防专利技术转移的运行、发展和演化过程中的每一个环节都与外部环境发生着广泛而密切的联系。作为资源输入、输出的过程,国防专利技术转移过程本身就要求在一定程度上打开其系统封闭的边界。从技术转移入手,将过去独立、封闭的国防科学技术研究融入到国家整个国民经济建设中去是各国的普遍做法。只有充分将国防技术的供体系统处于开放的环境,与转移的外部环境,通过联合研究、资源整合、吸收资金等方式才能进一步激活国防专利技术转移的进程。此外,通过上述国外现实分析还可以看出,国防部在推动国防技术转移工作中扮演着重要的角色,虽然国防部不是国防技术的重要生成者,但作为合同用户,其在保护国防专利权益、促进国防专利的产业化、商业化方面具有重要的话语权。国防专利技术向民用转移受国防部的政策以及计划影响很大。例如,英国通过改革科研工作和项目管理办法,鼓励充分利用国防科研机构和实验实施的优势,广泛吸收外部资金,为民用科研服务。又如,国防鉴定与研究局同英国民航局签订合同,为其承担有关民用机空难救援措施的研究和综合空中交通管制系统的研究。

5. 制定有利于国防专利技术转移的激励政策

由于无形资产的属性,国防专利的生成需要广泛科技研发人员大量的时间和智力劳动投入。对科研单位或科研人员的发明奖励,一方面体现鼓励其在技术创新上不断取得新的成果,促进专利的生成;另一方面,还要通过对发明后转移成果的专门奖励,来鼓励其专利转移的动力。因此,各国都十分重视和尊重对研发人员个体和私营企业开放的专利技术的奖励和支持。

美国知识产权政策规定,由联邦政府投资形成的专利技术,其所有权归合同承包商所有,但是政府拥有为政府目的的专利免费使用权。此外,美国还对联邦政府投资形成的专利技术发明人给予一定的补偿和奖励。例如,将专利技术转移民用商业化所产生的收益以一定比例返还给专利发明人,特别是对职务发明,以不低于专利收益的15%奖励给发明人,是对国防技术发明创造的有效鼓励措施。英国国防鉴定与研究局出台政策,允许国防部门通过专利许可将军事科研成果向民用部门有偿转让。英国政府还规定,民用部门使用国防科研成果时,需交纳国防科研成果专利权使用费,以此作为国家科研投入的回报,并保护了知识产权。日本通过制定对专利发明人的激励制度,鼓励高新技术公司的成果创造。例如,旭化成公司积极鼓励职工发明创造,对职工的发明创造有明确的激励制度和奖励金额。对于职务发明,提出专利申请时给予奖励,申请公开后再奖励,获得专利后根据其实施情况和产生的经济效益按一定比例给予发明人提成。公司每年要对本年度的发明创造进行评定,选出一些具有科学技术价值的发明给予一次性科技奖,奖励级别分为有较大科学价值和技术潜力的发明以及有重大科学价值和技术潜力的发明。

6. 建立国防技术转移信息系统

国防专利技术转移系统庞大,各主体间的交流需要依靠互联互通的信息网络技术作为转移各主体间获得信息的支撑。世界许多国家都很重视技术转移工作的信息化建设,分别建立起各种类型的技术转移信息系统,包括数据库和网站等,提供方便的信息服务,促进技术转移工作。各国的实践表明,国防技术转移信息系统的建设能够有助于实施技术转移主体间存在地理位置的差异时的协同工作。

例如,美国国防部长办公厅、各军种、国防业务局都建有技术转移信息系统和技术转移数据库。国防部一级的技术转移信息系统及信息服务主要由国防技术信息中心承担,共建立了5个数据库,即:①研究与开发规划数据库;②研究与技术单位数据库(储存国防部各研究所正在进行的科研项目及工业界、大学承包的科研项目信息);③技术报告数据库(主要储存已完成的科研项目信息资料);④独立研究与开发数据库(汇集承包商每年开展的"独立研究与开发"项目的摘要,此数据库只供国防部人员使用);⑤技术转移数据库(储存技术转移方面的信息数据)。

国防技术信息中心负责将技术内容以及相关信息及时以通报的形式下发到具有资质的国防机构和政府部门,具有资质的合同承包商也可以得到该通报。此外,为了便于获取和分析某些技术信息,国防部还建立22个信息分析中心。这些信息中心分布在全国各地,大多数由承包商管理,负责红外物理学、金属与陶瓷学、冲击与振动、软件、高温材料、塑料等学科信息的收集、分析和综合,出版新技术研究手册、指南等书刊作为参考工具,提供与中心业务范围有关的咨询服务。

此外,为进一步落实技术转移工作的实施以及检验实践效果,英国国防部国防技术转移局通过组建技术转移工作实施效果评价系统来对各部门履行技术转移工作质量进行监督和管理。国防技术转移局负责对技术成果进行评审,当某项技术成果能满足用户需要时,就协助用户与技术成果的所有者之间签订技术转让合同。通过建立技术转移效果评价系统,使得英国国防技术转移进一步提升了用户满意度,加强了国防技术与民用企业及用户的对接,为促进国防技术转移提供了重要的手段支撑。

第3章 国防专利技术转移系统构成及其自组织条件

研究国防专利技术转移动力机制,其前提需要建立起国防专利技术转移系统。本章首先从国防专利技术转移的特点入手,明确其类型和系统的构成要素,包括技术本体、技术供体、技术受体以及转移环境等,从而进一步厘清研究边界;其次,在分析系统要素构成的基础上,按照系统工程分析的逻辑思路,建立并描述国防专利技术系统的结构以及各组成部分的功能;最后,剖析国防专利技术转移系统的自组织条件,为下一步研究系统运行规律和动力机理提供条件依据。

3.1 国防专利技术的类型及其转移的特点

3.1.1 国防专利技术的类型

由前文基本概念可知,国防专利的定义是清晰的。然而,结合国防知识产权概念的用途说,并根据国防专利向民用领域转移的实现途径和过程,国防专利技术又可以进一步分成多种类型。对国防专利技术的类型划分并对每一专利技术类型的转移特点进行区别有助于进一步把握国防专利转移的本质规律,并为本书明晰研究对象提供现实依据。国防专利技术的类型划分如图3-1所示。

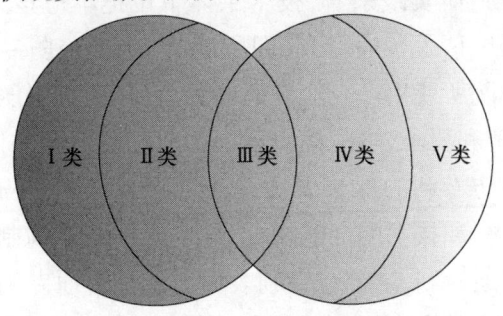

图3-1 国防专利技术的类型划分

国防专利技术分类情况如下：I 类专利技术为不可转移的国防专利技术。该类国防专利主要是指涉及国防和军队建设的重大利益的纯军事用途的专门技术，几乎没有向民用领域转移和运用的价值。II 类专利技术为处于保密状态的国防专利。III 类专利技术为已经解密的国防专利。IV 类专利技术为未划入国防专利的普通专利，即待国防知识产权机构定期去审查及扣押的普通专利。V 类专利技术为用于国防和军队建设，但不会对国家安全产生影响的普通专利。上述 5 类专利技术的分类是依据向民用领域转移的实现途径和过程进行划分的，不再区分资金的投入来源，即无论是国家投资所形成，还是其他投入所形成，如果其最终目的是用于国防和军队建设，则都归为本书所界定的国防专利技术。此外，上述关于国防专利技术的类型划分还可以从转移的技术条件和保密要求程度上来理解。上述 5 类专利由左至右，从转移的技术条件上来看，其专利技术的二次开发或中试实施难度将越来越低，其军民通用性越来越高。从专利的保密程度来看，对其保密要求的严格程度呈现出从保密到公开，呈现出越来越低的特点。其中，I、II 类国防专利较好理解。对于 III 类国防专利，虽然按照目前《国防专利条例》，解密后的国防专利转为普通专利，受专利法保护，任何人不得非法侵权。但是作为国家投入资金所形成的国防专利，即使经解密后成为普通专利，也应该考虑其在民用领域的应用潜力，也是本书下一步动力机制设计所针对解决的问题之一。

IV 类国防专利虽然在数量处于一个动态变化的过程，但是随着军用技术与民用技术的界限越来越模糊，该类国防专利技术具有较强的军民两用性，具备向民用领域转移的潜力。因此，对该类专利技术的转移研究也是本书研究的主要对象。

V 类专利技术比较复杂，表面看是普通专利，然而根据国防知识产权概念的用途说以及工作具体实践来看，技术供体单位把本应该列为国防专利的发明转向国家专利局申请了普通专利，即所谓的"隐形国防专利"。目前大多数军工集团附属科研院所或生产企业在武器装备研制生产任务完成的过程中产生的技术，按照规定和要求，本应该申请国防专利。但是供体单位出于自身利益考虑以及由于国防专利的保密属性，技术供体单位往往通过降低或篡改技术方案中的部分内容和技术的性能指标，规避了国防专利制度要求，而转向国家专利局申请了普通专利，这部分专利表面上看是普通专利，实质是从国防专利衍生而来。导致该类专利产生原因是多方面的，但根本因素是专利供体单位的利益最大化所驱动以及国防专利制度的客观限制。技术供体单位对武器装备研制过程中产生的发明专利进行了战略布局和条件分类,即把那些具有民用潜力和商业价值的发明专利申请为普通专利,而把其余不具备转移条件或没有明显商业价值的发明专利用于申请国防专利,同时也满足了企业完成国防专利任务量以及个人对于评定职称、评奖等方面的需求。从另一个角度看,该类专利与Ⅳ类专利也存在一定的交叉,即国防知识产权机构去国家知识产权局定期审查并抽出涉及国防利益或者对国防建设有潜在作用需要保密的申请,但是在大量的专利面前以及有限的审查人员的情况下,也难免百密一疏,遗漏的这部分专利也属于Ⅴ类专利。

3.1.2 国防专利技术转移的特点

国防专利是针对于国防和军队建设用途的一类特殊专利,与普通专利相比,其不仅具有新颖性、独创性、知识性、独占性、地域性、时效性等普通专利共同特点,从技术转移的角度,还表现出与普通专利技术转移的特殊性。分析国防专利技术与一般专利技术在转移方面的区别和特点,对于针对性地提出国防专利技术转移的动力源以及构建转移动力机制内容具有重要的导向作用。

1. 保密性

保密性是国防专利的最大特点。国防专利技术转移的保密性主要体现在以下两个方面:

在转让方面,条例第七条规定,国防专利申请权和国防专利权经批准可以向国内的中国单位和个人转让。该条规定明确了国防专利转移的方向可以是国内的中国单位和个人,即转移的方向可以是民用领域。但其还有前提条件,即应当确保国防秘密不泄露,保证国防和军队建设不受影响,并由国防专利机构进行初步审查后报国务院国防科技工业主管部门和总装备审批。而普通专利实行有偿转让和使用制度,权利人使用自己的普通专利不会受到任何限制。

在实施方面,条例第二十三条规定,国务院有关部委和军队有关部门有权指定所属单位实施本系统内的国防专利。这里的系统主要是指军工系统和军队系统,即现行条例中国防专利通过实施方式实现的转移方向只限制于"军转军"的范围内。

2. 信息不对称性

由于国防专利技术供体与受体数量相对有限,与普通专利转移相比,存在着严重的信息不对称问题。在转移供给方面,国防知识产权机构垄断着国防专利的技术信息,即使在技术供体,如国防科技工业系统或军队系统内部,这些信息的获取也是非常有限的,而技术受体获得国防专利的技术信息更是困难。这种在转移过程中技术供体和技术受体之间产生的信息不对称主要体现在以下两个方面:一是国防专利信息公开的内容有限。《国防专利条例》第十八条,符合申请条件的国防专利应进行备案,并在国防知识产权机构出版的《国防专利内部通报》上刊登。《国防专利内部通报》由国防知识产权机构定期出版,在内容上,该内部通报刊登国防专利申请的著录事项、权利要求书、说明书摘要等12项内容,但不包括说明书。关于查看说明书,条例也有明确规定,有权查看国防专利说明书应满足以下三个条件之一,即国防专利无效、因特殊军事研究要求、实施专利时产生纠纷三种情形。而普通专利对专利著作项目、专利全文、专利的法律状态等信息都可以通过公开的数据库检索到,在公开技术本身方面做得要彻底得多,技术受体在检索专利信息时不会受到技术内容的限制。二是信息交流时国防专利信息公开的范围有限。根据条例规定,《国防专利内部通报》按机密级文件管理,其发放范围由国防知识产权机构确定。国防专利在信息交流中由于公开范围的限制,只能提供给特定的部分人群参阅,然而处于一线的科研工作者却由于公开限制不能及时获得。而普通专利可以通过国家知识产权局网站上提供的免费数据库或其他商业数据库进行检索和查询,对于技术受体获取专利技术信息在信息获取上不会受到限制。

3. 非市场化

相比普通专利技术转移,国防专利技术转移不具有市场化的特征,主要体现在以下两个方面。

(1)国防专利技术转移的概率不由民用技术市场供求规律所决定。国防专利技术供给直接或间接生成于武器装备需求。武器装备需求受战争样式变化和战争规律的影响。因此,国防专利技术供给也受战争样式变化和战争规律的影响。战争样式和战争规律对国防专利技术市场带来的影响主要体现在供给方面。首先,国防专利技术供给类型具有不确定性。未来打什么样的仗,就发展和生产什么样的武器装备,随之生成的国防专利技术也是适应未来作

第 3 章　国防专利技术转移系统构成及其自组织条件

战样式需求的。例如,机械化战争主要与电力、动力、内燃机制造等技术相适应,而信息化战争主要与计算机、网络技术、自动控制、新材料等技术相适用,由此生成的国防专利技术在类型上呈现随战争需求变化的多样性和不确定性。其次,国防专利技术供给量具有不确定性。由于受战争规律的影响,武器装备平时需求量小,战时需求量成倍增加,平时和战时需求相当悬殊。受武器装备需求制约的国防专利技术在供给量上不可能像普通专利技术市场遵循市场原则,按照市场的需求调整供给量,而是根据国家战略方针、武器装备建设规划计划、国防和军队建设改革等政治、军事、经济及安全等因素而发生变化,并按照装备的需求进行调整。国防专利技术市场供给受制于装备科研生产,而装备科研生产受需求牵引具有较强的计划性,因此,国防专利技术转移呈现出不完全市场性,是区别一般专利技术转移的主要特点。

(2) 国防专利技术转移发生的频率与其物化商品的民用市场"待遇"不具有相关性,国防专利的商业化出路与物化产品的销售不是休戚与共的。首先,作为武器装备科研生产实践的副产品,国防专利自诞生之日起就打上了国防专用的属性。尽管这些国防专利技术经过二次开发具有民用潜力和价值,但仍然改变不了其初始军用的本质属性。因此,国防专利技术经过二次开发并成功产品化、商业化,同时在民用领域应用市场得到了相应的收益,但转移成功后带来的这部分收益不会牵引国防专利技术供体为了取得在民用市场的收益,而专门针对该技术的民用领域单独对该技术进行再创新开发和研究。同理,技术供体也不可能因为转移失败,未取得市场的预期收益而放弃对国防专利技术的继续研发和更新,这是由国防专利的本质属性所决定的。

4. 转移的时机和程序复杂、敏感

国防专利技术转移的时机和程序复杂性是相对于普通专利而言的,并主要体现在国防专利转让、实施严格按照《国防专利条例》要求的程序以及国防知识产权机构的审查和相关主管单位行政审批等方面。在转让和实施方面,国防专利权人同样面临严格的审批环节。首先,国防专利权人要以正式的书面申请向国防知识产权机构提供申请。其次,国防知识产权机构在接收到国防专利权人递交的正式申请书之后,从转让的对象、应用范围、实施目的等方面,进行初步审查。再次,通过国防知识产权机构的初步审查后,国防知识产权机构将该申请向国防科技工业主管部门和军队系统报送,其中军工集团附属科研院所、生产企业等生成的国防专利由国防知识产权机构向国防科技工业主管部报送,军队科研院所、军队院校等单位生成的国防专利由国防知识产权机构向原总装备部有关部门报送。最后,通过各系统负责的主管部门审查并批准后,国防专利权人才有权利对国防专利采取转让或实施的形式转移国防专利。转移时机和程序的敏感性主要体现在国防专利的解密方面。对于需要解密才能向外转移的国防专利,除了需要经过上述转让和实施的审批环节外,还需要经过更为严格的解密程序,包括经原定密单位的批准和本单位上级领导机关或主管部门的批准。而普通专利的转让权或实施权属于企业或个人所有,转移主体双方根据专利的法律状态,选择相应的转移方式,按照与专利权利阶段相对应的有关规定完成转移过程,其转移程序履行和管理上不会受到行政上过多的干涉。

5. 转移涉及的利益相关方多元化

国防专利技术转移涉及的利益相关方多元化主要体现在四个方面。一是技术供体和受体在单位性质上的差异。国防专利不同于普通专利,其生成主体主要是由军工集团附属科研院所、军队科研机构和军队院校等构成,其单位属性多为大型国有企业或军队单位,而国防专利的受体单位主要由民营企业为主。二是技术受体的竞争地位不对等。尽管在技术转移履行中,技术供体与受体单位具有同等的法律地位,但是在实际操作中,国有军工集团凭借武器系统总体的优势地位以及在配套任务分工上向其内部生产单位(民口)倾斜等主观因素,使得民营企业与军工集团生产企业(民口)在国防专利转移受让竞争中处于不对等地位。三是转移主体利益诉求存在差异。普通专利转移的主体主要从技术价值最大化和技术商品利益最大化两方面考虑选择和引进国防专利技术,而国防专利权利人对转移的考虑却不仅局限于追求利益最大化,还包括更多的其他因素,如单位或个人考核评价要求等。四是转移涉及的相关利益部门较多且复杂。国防专利由于保密属性,其在转移实践中不可能仅考虑技术供体和受体的需求关系,而需要经过国防知识产权机构的初步审查以及相关主管单位和机关的行政审批,特别是在解密的过程中,将牵涉更多的利益相关部门。而普通专利转移只限于技术供体与受体之间的交易,几乎不涉及更多的利益相关方,也不受其他管理或行政部门的主导和影响,是区别于国防专利转移的重要特点。

6. 技术受体承担风险较高

技术的成熟度直接影响到技术的实施者对于该技术的吸收、改进或者应用,从而决定了该技术受让方承担技术风险的大小。国防专利技术由于受到武器装备系统性和整体性要求,其技术核心程度较高,专用性较强。在技术类型上不仅包括软件类专利,还包括硬件类专利;在技术产品范围上,不仅有专门用于装备试验、方法验证等技术方案,还包括在武器装备生产过程中产生的生成工艺技术、工艺诀窍等,是多种类型技术的集成与产品的组合。因此,国防专利向民用转移,将面临较强的后续技术开发能力的配套需求以及投入市场的长期性。因此,相对于普通专利而言,国防专利转移的风险主要体现在其面临着更加困难的生产和市场的双重检验。首先,对于国防专利向民用领域转移,鉴于国防专利技术的本质属性,即首先服务武器装备建设以及保证军口生产任务完成,随之生成的技术在申请专利时缺乏向民用市场倾斜的考量,其技术成熟度更接近于实验室阶段和试验阶段,距离市场阶段较远。其次,即使与普通专利技术一样在实验室阶段和试验阶段,国防专利技术在军标与国标的差异、技术性能参数的调整、配套试验环境的建设(特别是国防技术开发平台需要大型试验场)等方面面临的客观条件,也使得技术受让单位在二次开发和中试环节中需要付出更多的代价,增加了额外的风险源。

3.2 国防专利技术转移系统的要素构成

从技术转移的角度分析,一般的技术转移过程由技术本体、技术供体、技术受体及转移环境四个要素构成。国防专利技术转移实践也符合这一转移规律。国防专利技术转移系统由国防专利技术本体、国防专利技术供体、国防专利技术受体、国防专利技术环境四个子系统及其要素构成一个技术转移的大系统。系统内的技术供体子系统与技术受体子系统之间、每个子系统内的要素之间都存在着相互联系和关联,并且以一种特定的结构形式存在。

3.2.1 国防专利技术本体

国防专利技术本体是指参与国防专利技术转移的技术资源,即国防专利。但本书所指的国防专利有明确的界定范围,即上述Ⅱ、Ⅲ、Ⅳ类专利技术。其中,Ⅱ类专利技术是指已经获得国防专利权并处于维持期内的国防专利技术。Ⅲ类专利技术为已经解密的国防专利。该类专利技术包括两类:一类是指由于国防专利权人由于转移需要,在国防专利维持期内主动提出解密申请,并经相关业务和行政部门批准后解密的国防专利;另一类是指在国家统一对国防科技成果实施解密实施过程中被动解密的国防专利。Ⅳ类专利技术是介于国防专利与普通专利之间的技术。该类专利技术主要指经国家知识产权局受理的专利,经国防知识产权机构工作人员定期审查并确定为需要保密并移交到国防知识产权机构的国防专利。上述三类专利技术共同构成国防专利技术转移系统的本体。

3.2.2 国防专利技术供体

国防专利技术供体主要指国防专利的发明者。从国防专利所有权以及使用权的法律属性上看,国防专利权人既包括发明个人,也包括职务发明者所在的机构或单位,并在转移实施中处于主宰地位。国防专利技术供体对国防专利向外转移的态度以及转移行为在很大程度上关系到可用于转移的国防专利技术本体的规模,并间接对转移的整体运行产生影响。国防专利技术供体主要包括军工集团附属科研院所、军工企业、军队科研院所、军队院校、地方科研机构以及中央与地方所属高等院校等。关于国防专利技术供体单位的构成分布,可以通过国防知识产权机构对各供体单位国防专利申请量的统计数据得到。截至2013年底,在我国维持有效的国防专利中,军工集团公司拥有的国防专利数量占总量的64.6%;军队系统拥有的国防专利件数占总量的12.7%;地方院校拥有的件数占总量的13.2%;其他单位拥有的件数占总量的9.3%;个人(非职务发明)拥有的件数占总量的0.2%,如图3-2所示。从图中可以看出,军工集团公司是国防专利的主要提供方,其中军工集团公司既包括科研院所还包括生产企业。其次,军队单位和中央与地方高等院校的国防专利申

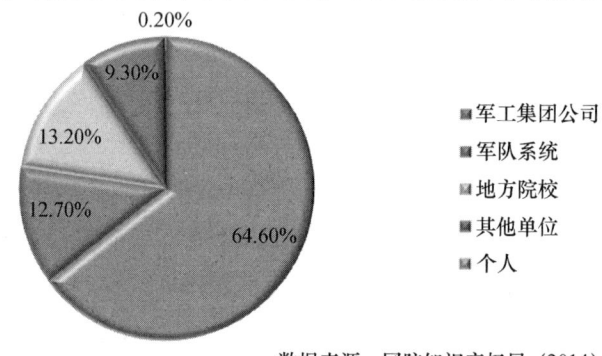

数据来源:国防知识产权局(2014)

图3-2 国防专利供体单位构成比较图

请量也呈增加的趋势。此外,若按职务发明和非职务发明对申请人进行分类,国防专利申请95%为职务发明,非职务发明仅为5%,而普通专利申请70%为非职务发明,这说明国防专利申请主要来源于单位。

1. 军工集团附属科研院所

军工集团附属科研院所是国防专利供体单位的核心和主体,其产生的国防专利数量占所有国防专利近40%。这也与我国国防科研项目主要由军工集团附属科研院所承担的实际是相适应的。目前,我国十大军工集团有近200个从事武器装备研制生产的附属科研院所,从业科技人员超过20万人。此外,从国防技术发明人的数量规模上来看,以2010年统计数据为例,从事国防技术开发的专利技术人员,如我国军工集团附属科研院所的技术人员占全国科技人员总数的10%以上,而全国技术从业人员规模近两百万。在国防技术研究机构规模方面,根据对军工集团附属科研院所的相关统计,我国军工集团拥有国防科技重点实验室23个、重点专业研发中心100余家、国家级的国防技术工程开发中心近20余家,此外,还包括近20个国防科技重点实验室。军工集团附属科研院所在人才资源、基础设施持续完善以及创新能力等方面都具有明显优势,是拥有自主知识产权的科技成果的重要载体,是国防专利生成的主力军。

2. 军工集团企业

传统观念认为专利的申请以及生成主要存在于研发机构,如科研院所、高等院校等。然而根据美国等发达国家的经验来看,由专门的科研院所等机构申报的专利与实际应用有较大差距,专利产业转化率非常低,为此,美国等发达国家政府采取措施引导企业,通过开展知识产权战略研究和应用使企业成为专利申报的主力。这一经验对于我国军工企业同样具有积极的借鉴意义。我国军工企业在自主知识产权以及专利申请方面具有独特资源优势,具体体现在以下几个方面:一是生产制造实现的技术方案。企业在实现产品的设计技术方案过程由于注入了企业自己的生产技术手段,在实现手段上会产生新的技术成果,这一区别于原有技术方案实质性的成果也是企业专利来源的一部分。二是新产品或新技术蕴含的关键技术。企业投入经费开发一项新产品或新技术都有需要解决的关键技术问题,而专利发明的产生大多数来源于这些新工艺攻关。三是企业自有的"工艺诀窍"。作为企业,在生产制造过程的同时也承担着部分科研任务,这些任务完成的过程也会产生一些工艺诀窍,也是可以通过申请专利得到的技术资源。

3. 军队单位

军队单位主要包括军队科研院所和军队院校。军队科研院所和军队院校虽然不是国防专利技术供给的主体,但却是装备应用基础研究、应用技术研究以及先期技术研究的主体力量。特别是以高科技为特征的综合院校,其国防技术转民用的需求既有服务社会,也有军队和自身发展需要。以国防科大为代表的一批综合性高科技军队院校所生成的高水平科研成果既为国家提供了强大的技术支撑,促进了经济建设,也为军队武器装备创新提供了雄厚的技术储备。因此,军队单位供给的国防专利技术的技术成熟度接近于实验室阶段和试验阶段。在装备预先研究的基础上,军队科研院所及军队院校在参与装备方案论证,跟踪了解装备研制的全过程,特别是在承担装备研制和配套项目中的部分任务的过程中,也会生成一些重要的国防专利技术,并在整个国防专利的申请量中占有一定的比例,如图3-2所示。

4. 地方科研机构以及中央与地方所属高等院校

由于长期实行政府计划体制,我国科研院所和高等院校目前仍然是国家技术创新体系中的中坚力量。在国防专利技术供体的角色扮演中,地方科研机构以及中央与地方所属高等院校在装备预先研究的基础上,构成装备型号研制的主要力量,并按照武器装备技术需求以契约的形式承担部分或全部的国防技术开发工作。

3.2.3 国防专利技术受体

国防专利技术受体主要指国防专利技术的引进者和使用者。根据技术转移理论,技术供体对系统输入产生重要影响,而对系统的输出有较大影响的主要取决于技术受体对引进国防专利的态度和行为。国防专利技术受体对技术转移的后续阶段,如转移方式的选择、二次开发以及中试等实施环节产生直接影响。国防专利技术受体,从目前实践现状来看,主要包括军工集团工业企业(民品)、民口生产企业,也包括集成技术进行二次开发的科研机构和院校等单位。

1. 军工集团生产企业(民品)

目前,在军工企业进行企业集团制的体制改革后,军工集团公司统一管理军工企业军品与民品业务,虽然部分军工企业设有技术转移部门,但军工集团公司领导下的民品公司已成为国防技术向民用转移的主要形式。在具体的管理模式上，军工集团附属科研院所以及生产企业均设有自己的下属生产企业以及科研单位。这些单位是军工民品的主要经营者，但对于具有代表性的支柱性民品产业仍然受军工集团直接管理。从产业角度区分，军工集团公司包括军品科研生产、主导民品业务以及第三产业。其中，军品科研生产由军品工厂和支柱或优势民品公司组成，主导民品业务由民品成员单位和民品公司组成。从技术转移角度来看，军工集团公司层面的专利转移产生于其集团公司下的军品成员单位和民品成员单位之间。此外，一般来讲，国防专利技术在军工集团公司层面的转移，往往介入的是该领域民品产业价值链的终端，转移的技术更接近市场阶段。在具体产品形式上主要包括，由军用飞机研制生产衍生的民用飞机、由军用车辆衍生的民用汽车、由核武器研发以及生产衍生的核电站及设施设备等。

2. 民口生产企业

由于本书研究的范围局限于国内军用技术转民用领域，为此，本书所指的民口企业主要指用于生产民品的企业，包括国有性质的生产企业、由私人控股的各种形式的内资企业，即民企，但不包括中外合资以及外资企业。其中，又以民营企业为技术受体中的主体。根据一项对全国企业专利数量统计的分析，首先，从全国所有民营企业申请专利行业属性上看，民营企业在制造业领域占到了90.1%。这从侧面反映也民营企业在制造加工、生产工艺等方面具有绝对的技术优势，对于先进的国防专利技术的引进进行产业化、商品化具有很大的市场空间。其次，从这些制造业专利申请量超过2000件的分布统计来看，其中排在前10位的具体行业如图3-3所示。通过从事制造业的民营企业申请的专利行业分布可以看出，这10类行业中大部分都与武器装备在研制生产方面也具有紧密的联系，这从另一侧面也反映出民营企业对引进国防专利技术的制造优势和产业化潜力。

3. 集成技术进行二次开发的科研机构和院校

除对专利引进的传统生产企业外，对于集成技术进行二次开发的科研机构和院校也是国防专利技术受体的组成部分。国防专利技术的国防专用属性决定了其二次开发和中试环节的难度，因此，多数国防专利技术一般都会通过第三方的科研机构或院校对集成技术进行二次开发以满足生产化的条件。

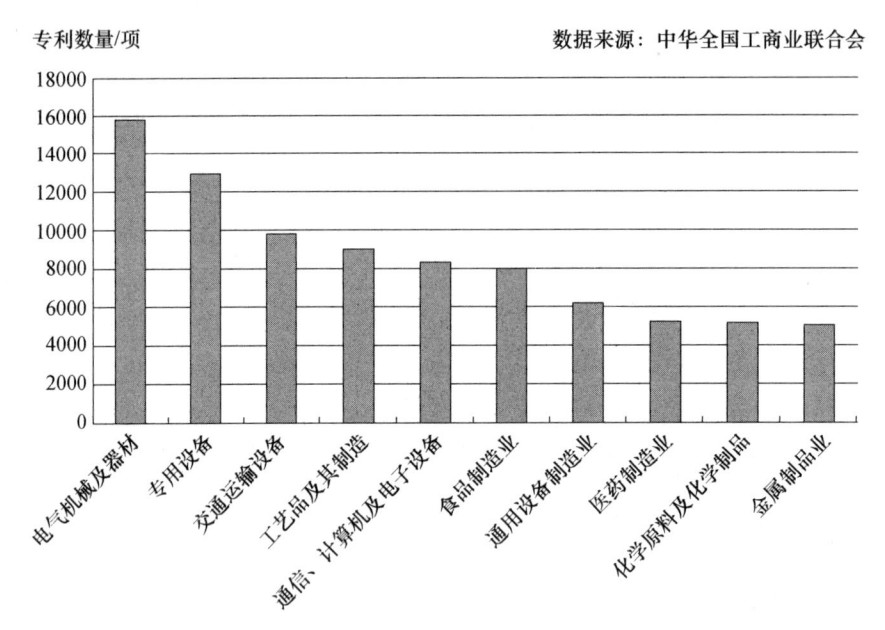

图 3-3 民营企业专利申请量超过2000项的行业分布(前10位)

3.2.4 国防专利技术转移系统环境

国防专利技术转移环境是国防专利技术供体、技术受体在转移过程中所面临对系统产生影响的各种因素。这些影响因素都以不同方式在全局上制约着国防专利技术的横向转移或纵向转移。国防专利技术转移系统环境主要是指国家关于军民技术转移的政策法规、军民技术转移规划计划、价值评估体系、信贷融资体系、信息交互平台、转移风险机制,以及军民技术转移行业机构组织等。

1. 军民技术转移的政策法规

国外的实践表明,政府介入国防技术转移的总体特点是通过立法促进技术转移。美国、日本等通过制定多部与技术转移的相关政策性文件和法律,用以引导、调动研究机构、大学、科研人员、企业及地方政府等各方面的积极性,从宏观上营造了技术转移的宽松环境。因此,完善的政策和健全的法规对于规范国防专利向民用领域转移的协调发展,规范技术供体和技术受体之间的对接具有重要的引导作用。

2. 军民技术转移的规划计划

国防专利转移属于军民技术转移的重要组成部分,其运行和实施需要建立在国家整体军民技术转移的规划计划之中,即有国家层面的发展规划,也有地区政府建立的专项军民技术转移规划等。从横向比较来看,美国等发达国家均为国家投资形成的科技成果通过法律和政策制定了专项实施计划,保障了国防领域的专利技术向民用领域的顺利转化。军民技术转移规划计划,是推动国防专利技术转移的重要方式。目前,我国尚未有专门针对国防专利转移的专项计划,与国防专利技术转移相关的计划仅局限于国家工业和信息化部军民结合推进司开展的军转民技术交易计划等。

3. 国防专利价值评估体系

国防专利技术转移建立在准确的价值评估的基础之上。科学、完善的国防专利价值评估体系是技术供体和技术受体顺利完成专利技术转移工作的重要保证。国防专利技术价值评估体系通过考量影响专利技术价值的各个方面的因素,结合一定的量化和计算方法来得到专利技术的价值。特别是对于国防专利来说,由于其未来向民用领域转移实施的情况具有很大的不确定性,因此价值评估对于转让、许可等情况就变得极其重要。

4. 信贷融资体系

国外国防技术向民用转移的实践经验证明,国防技术转民用面临的最大障碍不是体制机制问题,也不是技术转移的政策扶持,而是二次开发、中试环节所耗费的巨额技术开发费用。因此,充足且可持续的资金保障不仅可以为技术受体在引进国防专利时解决二次开发、中试环节的资金问题提供手段保障,而且还有助于为技术供体与技术受体选择合作共建实体等转移方式提供重要的手段支撑。国防专利技术转移是一个漫长的过程,根据技术转移的阶段过程,专利技术向民用转移主要涉及三个阶段性里程碑。一是专利技术的物化,即专利技术产品化,包括正样品和试制品,此时需要通过二次开发、中试实验等环节的验证,但并不一定具有批量化生产条件;二是技术的产业化,即通过规模生产满足批量生成要求;三是产品的商业化,即产品的营销阶段,包括对产品的市场推广、市场培育、售后服务等环节的配套。在这三个阶段中,对于国防专利技术转移而言,最重要的莫过于产品化阶段的二次开发以及中间试验,这也是国防专利从武器装备实验室走向市场的最关键的一个环节。此外,横向比较域外经验,美国等发达国家在技术产品化、产业化以及商业化的投入比例分别是1:10:100,而我国的投放比例仅为1:1.1:1.5。因此,鉴于我国在试验阶段和产业化阶段的投入现状以及民营生产企业作为国防专利技术受体主要对象的情况下,仅依靠企业自身的投入难以保证有足够的资金来支撑技术转移在中试的实施,并已成为制约国防专利技术转化实施的瓶颈。因此,向技术受体倾斜的财力配置结构以及其支持有效的信贷融资体系,是保证国防专利技术转移的必要配套手段和实现预期目标的重要保证。

5. 技术转移风险机制

风险机制是各种风险要素和作用所产生的利益诱力和损失、破产的压力所形成的有机制约体系。国防专利技术研发周期长、技术专用性强、二次开发和中试难度大、技术前景的不确定性、技术精度和技术寿命的不确定性等特点,决定了国防专利技术的高风险产品属性。然而,风险和机会总是伴随于技术转移的整个过程,转移成功的机会充满了不确定性和风险,风险和不确定性又常常包含着更多的潜在收益机会。一方面,技术受体为了获得未来市场的收益目标引进国防专利技术而不可避免地产生在转让费用、中试和二次开发,以及生产经营成本等方面产生的风险;另一方面,随着商品经济的发展,越来越多的生产经营企业也意识到投资用于国防专利技术的转移,并对其进行开发和经营,一旦成功,可以在较长时间内保持较高的盈利。因此,对国防专利技术的高风险的特点以及面对未来收益不确定的情况下,完善的技术转移风险机制有助于引导资金和调节社会资源向有利于技术转移的方向配置,对民用生产企业引进国防专利技术将产生重要的保证作用。

6. 军民技术转移行业推进机构

国防专利技术转移运行虽然是客观存在的一种自组织行为,但在前期仍需要相关行业机构支撑系统的正常运行。军民技术转移行业推进机构是在各致力于军民结合事业的企事业加盟下,以实现军民结合为目的,而形成的跨地区的社会团体。目前,我国军民技术转移行业推进机构主要包括中国和平利用军工技术协会、中国兵器工业新技术推广研究所等行业机构。军民技术转移行业推进机构在军民融合深度发展的时代背景下,将进一步发挥国防科技工业科技成果推广转化的职能,整合国防科技资源,促进国防专利技术在行业内外的有序流动,推动国防专利向民用领域转移。

7. 信息互动平台

信息互动平台是实现技术供体与技术受体对接的最有效方式,也是国防专利转移中介服务体系建设的重要内容。通过信息互动平台,建立起国防专利技术供体与技术受体之间的长效互动机制,并将国防专利申请、审查、转让等业务纳入到平台服务,将进一步提高国防专利管理的工作效率,并逐渐打破目前国防知识产权信息资源封闭与分散状态。同时,信息互动平台的建设和完善将使国防专利技术主体之间的交流与合作成为常态化,并逐渐改变目前国防科技成果展示会等临时性的交流互动机制。

3.3 国防专利技术转移系统结构及功能

自组织理论是研究非平衡开放系统如何由混乱无序的结构,通过非线性相干和涨落,在时间、空间或功能上形成高度有序结构的理论。功能是运用自组织理论分析系统问题的重要概念。系统的功能体现在系统内部与外部两个方面,系统内的子系统、要素和系统外部环境的变化都会对系统的运行产生作用。一个耗散结构的形成与系统的结构和功能有关。

3.3.1 国防专利技术转移系统结构

每一个系统都具有明确的结构,结构是各种系统存在的普遍属性,是指系统内各种要素内在的联系和组织方式。根据系统学原理,系统结构有两种类型:第一种类型是根据系统是否静止来划分的,包括系统框架结构和运行结构。其中,框架结构是指系统在停止运行或处于静态时,各组织要素之间的构成方式;运行结构是指系统在运行过程中,各子系统或其要素之间的联系方式。第二种类型是空间结构和时间结构。由于本书研究的国防专利技术转移动力机制,属于系统运行时的机制问题,因此,将国防专利技术转移系统的结构按运行结构归类。根据系统科学理论和专利技术转移理论,并结合国防专利技术转移要素构成的分析,国防专利技术转移系统的实质是各种资源传递和资源转换相互耦合的开放系统,如图3-4所示。

国防专利技术转移系统结构反映了系统内子和要素与外部环境的交互关系。由于国防专利技术转移系统是一个开放的自组织系统,其内部子系统与要素与外部环境的交互主要是通过各子系统中"熵"的输入、输出来体现的。由图3-4可以看出,国防专利技术转移系统在结构上主要由3个子系统组成。一是技术供体子系统。该子系统主要解决"熵"的输入问题,即系统如何将外界输入的人才流(如技术人员、管理人员、工程人员和后勤人员等)、物质流(如原材料、研究设备器材、基础设施等)、资金流(如人员的工资、奖金、研发科研经费等)以及信息流(如国家军事战略、国家安全形势、武器装备规划计划、武器装备市场需求情况等)进行整合。二是技术受体子系统。该子系统是国防专利技术的受让主体,主要解决专利技术商品化、产业化问题并最终将其推向民品市场。技术受体子系统也面临"熵"输入问题,但其输入的内容与技术供体相比有所侧重和不同。例如,资金流更加侧重于购买专利的费用、风险投资、信贷融资等;物质流可能更侧重于中试环节、二次开发所需设施设备、生产工艺配套建设等;信息流则包括国防专利技术市场供给信息、国家军民技术转移政策法规、国防技术转移规划计划、民品市场等。三是反馈子系统。反馈子系统有两个方向:反馈到技术供体子系统(图3-4反馈①),这是针对技术供体子系统在转移过程中存在的问题,即技术供体子系统输入的是"正熵流"还是"负熵流",如人才引进是否有利于技术供体单位的发展,是否有利于促进国防专利技术的生成,资金和技术引导是否有利于国防专利技术向民用领域转移等问题;反馈到技术受体子系统(图3-4反馈②),这是针对技术受体子系统在转移过程中产生的问题,如资金的引导和支持力度、转移信息的畅通、转移的有序等。

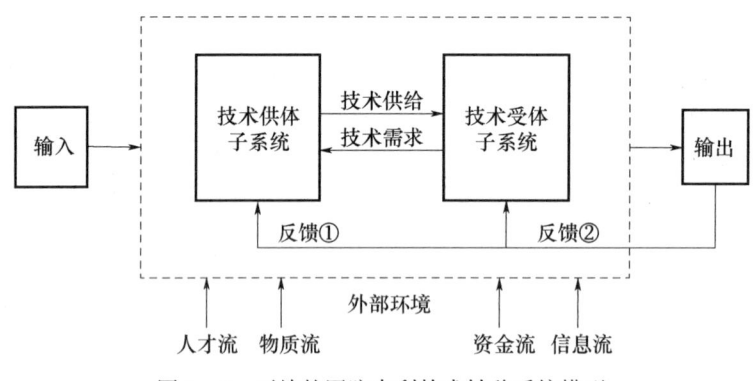

图3-4 开放的国防专利技术转移系统模型

3.3.2 国防专利技术转移系统功能

系统功能是指系统将一定的输入转换为一定的输出的能力。系统功能是系统内部固有能力的外部表现。通过系统功能可以看出系统与外部环境之间在物质、能量以及信息方面的交流情况,是对系统的外部状态和外部作用的具体说明。系统功能是系统存在的先决条件。

第3章 国防专利技术转移系统构成及其自组织条件

从技术转移的输入、输出的动态过程来看,国防专利技术转移系统的功能主要通过技术转移主体(包括供体子系统和受体子系统)之间非线性相互作用的有机耦合以及与外部环境的相互作用共同完成。国防专利技术转移系统结构及功能如图3-5所示。其中,供体子系统主要由军工集团附属科研院所、军队科研机构、军队院校、民口科研院所以及中央与地方所属高等院校等要素组成。受体子系统主要由军工集团工业企业(民品)、民口生产企业等组成。外部环境主要包括:系统内各要素的考核和评价机制,国家关于军民技术转移的政策法规、规划与计划、国防专利技术交易制度、价值评估机构、信贷融资体系、信息交互平台、转移风险机制、国防专利代理中心以及军民技术转移行业推进机构等。外部环境中各要素的功能在国防专利技术环境一节中已经详细论述,这里不再赘述。

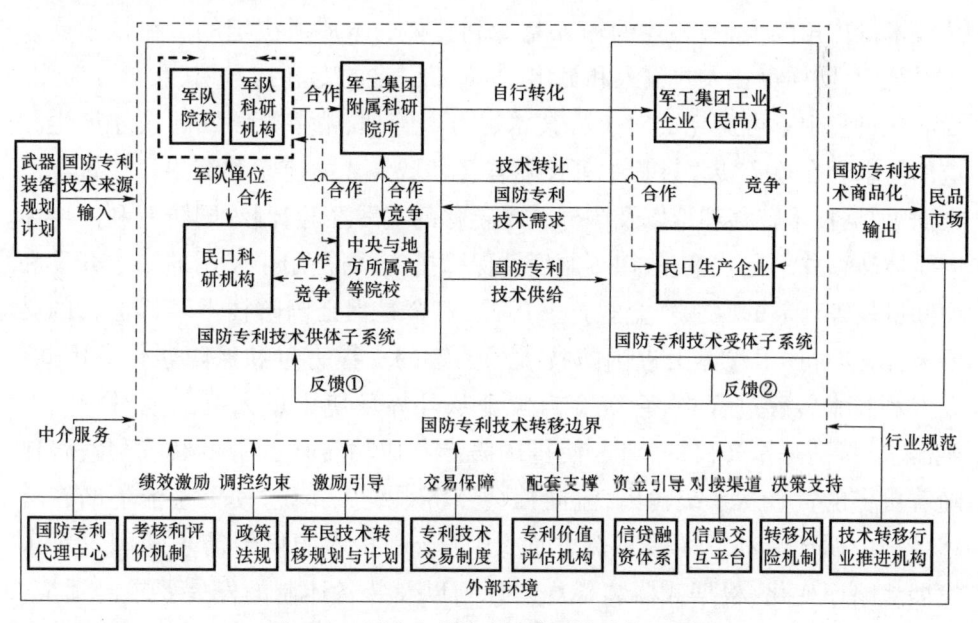

图3-5 国防专利技术转移系统结构及功能

3.4 国防专利技术转移自组织特征

运用自组织理论研究国防专利技术转移动力机制,首先需要分析转移系统的自组织条件判据。本节从系统的视角,运用耗散结构论分析国防专利技术转移系统的自组织特征,为下一步动力机制研究提供条件判据。

3.4.1 开放性

运用自组织理论首先要求系统具有开放的特征。系统的开放特征体现着系统能否将负熵流输入系统,并完成外部信息、能量、物质与系统内部的输入、输出。判断一个系统是否开放主要从两个方面来考察:一是系统与环境之间有无输入或输出;二是外界对系统的输入平权与否。开放性特征是系统自组织和他组织区别的重要分水岭。

对于前者,根据上文系统结构与功能分析,国防专利技术转移系统的开放性主要体现在人才流、物质流、资金流以及信息流四个方面。在人才流方面,专利的存在首先在于其具有创新性,而创新性的首要源泉来自于人才。因此,从技术供体角度来看,人才的输入是专利转移的本质所决定的。在技术受体子系统中,同样存在人才输入和输出,如对于引进的专利技术,其在工程应用、商品化过程中不可避免会对工程技术、生产、管理、销售等领域的人才产生相应的需求。在整个转移过程中都伴随着各领域人才的流入和流出。在资金流方面,根据技术转移理论以及国外技术转移的实践经验,制约国防专利由供体向受体转移并不是政策、法律等制度性保障措施,而是用于民用的二次开发和中间试验等环节的巨额资金投产。因此,资金是保证国防技术转移运行的必要条件,是对技术受体引进国防技术最关键的支撑力量和保障条件。因此,在专利技术转移过程中,系统会自觉地从外界环境中最大范围地对资金产生需求,特别是军转民的特点,使得国防专利成功转移后所得经济利益将伴随着更多的资金从系统输出,流向社会经济系统大系统,使资金流不断在转移系统中循环流动。在信息流方面,国防专利技术的供给需求随国家军事发展战略而变化,根据武器装备规划计划以及装备体制的发展要求与适应,这是其专利技术发展的主要信息输入。对于技术受体子系统,未来市场的需求、企业对技术引进的需求信息等是其与系统外界环境信息交换的主要内容。在物质流方面,用于技术研发的实验实施设备、二次开发、中试环节所需的配套实施设备、生产所需的原材料等构成的系统与外界的物质输入与输出。

关于系统的输入是否平权的特征,从上文分析得出的国防专利技术转移系统结构和功能来看,各子系统以及其组成要素对外界的能量交换都是均匀的,没有专门针对系统特定的子系统或组成部分,都存在着在人才、物质、资金以及信息等方面的能量交换,唯一的不同体现在各子系统或组成要素在内容和形式上的区别。

3.4.2 非平衡性

系统具有开放性特征只能说明系统具备了物质、信息、能量流对系统输入与输出的可能性。然而自组织系统还要求对系统内部子系统或要素是否均匀,对输入的这些能量流的吸收是否均匀。非平衡性就是对这一特征的判断。国防专利技术转移系统的非平衡性主要体现在转移子系统在单位性质上的差异、技术供体子系统和技术受体子系统内部各要素单位在研发实力以及受让竞争中存在的差异等方面。

(1) 技术供体子系统和技术受体子系统在单位性质上存在差异。国防专利技术供体单位主要由军工集团附属科研院所、军队科研机构和军队院校等构成,其单位属性大多为国有企事业单位或军队单位。而国防专利技术受体单位主要包括军工集团工业企业(民品)、民营企业以及集成技术进行二次开发的科研机构和院校等单位,其中又以民营企业为主体。

(2) 供体子系统内各要素单位在存在实力上存在的差异性。如军队科研机构与军工集团所属科研机构在研发整体实力上在存在差距,高等院校与地方科研机构在对产品定位、市场需求的把握上存在的差距等也体现了系统的非平衡性。

(3) 技术受体子系统内部各要素单位之间在专利技术竞争受让时存在差异。尽管在技术转移合同履行中,技术供体与受体单位具有同等的法律地位,但在实际操作中,国有军工集团凭借武器系统总体的优势地位以及在配套任务分工上向内部生产单位(民口)倾斜等主观因素,使得民营企业与军工集团生产企业(民口)在竞争中处于劣势地位,造成了在技术受体子系统内部产生了要素竞争的非平衡性。

(4) 技术供体与技术受体的利益诉求存在差异。从实践的情况来看,技术受体单位在受让过程中主要从专利转移的利益最大化考虑引进国防专利,而技术供体单位则更强调从本单位专利任务量的完成以及个人考核评价等方面来考虑向外转移。二者在利益诉求上的差异也进一步体现了系统的非平衡性。

3.4.3 非线性

从上文分析可知,国防专利技术转移系统是一个包含多组分、多要素的复杂系统。在供体子系统内,军工集团附属科研院所、军工企业、军队科研院所、军队院校、地方科研机构以及中央与地方所属高等院校等组成部分在组织结构和性质上均是相互独立的,且系统组成数量明显大于3,并具有明显的要素特性。在受体子系统内,军工集团工业企业(民品)、民口生产企业以及集成技术进行二次开发的科研机构和院校等单位在组织结构和单位性质也均是相互独立的。

此外,从社会经济大系统来看,国防专利技术转移系统是国家技术转移系统的一个子系统,受到外部环境多种因素的影响和制约,即系统内部存在各种正反馈的倍增效应;也存在限制系统运行的负反馈,这些负反馈对系统输入的能量将产生抵制作用,不可能使外界输入持续注入系统,并将系统的输入与输出在总体上控制在一个范围内。系统内各子系统之间不是简单的因果关系、线性依赖关系。国防专利技术面向武器装备建设特定需求并受装备需求牵引,是装备科研生产的结果。

因此,由于受战争、国家战略发展的变化等影响,国防专利技术转移系统运行处于较大的变动中。在一些情况下,国防专利技术转移系统运行可能出现"断裂",即发生突变,例如,武器装备的需求急剧下降或扩张将使整个系统处于非规划的变动。又如,在战时国家紧急科研订货条件下,随着武器装备需求的不断扩张,技术供体将不可能避免在装备科研和生产上生成较平时更多的发明专利。这部分专利技术通过系统,经过民用产业化和商品化将产生新的经济利益。而经过转移新成生的这部分转移资本将通过转移系统中的反馈子系统,反哺于技术供体子系统,为国防技术供体子系统提供新的资金流、物质流或人才流等负熵流的输入,进一步促进国防专利技术的生成;若反馈到受体子系统,则为其提供在资本、人才等方面新的负熵流,进一步推动技术受体吸收和引进更多的国防专利,这是正反馈的倍增效应。再如,鉴于国防专利的技术专用性,即使经过二次开发等环节,将专利转化成产品并投入到民用市场,但也可能出现产品成本较高、缺乏灵活性、技术难以改进等问题,不适应市场需求,最终被市场淘汰。这些问题反馈到受体子系统,就有可能存在正熵流的输入,即资金投入是否有利于市场的竞争、人才的引进是否有利于转移,原材料的选择和质量问题、生产工艺的配套以及销售环节在的问题等。过多的正熵流的输入以及负反馈的抵制作用,将抑制国防专利技术转移系统中输出量的增加,将系统限制在一定的范围内。因此,从系统的整体输入与输出来看,国防专利技术商品化也不可能随国防科技要素的投入而表现出相同比例增长。此外,国防专利技术转移系统的技术供体子系统与技术受体子系统面对国防专利技术转移的目标,在人力资源的配置上以及财力投入等方面也不是线性的关系,体现出非线性的特征。

3.4.4 非稳定性

如果说非线性是判断系统内部稳定的重要条件,那么非稳定就是对系统整体稳定的判断条件。当系统的输入达到一定程度时,系统运行将达到一个临界状态,此时,系统处于非稳定态。如果输入再持续增加的话,系统将从一种状态跃迁到另一种状态,向另一种有序态演化,这就是系统的非稳定性。根据自组织理论,只要系统有持续的能量流输入系统,系统就是非稳定的。但是,外界对系统的输入达到多大程度才能驱动系统的状态变化,可以通过控制论"黑箱"的方法,只观察系统控制参量对系统的输入是否达到阈值即可。国防专利技术转移系统自组织过程是技术供体与技术受体之间以及其内部各要素之间相互作用方式和关系的运动过程。其中,技术供体子系统对国防专利技术转移的态度和行为必然直接或间接地影响到技术受体子系统对引进国防专利的行为,而技术受体子系统又反过来对技术供体子系统产生影响。它们之间的相互影响又会从整体上影响到系统的整体运行以及外界环境,同时外界环境也会反作用于系统。例如,技术受体子系统对国防专利表现出的积极的需求,即民品生产企业在某一时间对国防专利的市场需求,将使技术供体对此作出相应的供给回应,从而在供体子系统内部产生积极向外转移的动力。技术供体子系统内部将通过单位激励机制以及个人绩效考核评价机制等方式对此作出回应。但是从整体上,这时的系统仍然是稳定的,因为此时系统能够通过自我机制的完善来克服来自系统内部的扰动。但当外部能量输入达到一定阈值时,此时系统可能通过改变旧有的结构,或打破系统与环境的稳定平衡为此作出新的回应,使系统跃升到一个新的稳定态,从而表现出国防专利技术转移系统的非稳定性。

3.4.5 存在涨落

涨落是耗散结构出现的触发器。与自然系统一样,经济社会系统的涨落在不同情况下所起的作用是不同的。在系统控制参量某些值,系统处于稳定状态时,涨落相对于系统宏观量是微不足道的,而且系统中包含的子系统数越多,涨落的效应就越不明显。只有涨落在系统远离平衡态的区域时,才能够起到建立耗散结构触发器的作用。因此,对于国防专利技术转移这样的社会经济系统来说,只有认真研究转移临界点附近的涨落,才有可能把握住转移系统转移发生演化的时机和方向。

涨落是自组织系统从低阶向高阶演化的重要动力因素。涨落的存在对于促进系统演化具有重要的推动作用。国防专利技术转移系统包括自身产生的内部涨落和由外部环境引起的外部涨落。内涨落主要表现在专利技术转移过程中的中试和现场应用后续环节的失败、二次开发能力高低的波动以及企业生产需求和潜在市场需求的波动等;外涨落主要表现为军民技术转移的政策变化、国防科技工业的战略调整以及民品市场商品价格的波动等。这些涨落因素是系统向有序方向演化的内部诱因,国防专利技术成功转移正是这种涨落放大的结果。

3.4.6 整体性

国防专利技术转移系统的整体性特征表现为两个方面:一是静态整体性;二是动态整体性。关于静态整体性,主要是指国防专利技术转移系统在某一时期或某一个时间节点上体现出的系统结构的整体性,包括子系统或要素之间的联系和作用方式、子系统之间的互动耦合方式。

具体到系统,主要是指国防专利技术供体在转移国防专利时选择的转移方式、国家宏观发展战略、相关政策等对技术供体推动国防专利转移的影响和作用、技术受体引进国防专利的方式以及国防专利技术转移过程中涉及的相关法规制度等。静态整体性体现的是国防专利技术转移系统运行过程中某一时期或某一时间节点的映射和外在表现形式。关于动态整体性,主要是指系统的结构不是一成不变的,而是会随着系统的整体运行和演化而改变。系统内部任何一个要素的变化都必然引起其他要素之间结构关系的变化,从而使系统整体结构发生调整和改变。例如,民营生产企业对国防专利技术引进的

第3章　国防专利技术转移系统构成及其自组织条件

需求将导致国防专利技术供给的增加,体现出系统整体转移能力的涌现,表现在子系统及要素上就是技术供体向外转移的能力以及技术受体引进技术的能力均得到提高,进而体现出技术转移带来的利益,当转移价值带来的收益远远大于各子系统或要素不选择转移或引进的价值时,促进转移能力的形成成为系统内资源配置的重要方式。从非线性的角度而言,国防专利技术转移系统内各子系统和要素处于复杂的相互联系的关系,使独立的要素体现出系统质变增益的整体功能。

第4章 国防专利技术转移动力源

系统自组织运行动力机理是系统要素动力源通过一定的耦合关系作用存在的,因此,识别并分析系统要素的动力源是动力机制设计的基础,也是系统序参量确定和动力机理分析的现实依据。本章在前文系统要素分析的基础上,将国防专利技术转移动力分为三个部分:一是把国防专利技术转移主体,即技术供体和技术受体共同参与转移的动力称为主动力,其中,由技术供体产生的转移动力称为主推力,表现为技术供体向外转移国防专利的愿望;技术受体对引进国防专利的动力,称为主拉力,表现为技术受体对国防专利技术资源的需求。二是把技术本体产生的动力称为源动力,这是由国防专利自身属性表现出的吸引技术受体所形成的动力。三是外部环境对系统的作用使技术供体和技术受体对国防专利技术转移决策的动力称为助动力。在分析系统各要素动力源的基础上分析提出国防专利技术转移的动力特征,为下一步系统的自组织运行规律和动力机理分析奠定基础。

4.1 国防专利技术转移主推力

技术供体是国防专利的提供者,从系统的角度看,该子系统囊括了军工集团附属科研院所、军工企业、军队科研院所、军队院校、地方科研机构以及中央与地方所属高等院校等机构和单位。作为技术供体,子系统内各要素由于单位性质、组织结构、技术能力以及专利布局等方面的差异决定其转移专利的动力也存在差异。本书分别立足技术供体子系统各要素的角度,剖析其转移国防专利技术的动力,以期得到国防专利技术转移主推力构成。

4.1.1 军工集团附属科研院所转移国防专利的动力

作为国防专利生成的主体,军工集团附属科研院所(以下简称军工科研院所)由于武器装备科研任务的计划性等特点,其在掌握国防技术方面具有先天的优势。因此,作为国防专利技术供体的主要组成部分,军工集团附属科研院所转移国防专利的动力也表现得更加突出,并体现在自行实施的局限性和维持机构生存保证资金来源两个方面。

1. 自行实施的局限性所带来的内驱力

从目前军工集团系统内的国防专利技术转移现状来看,多数国防专利技术在本集团系统内部通过自行实施实现了转移。这样的做法看似是找到了一条国防专利技术向民用领域转移的实现路径,但是从国防科技资源配置的整体安排的角度来看却存在很大的局限性,主要表现在以下三个方面。

(1) 有悖于社会化大生产专业化分工规律。首先,社会化大生产是以分工协作为基本特征的,专业化分工的不断发展使得产品生产之间协作更加密切。特别是利用国防专利的过程中,未来形成的是民用商品,需求用于民用市场。国防技术转移实践中理应遵循社会化生产的规律并按照专利技术的研发、产业化、商品化各个阶段分别实施。国防专利技术转移应当区分军用技术与民用技术在科研和生产等方面的差异。当然介于两者之间的技术发明也很多,如批量生产的武器弹药等,就与大批生产的民用产品存在某些共同的特点。但源于武器装备科研生产的国防专利技术与民用发明技术的区别是显而易见的。这些不同点如表4-1所列。从表中的比较可以发现,与军品科研生产相比,民品生产具有高速且大批量、迅速的增量改进以及降低成本的生产工艺等特点。而源于军品科研生产的军工科研院所无论在生产规模上,还是对民品市场需求的把握等方面都存在先天劣势。尽管目前一些大型军工科研院所具有生产线,但也仅仅是与其科研任务相配套的小规模生产线或试制生产,并不具备规模生产或快速增量改进等生产能力。

(2) 不利于发挥军工科研院所作为创新主体的功能。第一,从创新价值链的实现过程来看,创新主体独立完成并实现从研发、中试、生产、营销的整个技术转移过程,确实可以减少交易成本、降低首先风险,并且完全拥有转移后的利益。然而鉴于机构的使命与任务,军工科研院所缺乏应用研究经验,更多地侧重于基础研究和理论研究。第二,由于军工科研院所经费有限,在基础研究与应用研究上的支出占很大比例,独立完成技术转移所有环节的工作不仅需要耗费大量的资金、人力还会影响到军品任务的完成,这些转移过程中构成的风险也是军工科研院所无法承担得起的。第三,即使军工科研院所创造的国防专利具有市场远景,但是鉴于民品与军品的生产特点,为开发一种市场所需的民品,军工科研院所也要考虑国防技术转民用的机会成本,单独引进一条生产线及其相应的配套设施设备,对于军工科研院所也是不现实的。第四,军工科研院所的优势是组织团队集中攻关,组织研究和开发。在实践中,国防专利技术转移确实为单位取得了一定经济收益,但是由于目前国防知识产权权利归属以及利益分配等制度性障碍导致军工科研院所或国防专利发明人难以取得合同约定的经济利益。这样做的结果不但没有发挥出军工科研院所的优势,反而影响了研发人员创新的积极性和军工科研院所向外扩散国防技术的动力,并导致国防科技资源的配置效率降低。

表4-1 军用发明与民用发明的比较

比较项目	军用发明	民用发明
设计的动力	受命于军事"需要"	市场推动,引进新产品
对需求如何反应	性能改进以"跃进"方式出现	迅速的增量改进, 不时插入较重的新设计
产品周期	以10年计	以年计
优先考虑	保证实用性能好和保存期内的 产品技术	降低生产成本的工艺技术、 高的质量和灵活性
生产	低速生产和批量小	调整和大批量(在消费工业品中)
科研与生产间的联系	科研与生产分别签合同承包, 按顺序进行	科研、生产和用户服务 实行一体化管理
技术分工	成功可能需要领先从别的承包商 取得技术诀窍	依靠专有的技术优势获得成功

(3) 阻碍国防专利技术向民营企业转移的可能路径。从专利技术转移的实现过程来看,采用本系统内部自行实施的方式也要求军工科研院所寻找生产方和产品市场,这样就存在三种路径:一是完全自行实施,这种情况仅适用于拥有一定生产规模的大型科研院所;二是在本集团系统内的横向寻找生产企业,该种方式目前在实践中采用较多;三是在其他军工集团企业中寻找受让方,但这种情况较罕见。由此可见,仅通过军工集团系统内部自行实施的方式转移国防专利技术,将把民营企业作为国防专利的受让方置之门外,而民营企业在利用国防专利并快速产业化、商品化方面的优势也难以有效发挥。事实

---

① 阿利克(Alic. J. A.),等.美国21世纪科技政策[M].华宏勋等译.北京:国防工业出版社,1999:43.

第4章　国防专利技术转移动力源

上,从技术转移的实现途径上看,同一国防专利向民用领域转移,可能存在多种实现途径,但仅依靠军工集团内部生产企业自身来实现军转民,是远远不够的。民营企业在生产制造、产品市场需求把握等方面具有得天独厚的优势,将国防专利技术向这些企业转移,会充分开发出国防专利的可用性使国防专利的民用应用效益达到最大化。民企以实现自身利益最大化为目标,瞄准未来产品的市场和利润空间,对国防专利技术会采取更大胆和创新二次开发的实现途径,在一定的风险可控范围内,他们就能产生转移的动力。相比之下,军工企业担负自身特殊的军品生产任务,不可能为了民用市场而影响或放弃军品,只有在力所能及的范围内才可能考虑开发民品。如果在军品任务饱满的情况下,军工企业也不可能考虑开发民品市场。

无论从社会化生产专业分工的规律来看抑或是从军工科研院所自身优势发挥上来衡量,作为国防专利技术供体的主要组成部分,军工科研院所仅仅依靠军工集团自己培育民品市场存在一定的局限性,其转移国防专利迫切需要向外寻找到灵活和高效的受让方及民品市场。军工科研院所的这一转移动力将随着民营企业参军的门槛逐渐降低而愈来愈强烈。

2. 维持机构生存保证资金来源的内驱力

知识产权是现代经济中最为关键的利润来源。作为知识产权的重要组成部分,专利的一个重要功能就是使技术资产转型。军工科研院所的产出主要是国防科技成果,而国防科技成果一旦授予专利,就变成具有价值的无形资产。此外,不管是转让还是许可,作为技术供体,国防专利的转让或许可费用可以给军工科研院所带来直接经济利益。很多军工科研院所申请国防专利,不一定能够自行实施,而是通过转让或许可为本单位带来直接的经济利益。因此,作为重要的无形资产,从国防专利转移的收益中取得经济利益,将成为军工科研院所维持自身的发展、机构正常运转、改善科研机构及科研人员的基础条件、提高科研能力提供重要的资金来源。特别在军工科研院所的改制势在必行的改革驱动下,军工科研院所迫切需要寻找解决长期适应于事业单位待遇编制人员的未来收入来源以及社保等问题。因为一方面这些资金的来源尚未明确,另一方面由于多数员工担心改制后收入下降,使得改制阻力较大。对军工科研院所拥有的国防专利技术价值和经济价值进行深入挖掘和充分利用,以及由此为军工科研院所带来新的利益增长点理应是军工科研院所转移国防专利的内在动力。

4.1.2 军工集团企业转移国防专利的动力

根据前文现状分析可知,军工企业是国防专利的重要生力军,其授予的国防专利数量在整个国防专利的授权量中占有超过一半的比例。因此,军工集团企业转移国防专利技术的动力也构成整个国防专利技术转移动力的重要来源之一。军工企业国防专利技术转移属于企业的内部行为。因此,分析企业转移专利的动力首先要分析军工企业的行为。传统微观经济学可以从企业的角度为揭示国防专利技术转移动力源分析提供经济学依据。然而仅从企业的本质的一维视角揭示企业的行为以及进一步考察其转移专利的动力未免过于片面。因为国有军工企业除了具有一般企业的本质属性外,其在产权结构、产业性质等方面与一般企业存在较大区别。这些区别同时决定了本书在分析企业具体目标和行为时不能仅依赖传统经济学的理论,还需要考虑其产权结构、产业特征等带来的影响。产业经济学认为,分析企业的行为主要分析的是市场行为,而企业的市场行为往往是在相应的市场结构基础上形成的,而这种行为又直接决定了企业可能盈利率。因此,本书分析军工企业转移国防专利的动力不仅首先要从企业最一般的本质出发,还要考虑军工企业特殊的市场行为。此外,由于我国军工企业的军品部分以计划性为主,企业的行为体现着政府的意志,因此还需要从政府的视角一同考察军工企业转移国防专利的动力。本书结合企业的本质、与市场的关系、政府的作用发挥,即通过从企业、市场以及政府三个视角分析军工企业的行为,进而探讨其转移国防专利的动力,以期系统、全面地识别出军工企业转移国防专利的动力源。

1. 市场经济条件下军工企业的目标及最大化行为的本质所驱——企业视角

军工企业自身的目标实现及其努力的行为构成国防专利技术转移的重要动力来源。市场经济条件下军工企业所面临的转型调整必然影响到企业的目标和行为。军工企业的目标及最大化行为本质所驱动的国防专利技术转移的动力主要表现在两个方面:一是军工企业在转型过程中追求其产权利益最大化的行为为国防专利技术转移提供了内动力;二是在以经济效益作为主要指标的考核导向下,企业追求利润最大化行为的结果构成了国防专利技术转移的现实动力。

1)企业转型中追求产权利益的最大化行为形成转移的内在动力

我国军工企业自20世纪80年代至今走过了政企分开与两权分开的阶段,

第4章 国防专利技术转移动力源

目前已经初步建立了现代企业制度,多数国有军工企业改制为公司制,具备现代企业独立的法人的市场属性。改革后军工企业有了较大的自主权,可以根据市场作出决策①。然而军工集团企业仍然是具有国有产权的特征,现代企业制度的建立仍然不能改变国有的本质属性,这样导致的结果是企业没有太多的决策权和经营自主权。然而国防专利,作为一种无形资产,是军工企业的可支配资产的重要组成部分,特别是自主知识产权构成的国防技术,一旦授予专利就变成具有价值的无形资产。国防专利如同其他有形资产一样,应当列入企业资产,构成了企业资产的不可或缺的部分。作为国防专利权人,企业享有对国防专利的占有、使用、转让和收益权。这种产权制度安排与国有军工企业的产权结构以及国防专利为国家所有②的产权制度并不矛盾,与国家利益也并不矛盾。更进一步讲,由企业代表国家履行国防专利的经营权有利于充分发挥国防专利作为国家无形资产的经济价值和社会价值,抽象地规定部分国防专利成果归国家所有是一种不负责的态度。在军工企业向自主经营、自负盈亏的市场主体转型的过程中,企业对自身资产价值的充分利用以及实现其产权利益的最大化行为构成军工企业向外转移国防专利的内在动力。

2) 经济效益作为考核指标的导向下企业追求利润最大化行为形成转移内驱力

目前,根据军工企业的考核办法,即国资委颁布的《中央企业负责人经营业绩考核暂行办法》(2016年12月8日国务院国有资产监督管理委员会令第33号),军工企业的主要管理者及经营者的绩效年薪主要与年度经营业绩考核结果挂钩。其中,年度考核的基本指标是利润总额和净资产收益率。因此,在以经济效益指标作为企业考核的导向作用下,作为代表企业行使资产权利的经营者和管理者自然将追求企业利润最大化作为企业目标并以该目标指导企业行为。企业内外一切可利用的资金、人力以及物质等资源都将调动起来增加企业利益的来源。目前,军工企业普遍采取的做法包括热衷资本运作、投放有限资金与本行业无关的产品生产等。例如,多数军工企业都涉足了房地产、

---

① 主要是民品部分,军品依然没有决策权。
② 虽然目前《国防专利条例》(2004)未对国防专利的产权归属作出明确规定,但根据其上位法《中华人民共和国国防法》:"用于国防目的的武器装备和设备设施、物资器材、技术成果等属于国防资产,国防资产归国家所有。"

酒店等高利润产业,整个军工行业涉及的民品多达15000多种,但真正具有竞争力的仅1000多种等。这些做法确实是短时间内增加企业利润和经济效益的捷径,且效果显突,但从经济学分析和企业创新发展来看只是一种追求利益的短视行为。这种利益短视行为不仅分散了企业的财力和精力,同时也与军工企业作为肩负国防重任的特殊性质是相违背的,更重要的是,不利于我国军工企业在军工行业中上跻身于世界强林。以上所述的各种急功近利的利益短视行为并不适合我国国防科技工业整体转型和长远发展,也不利于我国国防科技工业形成整体合力进军国际高端军品市场。我国军工集团耗费额外财力和精力投入到与本行业无关的产品生产,并在不具备比较优势的领域与民营企业竞争,从经济上讲是对国家资源的浪费。以企业经营业绩为主的市场化经营考核方式与国有军工企业的特殊性质和目标存在结构性冲突,同时缺乏对军工企业承担国家政治利益和社会利益的义务使命的政治考量。军工集团企业的社会责任在某种程度上要比其作为市场主体的经济使命更为重要。在国家创新驱动战略与军民融合战略的双重带动下,作为国家科技创新的主体,党和国家对军工企业赋予了更多的政治期望。军工企业肩负着实现转变经济发展方式和提升综合国力的重要社会责任。在目前的军工企业考核办法下,通过国防专利技术转移的方式提高企业经济效益将是一种兼顾企业利益和社会效益的有效路径。

此外,国外实践表明,对企业所拥有的专利技术在适当的时候,向适当的对象进行适度转移可以使企业获得丰厚的经济回报。对于军工企业而言,一方面通过国防专利技术转移获得的转让或许可费可以为企业带来直接的经济利润来源;另一方面,企业通过对其拥有的国防专利技术选择适当的受让对象进行转移,也有助于带动该领域技术产业的形成与健康发展。同时,由于转移的方向是民用领域,还可以为高新术民营企业提供重要的技术依托,有利于培植和扶持一批有潜力的民营企业进入该行业,并提高其科研起点,创造了社会效益,同时也兼顾了军工企业作为国有企业的政治责任和社会责任。另外,通过国防专利技术转移还可以提高企业的竞争优势,奠定企业在产业中的核心地位,从而为企业带来间接的经济效益。这种比较优势在短期来看可能不如企业投资房地产等巨额利润行业提高企业经济效益见效快,但放眼企业长远利益和发展,对于企业在行业中做大做强、巩固企业自身的技术优势地位、提高企业自身的经济效益具有基础性的积极作用。军工企业在以经济效益为指标的考核导向下,寻找各种途径追求增加利润来源的结果必将为企业通过国防专利技术转移提供现实动力。

2. 不同市场结构下军工企业最大化行为所驱——市场视角

探求企业转移国防专利的动力首先需要分析企业所处的市场结构。因为,市场的结构是企业宏观层面的具体反映。国防专利技术转移的动力内化于军工企业的市场行为,分析企业转移国防专利的动力需要考察军工企业在市场结构下的企业最大化行为。

根据装备科研生产的垄断程度,我国军工企业市场结构包括四种类型。第1类是完全垄断市场。处于该类市场结构的军工企业主要涉及国家安全、军事机密特殊技术的研制生产,具有极强的垄断性和指令性,如核武器、战斗机、导弹、核潜艇等。第2类是寡头垄断市场。此类市场结构下的军工企业主要提供中、小型装备的整机或部件,如一般兵器装备、专用配套产品、电子整机等。第3类是垄断竞争市场。此类市场结构下的军工企业主要生产二次配套或二次配套以下的设备和部件,其品种繁多,且生产企业也较多。第4类是完全竞争市场。此类市场结构中的军工企业主要生产的是军民通用装备,与装备配套的通用设备、部件、零件、元器件、材料、原料以及军民通用软件、标准件等。为了在区别不同市场结构下考察军工企业的行为以及便于分析,本书将以上四种类型军工市场结构类型重新归为两类,即把第1类和第2类归为非竞争市场,把第3类和第4类归为竞争市场,并从非竞争市场结构和竞争市场结构两个视角考察企业的行为,进而识别分析其转移国防专利的动力源。

1) 垄断下的军工企业最大化行为所驱——非竞争市场结构视角

我国军工产业在整体上是高度垄断的市场结构。政府垄断是军工市场的基本特征。企业的行为体现着政府的意志。我国军工企业追求自身利益最大化的基础和条件是完成国家军事订货任务。在完成目标任务的情况下,军工企业将调动所有可能利用的资源进一步实现企业的期望效用。根据上述对军工企业考核评价办法的分析可知,军工企业的规模与企业管理者和经济者的收益呈正相关关系。追求企业规模扩大成为企业经营者效用最大化的基本动机。在保证军品任务完成的前提下,由武器装备科研生产所形成的国防专利是军工企业重要的无形资产,自然也成为企业经济营者可支配的一项资源。通过运用国防专利技术资本化,如投资新建配套的民品生产线、与民营企业合作共建实体等形式来开拓国防专利技术的民品市场将成为满足军工企业经营者和管理者可支配收益最大化的重要途径。

国防专利技术转移的方式有很多,其中通过成套国防专利投资民品生产线成立集团公司下属的民口企业、通过技术入股与民营企业合资共建实体两种模式都可以满足军工企业不断扩大规模经营和生产的现实迫切需要。对于第一种模式,即通过军工企业自主知识产权投资新建民品生产线,并成立相应的民品公司的方式转移国防专利的动力来源于两个方面:一是企业在生产经营、财务、人事分配以及投资等自主权利扩张的最大化动机;二是代替目前企业非主业产品扩张的形式,特别是对于那些在市场中没有竞争力的产业。对于第二种模式,即通过技术入股与民营企业合资建厂共建实体转移国防专利不仅权衡了作为技术供体的军工企业和作为技术受体的民营企业的双方利益预期,而且也是军工企业在非竞争市场结构下规模扩张行为的努力表现。通过共建实体的模式实现国防专利技术转移的动力来源于两个方面:一是军工企业在不用担心由于一次性转让或许可导致自己失去技术优势的同时,继续保持其技术上的垄断地位实现自主权扩大化的动机;二是军工企业在不影响自己军品生产任务以及企业结构调整的前提下拓展一个新的民品市场,实现其规模扩张的动机。此外,通过合作共建实体的方式转移国防专利的动力还在于可以规避国防专利技术转移的传统方式,诸如转让方式由于转移主体信息不对称而引起的一次性转让费预期悬殊导致的合同风险,以及许可方式对于技术受体在后续技术消化、吸收等方面承担的技术风险。

对于垄断性军品行业的军工企业而言,国防专利技术转移的动力内化于非竞争市场结构下的军工企业规模扩张行为,而且军工企业的垄断性越强其规模扩张的动机就越强,通过技术垄断和控制产业的动力就越强。

2)竞争下的军工企业最大化行为所驱——竞争性结构市场视角

竞争市场上的国有军工企业行为表现在通过把可能的利润转化为成本或低效率导致的成本增加。实质上也体现了军工企业经营管理者从成本增加中得到的效用或利益要大于其从利润增加中得到的效用或利益,体现了军工企业为提高效率而付出的努力要远远大于为增加效用而寻租的努力。因此,国防专利作为军工企业重要的一笔无形资产,将理所当然成为军工企业经营者和管理者可支配的资源。军工企业经营者和管理者可支配国防专利权的理论

第4章 国防专利技术转移动力源

依据是:根据产权经济学理论,知识财产的经营权是在知识产权法律中由本体权[①]派生的经济权利之一,具有谋取利益的功能。在产权分离的状态下,所有权主体将经营权授予经营者,经营主体是集约支配财产的经营者。对于作为知识财产的国防专利而言,在目前国防知识产权分离的状态下(即承认国防专利的所有权归国家所有,企业是国防专利权人,由单位行使正常的占有、使用、收益、处分的权利),国防专利所有权主体,即国家,将国防专利的经营权授予了企业经营者,因此,企业经营者理应成为依约支配的国防专利权的经营者。在产权支配的条件下以及个人效用最大化的驱使下,企业经营者和管理者将尽可能的开发利用企业自身的无形资产并实现其保值增值,成为企业新的利润增长点。然而在竞争市场结构下的国防专利技术转移路径与垄断市场结构并不相同。因为,在竞争市场结构下的军工企业要与非国有企业在产品、质量、技术先进性等方面展开竞争,不可能采取类似于垄断型军工企业规模扩张的行为方式。因为,一是企业不具备这样的垄断优势,不适应于规模生产;二是作为企业目标的实施者,企业经营者和管理者将通过个人效用的增加和寻租的可能性来考虑提高企业的利益,通过规模生产提高效率并不是他们的首选。因此,通过专利技术转移的手段来维持企业生存和满足企业经营者和管理者个人效用最大化的目标主要以较低的交易成本的手段来实现,其中适合这种市场条件下企业目标和企业经营者个人利益期望的转移方式是专利许可。竞争性市场结构下军工企业转移国防专利的动力主要来源于专利许可动机本身,以及企业经营者和管理者对企业剩余索取权的渴望。

(1)专利许可动机是竞争市场结构下军工企业转移国防专利的驱动力。专利许可本身驱动军工企业向外转移国防专利主要表现在从技术上控制竞争对手以及拓展民品市场两个方面。

一是在竞争市场中从技术上控制竞争对手的驱动。国防专利技术供体在竞争市场中控制对手主要依靠许可实施方式实现的。根据专利技术许可实施的实践经验,在许可合同的通过必要的条件限制可以使技术供体仍然保持技术上的垄断权和控制权。因此,处于竞争市场结构中的军工企业需要提前对企业的未来发展通过技术许可的方式来维持技术竞争优势并进行专利技术战略布局。因为一方面在民营企业进军民品市场的趋势下,越来越多的民营企

[①] 所有权就是本体权,其余的经济权由本体权所派生的。

业将首先在以军民通用装备、二次配套或二次配套以下的设备和部件产品为代表的竞争性军品生产中与军工企业争夺市场。因此,军工企业要积极开发和利用自身的无形资产,特别是要利用好以国防专利为代表的技术资产优势。在军工企业在对其国防专利技术转移布局时,就注重相似技术领域的技术受让方的市场行为,寻找适合的受让方,并考虑将国防专利许可于对方,并通过合同的条款采取限制措施。另一方面,通过国防专利许可给竞争对手有利于增加军工企业的竞争资源(资金)。通过许可方式转移国防专利可以使受让方在技术上依靠军工企业,使军工企业提前在同行业市场中占有控制权和话语权。

二是军工企业在民品领域中急需拓展市场的驱动。发放许可证的首要商业利益是利用别人的商业资源。尽管竞争结构市场中的军工企业产品具有军民通用性,且具有较高的可靠性和稳定性,但其生产任务主要是满足国防工业发展建设,其生成的国防专利技术是否满足民用化的需求还需要市场检验。尽管国防专利满足和普通专利一样的新颖性、创造性和实用性要求,但由于军工企业缺乏市场灵敏度的固有缺陷,与有实力的民营企业相比,同类领域技术领域并不占优势。因此,鉴于军工企业在专利技术市场运营环节中的固有劣势以及在民营企业进军军品市场的现实压力下,军工企业通过国防专利许可将被许可人特定的市场资源加入到自己的固有市场资源中,使其专利产品或服务覆盖到本来不可能涉及的地理或产品市场,有利于保证军工企业在竞争态势中仍然具有一席之地。此外,通过授权给民营企业国防专利,有利于推广军工企业在同行业的知名度和声誉,也可视为企业无形资产增加的另一种形式。

(2)对企业剩余索取权的渴望是军工企业转移国防专利的间接驱动力。根据现代企业所有权安排的基本原则,企业剩余索取权与剩余控制权分享应该相对应。这一原则在企业中表现为企业的剩余控制权由企业经营者所掌握,企业剩余索取权由股东与经营者分享。企业所有权是指剩余索取权和剩余控制权。然而从现实情况来看,我国军工企业中,剩余控制权目前仍然企业经营者和管理者所掌握的重要权利资源,但是对剩余索取权的掌握却不够充分。本书认为,充分运用军工企业国防专利技术转移战略,实现企业无形资产保值增值,为企业创造新的利润增长点,将是提高军工企业经营者参与企业剩余索取权分享的重要途径。

第4章 国防专利技术转移动力源

在军工企业进入市场经济体制过程中,军工企业的市场行为将越来越根据市场的引导、调节作出反映。军工企业所拥有的无形资产也要面向市场,并要围绕提高企业经济效益为原则对以国防专利技术为代表的无形资产做出开发、战略决策。因此,如何在竞争市场结构中激活并激励每个军工企业经营者管理好、运用好企业所拥有的国防专利,从整体上讲,对于国防专利向民用领域转移的整体推进起着重要的决定作用。相关理论文献,如团队生产理论、企业契约理论以及委托代理理论等都从不同角度分析认为国有企业经营者目前面临着严重激励不足的问题,而且也成为国有军工企业进一步深入改革的重点和难点。现代企业理论认为,剩余索取权是对企业经营者最为有效的一种激励方式。根据上文分析可知,军工企业经营者和管理者对期望效用的最大化追求是其最终行为的根本动机。这一现象可以从企业剩余理论中得到解释,即企业经营者的剩余索取权与剩余控制权不是完全一一对应,其剩余索取权没有得到充分的激励,也缺乏有效的激励方式和手段。此外,根据产权经济学分析,决定所有权最优化配置的总原则是对资产平均收入影响倾向更大的一方,得到剩余的份额也应该更大。所以,作为军工企业利润贡献较大的企业经营者来说,取得相应比例的企业剩余索取权是其追求个人效用最大化行为的理论依据。因此,鉴于以上理论分析和军工企业产权的特征,本书认为军工企业经营者利用企业所拥有的专利技术经营(包括通过国防专利技术转移为企业获得的直接利润等)取得的经济利益作业为企业经营者享有企业剩余索取权的内容不失为一种有效的激励方式,也是在目前军工企业既定产权基础下实现企业经营者个人效用最大化的有效手段。

3. 通过军工企业实现国防科技资源的二次开发和重新配置的目标所驱——政府视角

我国军工企业具有市场垄断的特征,这是由于我国军工企业受政府的保护性管制,政府对军品市场的进入有较为严格的限制所造成的。由于军工企业负责人任命制度[①],即使是建立了现代企业制度的军工企业,鉴于国有资产的属性,政府仍然是企业中的最大股东。因此,尽管军工企业基本完成了现代企业制度的转型,但是政府与企业"特殊关系"的客观现实仍然存在。因此,对于军工企业的行为,政府的作用不容忽视,军工企业的行为与政府的意志有重

---

① 我国军工企业受国资委和国防科技工业委员会直接领导,企业负责人直接由政府任命。

要的联系,政府将通过掌握军工企业来实现其政治目标和政治意图。通过政府的视角进一步考察企业的行为才能更深刻的揭示出军工企业转移国防专利的动力。

政府通过军工企业影响国防专利技术向民用转移的动力主要来源于国防科技资源的二次开发和重新配置。从宏观层面来讲,中央政府对所属国有军工企业在资源配置上具有主要决定权。此外,根据宏观经济学原理,资源配置主要集中在公共性较强的产品领域。国防专利技术作为国家投入生成的公共资源,其配置主体是政府。政府在国防科技资源配置中体现出政府的权威性,更有利于发挥其对国防专利技术以民用为目的的二次开发和国防资源在国民经济当中重新配置有效作用。因此,从这个角度来看,政府之于国防专利技术转移的动力,也是一个资源配置问题,因而也是宏观经济学理论包含的内容。国防科技资源二次开发及重新配置的内涵示意图如图4-1所示。如图国家资源在配置给国防科研生产进行一次开发后形成了国防科技资源,随着国家内外环境的变化,要求对国防科技资源进行二次开发,并形成可用于民用的科技资源,在国民经济中重新配置,同时通过上缴税收等方式反哺国家用于国防建设的投资,从而形成一个军民互动关系的良性循环。

图4-1 国防科技资源二次开发及重新配置的内涵示意图

政府通过国防科技资源进行二次开发和重新配置转移国防专利的现实依据:一是政府对国防科技资源的干预与配置在客观上受国防费的限制。政府通过实行政策倾斜是保证军工企业生存发展的必要条件之一。二是,国防科技工业是国家的主导产业,其辐射作用大,是一块巨大的经济"蛋糕"。由于国防建设所需技术资源的一个重要特点是要持续更新,特别是对于军工企业来说,需要不断更新其资源保持其技术的先进性和研发的前瞻性。因此,在完成国防科研生产任务之余,这些用于武器装备科研生产的技术资源仍然在技术上领先于民用领域的同行业,自然可以作为转民用的对象。政府对军工企业投入资源并对其衍生的国防专利技术重新配置给地方企业从而带动地方经济、技术的发展也是政府应尽的职责。

政府通过国防科技资源进行二次开发和重新配置转移国防专利的理论依据是：根据宏观经济学，用于国防工业投资的国家资本掠夺了本该施于民用的生产资料、技术资源、人力资源等。国家的资本的两种主要投资方式：一是直接用于生产产品，供国民消费；二是用于基本建设，用于扩大再生产，两者都能促进国民经济的发展。然而以军费开支作为投资方式生产出来的军品，既不能用于国民消费——供人民吃、穿、住，也不能用于扩大再生产。因此，在宏观层面科学统筹国防安全和经济建设的科学发展下，政府将尽可能调动和激活现有国防军工系统内的科技资源，并充分发挥其在市场的二次配置作用，刺激和促进民用经济。政府通过军工企业行为实现其意志正是企业经营者和政府在行为上保持一致的具体表现。

军工企业转移国防专利的动力间接地来源于政府的推动。这一动力虽然不及军工企业自身的内驱动力见效快，但是从长远的视角以及军工行业宏观层面的持续发展来看，却是国防专利技术转移主推力的持久源泉。

4.1.3 军队科研院所转移国防专利的动力

军队科研院所作为我军武器装备科研的主体单位，其职能和使命主要是针对武器装备建设而进行一系列的发展论证、型号论证、指标论证以及效果评价等活动，为武器装备采购决策层、管理层提供技术支撑以及为武器装备试验验证提供技术手段和器材，概括起来主要是五项职能，即需求论证、项目监管、特色研究、实验评估以及决策支撑。因此，从军队科研机构的职能来看，其并不像军工科研院所直接面对武器装备科研，并不是国防专利技术的主体。然而，军队科研院所在国防专利技术生成上仍然具有独特的优势，并存在潜在的转移动力。军队科研院所转移国防专利的动力主要体现在两个方面：一是军地联合研制项目生成的国防专利在产权制度安排上对军地双方均具有利益最大化的现实动力；二是特色研究项目生成的国防专利技术在民用领域具有不可替代性，对民营企业具有较强的吸引力。

1. 专利生成模式的权利属性驱使军地双方通过转移的方式实现其产权利益最大化

军地联合研制项目是军队科研院所国防专利技术生成的主要方式，这是由于武器装备的现实和发展趋势所决定的。特别是基于信息系统的体系作战武器装备建设，对军方的主导作用提出了更高的要求。军队科研院所的使命所在需要通过联合研制保持始终和国防科技工业处在对等的水平以发挥好主导作用。因此,在与地方科研机构合作的过程中,承担了大量的军地联合研制任务,并且随着任务完成形成大量的国防专利技术,成为国防专利技术生成的一种新的模式。

这种由军地双方联合研制项目生成的专利技术由于涉及军地双方的利益,体现在技术上也表现出诸多利用民用的领域。一般而言,作为需求方的军队科研机构在项目中主要是负责顶层设计,提思想、提思路,作为供方的地方科研机构主要负责提供技术产品。在国防专利权的权利归属和利益分配上一般以合同或协议形式约定,明确成果的归属和使用权限。同时坚持的原则是未得到军方允许,不得转让于第三方。因此,从军地联合研制项目生成的国防专利过程来看,在以合同和协议的形式安排下,军队科研机构以及与其合作的地方科研机构对合作生成的国防专利均享有一定的支配权。因此,不论是从军方的角度还是从地方科研机构的利益需求,其都具有通过国防专利转移的现实需求动力。军方的现实需求动力主要来源于对成果发明人在物质和精神上的激励,地方科研机构由于主要从事民用科研,生成的专利技术与军工科研院所相比,具有较强的民用性特征,在产品配套、中试、技术标准等方面更适合转移民用,面临的二次开发困难较小,易于推广到市场。其次,由于地方科研机构在联合研制项目中主要承担了技术实现以及主要的开发任务,因而根据"谁贡献、谁拥有"的经济学原则,地方科研机构也具有转移国防专利的动力,并体现在通过转移为其带来超额利润。

2. 军队科研院所转移国防专利的动力内生于特色研究项目技术本体的吸引力

军队科研院所的技术优势主要来源其特色项目,即武器装备科研试验项目。基于信息系统的体系作战装备建设,必然要求科研试验能力建设先行。军队科研院所的职能之一就是为武器装备试验验证提供技术手段和器材,在主导和参与试验装备研制过程中,要求其把握技术制高点,保证试验装备的先进性和有效性。因为试验装备是比武器装备具有更高技术量级的装备。所以,军队科研机构在项目研制过程中生成的技术成果具有更大程度的自主创新,其生成的国防专利具有高质量的特点。此外,由于军队科研机构的特色研究主要是针对试验装备以及相关验证等技术,与一般装备科研项目相比,试验装备形成的国防专利技术在技术标准方面体现出更强的差异性,特别是试验装备在生产过程中所需的配套环境等方面是其他科研机构所不具备的。这些在研制过程中面临的技术风险和开发成本,对于民用领域而言一般是不具备条件的。例如,根据对军队科研院所的相关调研情况,用于火箭发射的升降技术,即发射塔架中的一项发明专利,可用于民用大型舞台升降,但一般规模的民营企业并具备这样的研发条件,一是因为开发成本过高,风险较大;二是类似的产品并不适应批量生产,单纯投资开发这一项技术的机会成本太高。这只是军队科研院所掌握的大量国防专利技术中的一个例子,在大型复杂试验装备的研制生产以及伴随试验任务的配套建设中,还隐藏着更多具有民用潜力的发明技术。因此,无论从技术含量上还是开发规模上,民营企业均不具备开发类似技术条件,使得军队科研院所生成的国防专利在民用领域几乎成为不可替代的技术,并且具有先天的技术垄断优势。也正因为是这一优势,使军队科研机构向民用领域转移国防专利的动力内生于民营生产企业引进国防专利的强烈吸引力。

4.1.4 军队院校转移国防专利的动力

随着军队院校的几次改革调整,军队院校正逐渐从教学向科研与教学并重的方向发展。在我军武器装备预先研究和型号研制的职能中扮演着不可或缺的角色。特别是经过第 16 次全军院校改革调整后,综合院校、系统院校以及军兵种院校的职能使命更加准确,定位更加清晰,使得军队院校更加注重自己所属系统和军兵种的优势发挥,科研方向更加明确,并越来越成为国防专利生成的重要主体之一。特别是科研实力较强的综合性院校和技术型较强的系统院校,其科研创新成果在军队科研创新体系中占有重要的地位。此外,习主席在视察国防科学技术大学时也强调,将学校办成高素质新型军事人才培养高地、国防科技自主创新的高地。"两个高地"的神圣使命的高度概括,也是对全军院校职能使命的现实期望。因此,军队院校掌握着我军重要的教学资源和科研人才资源,本身具有国防专利技术潜力,其承担着大量的国家自然科学基金、中央军委相关机关和军种计划内纵向科研课题、军队计划外科研横向科技开发任务以及院校自筹资金开展的各类科研项目。军队院校在项目完成过程中必然生成大量的国防专利技术。据相关数据显示,在军队系统内科技奖项中,军队院校作出了较大贡献,其创造的奖项占全军奖项的 50% 以上。到"十三五"时期,这一数字可能会更大。面对大量的科研项目所带来的专利发明潜力以及国防专利申请量的逐步增加,军队科研院所越来越重视国防知识产权的管理和运用,如何发挥国防知识产权对军队院校的促进作用,成为军队院校科研实力的综合体现,也成为军队院校科研工作得以延续和在其所属系统、军兵种研制生产领域占有一席之地的重要筹码之一。因此,为充分发挥国防科技成果的价值,军队院校对其拥有的国防专利技术具有较强的转移动力并主要体现在以下三个方面。

1. 发明人创造行为最大化激励的驱动

在军队院校体系中,国防专利技术转移的基础是军队院校申请并授予获得国防专利技术成果本身,包括专利的数量、质量、技术成熟度等,而决定这一基础的就是科研人员的智力劳动。军队院校技术发明主要依靠的是科研人员团队的协作以及个人智力劳动的投入。从国防智力成果的价值激励分析,作为投入脑力劳动的发明人已经成为院校发明创造必不可少的人力资源的范畴。因此,发明创造激励原则的一般要求,即相当性、公平性、必行性以及动态性要求,对承担国防科研项目并取得一定国防专利成果的军队院校的教研团队以及发明个人的激励驱动提供了重要的理论依据。

尽管军队院校承担着国防和军队人才培养的特殊使命,但作为高校,其同样拥有与普通大学一样的性质。特别是在团队创新和人才激励机制上,应遵循创新激励的一般原则。目前,关于军队院校科技成果创新发明贡献的激励主要以精神奖励为主,包括通过国家、军队科技进步奖以及系统内的成果奖等形式来满足科研团队和个人发明者的激励要求。然而根据发明人创造行为的均衡理论分析,这种激励形式并不是发明人创造行为最大化的激励方式。应根据发明人从事发明创造而投入产出的边际成本和边际收益曲线来激励发明人的经济效果。图4-2为国防专利发明人创造行为的均衡,横轴表示院校科研人员从事国防专利发明创造行为的数量,纵轴表示国防专利发明人的收益与成本,其中曲线 MC 表示国防专利发明人的边际成本、MR 表示国防专利发明人的边际收益。对于国防专利发明而言,发明人的收益目前主要是国防专利条例配套的《国防专利补偿办法》对发明人的补偿费,以及各院校根据实际情况对成果发明人进行的额外的补偿和奖励,包括通过承担科研项目获得的各类成果奖励等;而发明人的成本主要是智力劳动投入的时间、强度等。如图4-2所示,当发明人因发明而得到奖励,并且不断增加,则发明人的边际收益增加,边际收益曲线 MR 上移,从而发明人从事发明的行为由 QE 增加到

QE',当发明创造的成功概率一定时,专利产出数量就会增加,并吸引更多的人去从事专利发明。如果由于发明的成功而创造收益,并且将收益追加投资到发明人本身或对发明的基础条件、环境等的改善,从而降低发明的成本。这样,发明人的投入发明活动的边际成本线 MC 就会下移,此时,发明人创造行为的数量也将由 QE' 增加到 QE'',这样,发明人的创造行为数量将会增加更多,增加量为 $E'E''$。由此可见,激励将促进发明的增加。

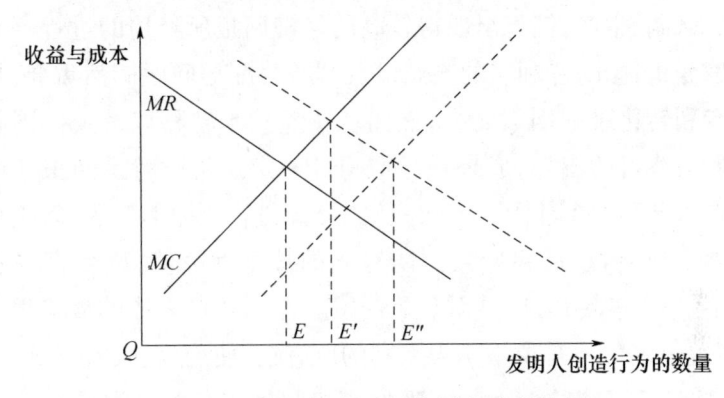

图4-2 国防专利发明人创造行为的均衡

然而现实的激励却与专利发明人创造行为的均衡相关甚远,国防专利发明人的创造行为由于缺乏科学和必要的激励机制,远远未能激发出能量和活力。目前,国防专利发明创造激励仅仅停留在由边际收益增加而带来的创造行为的增加,而且这一激励从目前的实践来看仍有不足。如果再进一步考察由边际成本降低所带来的创造行为增加,如通过国防专利技术转移取得的相应收益,追加到国防专利发明人的创造活动,使边际成本线下移而激励更多的国防专利发明创造行为,即图4-2中从 QE' 到 QE'' 所增加的发明行为数量来看,目前这一部分的激励空间仍然是一片空白。

因此,从发明人创造行为激励的角度分析,国防专利发明创造行为远未得到激励和开发,这也正是隐藏于国防专利发明创造行为内的国防专利技术转移的重要的潜在动力。

2. 对职务发明人智力劳动贡献的补偿机制的驱动

充分利用军队院校国防专利的优势,并积极向民用领域转移其授权的国防专利取得相应的经济效益,从院校的整体建设上来看是预防军队院校无形资产流失、落实军队无形资产保值增值的重要举措,也是军队院校作为国有资产履行使命的重要职责。从团队和个人创新激励上来看,对于在目前国防科技成果奖励对职务发明人的补偿方式尚不完善、缺乏创新激励的机制下,通过国防专利技术转移取得的经济效益反哺院校科研团队的建设和发展并激励职务发明人得到其应有的智力劳动贡献,不失为对现有国防专利补偿制度更为有效的直接补充。

首先,根据创新价值链原理,技术转移的完整概念是指"科技成果从研究、开发、中试、试制、生产、销售至取得较高的经济回报所经历的过程。"从创新价值链的角度分析,国防专利权的归属以及利益分配等问题固然重要,也是目前制约国防专利转化难的因素之一,然而从实现技术转移以及发挥国防专利价值最大化的最终目的出发,成果最后取得的一定经济收益及回报才能算得上是完整的技术转移。不能因为产权归属不清、利益分配不均等,就把可能转移的专利无限制地搁置,最终导致国防专利的技术性贬值,最终丧失了专利价值。搁置争议,积极转移,应是军队院校国防专利转移采取的战略思路。这里所谓的"搁置争议",不是说不考虑专利的所有权、使用权、收益权等,就对专利进行转移,这是不可能的。因为明晰的产权归属和利益分配是转移完成的前提条件。军队院校开发的国防专利技术成果不能因权益归属和收益分配制度存在争议而耽搁专利的专化时机,影响专利技术成果的应用价值。根据专利技术转移理论,专利转移的相关权利,包括收益权等都要求在技术开发合同、委托开发合同以及转让、实施许可等合同中予以体现。职务发明人如果看不到成果转化后带来的预期经济效益,他就没有转让技术成果的动力。事实上,如果一项由军队院校开发并授予的一项国防专利,如果具有较好社会应用价值且顺利实现了转移,并取得了较好的收益。对于单位和个人都是一件双赢事情。此时,权利归属已经变得不再那么重要,因为更重要的是通过收益的分配来刺激创新团队和科研人员的再创造和再发明,这理应是基于创新驱动的国防专利转移的内在逻辑。

其次,对于国防专利的发明人而言,应改变过去基于成果报奖导向式的专利申请逐步向基于利益驱动和创新驱动的专利申请。从专利生成之初就将国防专利的转移因素考虑在内。目前,国防专利申请量的数量呈逐年递增的趋势,但是在质量上却并非如此。其中很重要的一部分原因,在于国防专利的申请是基于成果报奖、完成单位专利任务量以及个人职称评定等资质评价的辅助支撑作用。这与专利的本质属性以及专利价值最大化的经济目标是相违背的。专利的作用不是用于作为单位考核以及个人绩效评价的支撑材料,基于报效和考核评价导向的专利申请必然导致专利数量上升,质量下降,且不利于转移的结果。因此,从单位考核及个人绩效评价激励的作用来看,职务发明人的智力劳动贡献补偿机制尚未发挥出应有的激励作用和效果。

积极实施转移并尽快取得收益作为对职务发明人智力劳动贡献的补偿,是国防专利转移内在的又一驱动力量。

3. 院校自身可持续发展和巩固提高的驱动

开展国防专利技术转移工作,对于促进院校学科建设发展、提高教学科研理论联系实际效果的最好形式之一,也是检验理论成果的重要手段之一。国防专利技术转移作为推动军队院校自身建设发展的动力主要表现在以下两个方面。

(1) 对外开放的新窗口。军队院校由于职能使命的特殊性与地方交流甚少,科研工作主要围绕国防和军队建设现实重大理论和实际问题而展开。但在科研学术领域,军队院校也需要开发式发展。实践证明,高水平院校,必须实行开放办学。因此,从院校可持续发展和办学水平提高的角度来看,作为军队院科研工作的延伸,国防专利转民用也是一个对外的推广窗口。通过国防专利技术转移,经过市场和企业的检验,可以实现科研成果与地方科研机构、院校以及企业的对接和交流,并有助于把社会和市场的技术的需求及时反馈到科研和教学中。在科研方面,有助于对自身的科研成果实现再完善和再创新,提高研究起点;在教学方面,通过反馈机制调整相关专业,有助于专业设置更适应于国防和社会需要,为向社会转化国防科技成果奠定基础。

(2) 弥补有限科研经费的不足。国防专利技术转移自然会产生一定的经济收益。这是国防专利转移为军队院校带来的最直接的效益。对于军队院校,通过国防专利转移带来的额外的"创收",可以反哺于院校科研经费投入和激励的不足,如用于院校科研基础设施的投入和科研环境条件的改善。此外,根据相关调研显示,军队院校国防专利申请积极性不高、申请数量少以及维持年限短等一个重要因素是维持费用太高,对于单位和个人而言,在国防专利直到成功转移的各个阶段来看,各项费用的累加将是一笔不少的投入。以国防科学技术大学为例,该校每年用于国防专利申请和维持的费用高达400多万元。通过国防专利技术转移获取的直接经济收益,可以针对性地用于该项国防专利的申请、审查以及维持等费用,从而填补目前国防专利费用来源的空白同时也可以为更多的国防专利申请和维持提供资金支持和保障,形成国防专利从生成、申请、维持到转移到促进新的国防专利生成的良性循环,国防专利技术转移收益分配图如图4-3所示。

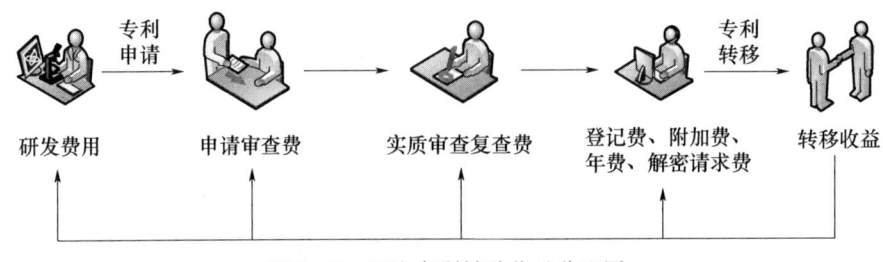

图4-3 国防专利转移收益分配图

从图4-3中可以看出,国防专利从申请一直到成功转移的整个过程将产生很多费用,主要的费用项目包括申请审查费、实质审查复审费、专利登记费、附加费、年费以及转移需要提交的及时解密请求费用等。通过国防专利转移获得的直接经济收益可以用于维持国防专利权利期内产生的费用,当然由于转移取得的收益主要是用于国防专利研发的投入,用于补偿专利维持费的这部分仅仅是其中很小一部分。如果该部分费用的支出由转移收益作为补贴,则均可作为研发团队和科研人员的重要激励措施。同时有助于鼓励科研人员将发明技术积极申请国防专利,从而进一步提高国防专利的申请量。

4.1.5 民口科研机构及高等院校转移国防专利的动力

民口科研机构以及民口高等院校在转移国防专利时需要根据国防专利的所有权归属分两种情况分析:一类是申请的国防专利所有权完全归承担项目研制的科研机构和院校。该类项目的国防专利来源于民口科研机构或高等院校所申请的普通专利。但是由于该专利技术涉及国家安全,经过国防知识产权机构审查后被动地转为国防专利。因此,此类项目中的国防专利的转移动力等同于一般普通专利,但由于在解密时会受到一定的限制,故同时也面临一定的转移障碍,但从专利价值最大化的基本动机而言,则与普通专利转移是一致的。另一类一般来自于军地联合研制项目或委托开发合同项目。此类项目生成的国防专利的所有权一般归军方所有,但在转让、收益等方面则按照一般专利许可或转让的惯例执行,转移取得的收益根据与民口科研机构或高等院校的具体协商确定。一般在申请前协商一次,项目完成后,再次协商。共同决定国防专利的转移收益权等问题。此类项目生成的国防专利由于其所有人构成多元,在转移时受多方影响,其转移动力也比较复杂,但作为以军方主导的国防专利的使用,从所有人角度来看,其转移动力相当于军队科研院所或军队院校的转移动力,此处不再赘述。

此外,随着军民融合深度发展的战略推动,实践中已经有一些具有研发、生产优势能力的民营企业作为武器装备的研发、生产主体开始走向军品市场,并且凭借其独立承担军品科研生产任务的角色扮演成为国防专利潜在技术供体。此外,我军在武器装备科研工作模式的探索中,相继建立了多个科技创新工作站。该工作站集合了军队科研院所、军队院校以及中央直属和地方高等院校的人才资源和技术优势,在为军队提供重要科技支撑和工程服务的同时积累了一大批自主知识产权国防科技成果,为军内应用的同时也积极向民用转化,将逐渐成为国防专利技术转移的另一供体。这些新涌现的武器装备建设力量将随着军民融合深度发展,逐渐成为未来国防专利的潜在供体,但在实践中由于其发展还处于刚刚起步阶段,承担的军品科研生产能力有限,相对其他技术供体,其对国防专利的供给也相对有限,目前并不能构成国防专利技术转移的技术供体力量。因此,本书就不再对其转移国防专利的动力源进一步分析。

国防专利技术转移主推力构成如图4-4所示。

4.2 国防专利技术转移主拉力

就国防专利技术向民用产业领域转移而言,国防专利技术供体一般作为技术因素发挥作用,国防专利技术受体一般作为经济能力因素发挥作用。国防专利技术转移的实现,一方面有赖于拥有国防专利的技术供体,另一方面,从创新价值链的角度看,国防专利技术转移的实现更依赖于拥有经济能力和商业化能力的技术受体。国防专利技术受体对转移的拉力是整个国防专利技术转移系统的重要动力源。国防专利技术受体主要包括军工集团工业企业(民品)、民口生产企业,也包括集成技术二次开发的技术转移机构等单位。

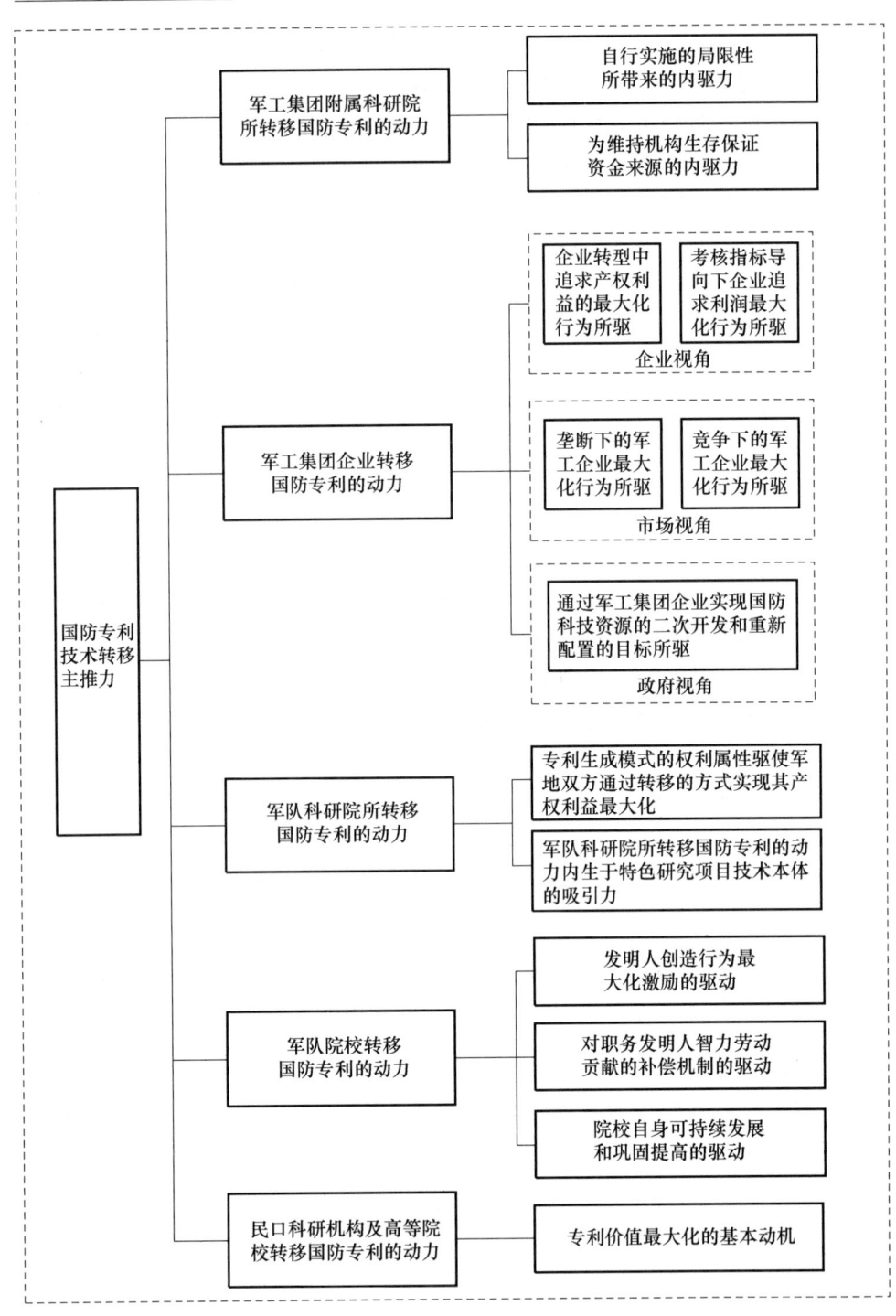

图 4-4 国防专利技术转移主推力构成示意图

4.2.1 军工集团企业(民品)引进国防专利的动力

我国军工企业自党的十一届三中全会以来,在民品市场上经历了无序发展、探索调整、战略发展等几个阶段,取得了长足的进步,为军工企业转型升级,使国防科技工业摆脱因国防预算削减、军品订购不足所带来的发展困境发挥了重要的作用。然而随着军民融合深度发展以及愈发激烈的市场竞争态势,军工企业(民品)在产业规模上、产业层次、军品技术比较优势发挥等方面均面临着新的挑战。军工企业(民品)引进国防专利的动力主要来源于其改变短期利益实现规模经济的需求、提高民品产业层次的需求以及发挥军品比较优势及整体生产能力的现实需求三个方面。

1. 规避短期目标实现规模经济的需求驱动

我国军工企业民品整体发展不平衡,整体竞争力不强。其中很重要的原因就是企业的短期目标以及规模不经济。军工企业民品虽然生产品种多,但批量小、生产分散,在整体上并不具备规模优势。以军工大省陕西省为例,2011年全省军工企业研发的10余类近千种民品中,有近70%没有形成规模,而年产值突破亿元的产品仅30多种,占比不足3%。企业将注意力集中在市场短缺而本企业又有可能在短期生产出来产品,短期目标必然造成经济行为短期化。这种低起点的经营策略,虽然在短时间内对提高企业效益效果明显,但是从长期来看,这种短期行为造就的产品在市场并不具有竞争力,不利于企业在市场中做大、做强,已经不能满足经济新常态下的市场环境和要求。因此,军工企业(民品)急需改变过去那种只注重消化军品过剩生产能力,并通过技术转型、产品升级、市场重新定位来制定适合企业生存和可持续发展的长期目标,并努力通过规模经济为企业增加收益。其中,通过军工集团内军工企业或其他军工集团的国防专利技术引进的方式,并经过消化吸收为具有针对性的定位产品、占领较大市场份额、实现超额利润,将成为驱动军工企业(民品)引进国防专利的现实驱动力量。军工企业(民品)需要首先需要通过规模经济来带动范围经济,其理由是军工技术的比较优势要大于竞争优势。

根据波特理论:规模经济是与比较优势联系在一起的,范围经济是与竞争优势联系在一起的。由于军工技术的比较优势要大于竞争优势,实现规模经济具有更重要的现实意义。军工企业(民品)应通过规模经济来带动范围经济。我国国防科技工业由于承担了国家重大的武器装备预研、研制、生产等任务,在航空、航天、核工业与兵器制造业等领域技术储备丰富,是同行业民用领域企业所不能相比的。在这些产业中申请并授权的国防专利,代表了该领域技术的先进性和前瞻性,也是该产业比较优势的体现。因此,从军工企业衍生出的民品企业,理应充分发挥军工产业的比较优势,在经营策略上通过国防专利技术引进的形式将研制附加值高的产品作为企业发展的长期目标,注重开发民用市场没有或市场有,技术先进性不高的产业。在经营目标的选择上不是采取追随或跟进方针,而是制定超前和开拓策略。因此,根据规模经济与比较优势的关系,军工企业(民品)要善于利用军工产业的比较优势来制定企业的长期目标,并从企业规模经济入手,实现企业利益最大化,快速占领市场,实现超额利润。在占领较大市场份额,并具有一定的竞争优势后,再进一步考虑产品的多样性,向范围经济目标发展,改变过去短视利益和规模不经济的发展策略。此外,鉴于我国军工企业处于转型阶段,用于发展民品的资源的有限性以及资金实力不足也决定其民品发展初期不宜采取范围经济的发展模式。

2. 向高层次产业转型的现实驱动

我国军工企业(民品),长期以来在以军品为主体的军工企业掩护下生存和发展,依赖性较强,同时受计划经济影响缺乏自主性,在转型过程中,以独立的市场主体在市场竞争中明显缺乏市场活力。目前,军工企业(民品)生产比例较高,产品附加值不高,技术密集性企业比例较低。这些因素都是造成军民企业(民品)市场竞争力薄弱的表现。究其原因,就是军工企业(民品)产业层次较低,在受军工企业军品生产经营管理影响下,始终不能摆脱军品计划经济的色彩,往往只考虑利用军工企业的剩余生产能力,找到出路,获取盈利。在这种经营思想导向下,企业生产的产品就成为附加值不高的工业制成品或国内市场的一般消费品。这类产业的层次较低,产品寿命周期较短,生产厂家多,市场易饱和,而且容易随着消费结构的变化而改变,从而造成了产品缺乏市场的持久竞争力。为此,军工企业(民品)急需通过产品结构调整改变过去的民品开发策略。其中,作为武器研制生产结果的国防专利,将成为连接军工企业军品优势与寻找民品市场突破口的重要纽带。

通过国防专利技术引进带动产品结构调整的动力主要表现在以下几个方面:一是国防专利技术本身是军品研制生产的结果,其从立项论证、设计定型、批量生产等各个环节都建立在军工企业的整体生产规模和生产能力上,通过国防专利技术引进开发相应的民品可以利用军工企业的整体生产能力。二是国防专利技术在同行业的技术先进性、创新性等方面具有较高的核心技术程度[①],军民企业(民品)通过引进国防专利开发民品市场,将有利于替代过去民品市场上同质化的产品,并且替代其他在该技术领域相对落后的产品,从而抢占市场份额,实现产品升级。三是国防专利较其他国防科技成果较灵活的转移特点也为军工企业(民品)通过引进技术升级产品、改变产品结构层次提供了有利的途径。军工企业(民品)应善于运用国防科技资源的比较优势,但是并不是所有的军工技术都引进。特别是一些保密性较强的科技成果,一般情况下由于保密以及单位利益等原因不允许向外转让,然而国防专利却不同,国防科技成果一旦被授权专利权,就是用公开技术方案来换取一定期限的垄断权。因此,对于军工企业而言,国防专利为其向高层次民品转产提供了重要的技术引进来源。

3. 发挥军工技术比较优势的路径驱动

根据管理学理论,企业的比较优势并不完全由生产要素决定,而更多地在于企业外部因素,如市场需求、技术可获得性等。我国军工企业在完成军事订货任务的基础上,直接或间接从军品科技生产中衍生的民品与民营企业相比,具有先天的技术优势。军工企业(民口)应从认清自身的比较优势,并利用比较优势奠定规模经济基础,在此基础上再进一步扩大范围经济,最终找到规模经济与范围经济的均衡点,实现超额利益并占有市场份额。从军工企业(民品)通过引进国防专利发挥比较优势是实现其规模经济的必要手段之一,也是进行经营策略选择的重要驱动力。

从军工企业(民品)的生产要素优势分析,军工企业应重点从军品的技术中寻求市场突破口,并注重把军工企业的比较优势应用于民品的开发策略之中。目前,我国军工企业(民品)利用军品成熟技术和现有设备、人力资源等优势开发了一系列与本集团或企业军用技术相关联的民品,并形成了具有良好的军民通用技术。但是,从军工企业民品发展的情况来看,军品的市场竞争力要远远高于民品的市场竞争力。为此,军工企业(民品)在发展初期,应重点将注意力放在能够体现军工优势的产品上,避免行业集中、市场易饱和的传统产

---

① 专利的技术核心程度是指该项技术在一定的行业竞争环境下处于不可替代的位置的程度,即所谓的垄断地位。

品。要善于利用军工产业的优势,引进国防专利发挥军工比较优势的动力体现在以下三个方面。

一是引进国防专利技术开发民品有利于形成规模经济。由武器装备研制生产过程中形成的国防专利技术,在设计、研制中基于军品生产线,许多用于军品的生产要素,如生产设备、质量管理经验等都可以用于经二次开发的民品生产过程。二是可以充分利用和发挥军工企业的整体生产能力。由于经过国防专利技术引进开发的民品与军品结构相似、技术相通、工艺相近,因此,产品的零部件、中间产品也可以利于军品的整体生产能力来完成,特别是在军品订购任务缩减或停止的情况下。三是可以节约交易成本。军工企业民品如果通过选择引进技术升级产品层次,除面临二次开发和市场风险外,还存在较高的交易成本,但是如果引进国防专利将相对节约交易成本。这是因为引进的国防专利技术的交易一般发生于同一军工集团公司内部或军工集团之间,加之军工集团系统内部相对封闭的体制性结构特征,在技术信息的获取上也具有先天的优势。

4.2.2 民营生产企业引进国防专利的动力

在技术受体子系统中,无论从数量上还是未来的潜力上看来,民营生产企业是国防专利最重要引进方。一方面,在国家大力推动实施军民融合深度发展的战略任务下,越来越多的民营企业将进入武器装备科研生产,并在参与军品科研生产的同时使民营企业成为国防专利技术的创造者,这给国防专利技术的需求生成提供了新的来源。另一方面,在民营企业参与并完成武器装备科研生产任务的同时,将进一步通过其生成的国防专利积极向其民用方向转移,并在这一过程中向协作配套或主承包商的军工集团企业或科研院所吸收和利用国防专利,从而为国防专利向民用领域转移开辟了新的途径。因此,民营企业是国防专利最重要的潜在受让方。民营企业吸收国防专利技术的动力源主要表现在民营企业发展战略转型的市场内在驱动、我国资源禀赋比较优势的内在驱动、待引进国防专利的回输能力带来的潜在驱动以及弥补发明专利的不足提高自身研发水平的需求驱动四个方面。

1. 民营企业发展战略转型的市场内在驱动

从企业的形态来看,我国民营企业大部分是橄榄状,其中中间部分是制造业,而作为现代企业最重要的研发和市场营销成为两头较小的部分,反观世界500强企业,其形态主要是哑铃状的,生产只占小部分,而且纷纷外包给发展中国家,企业重点关注是研发和全球型的市场扩张。目前,我国民营企业正面临着这样的竞争形势。在此形势下,通过技术引进,把专利成果转化为生产力,提升产品层次,实现从低利润的制造品向实现超额利润高附加值产品的转变,已经成为我国民营企业在经济新常态下得以生存和可持续发展的重要动因,也是未来企业发展进一步提升的瓶颈。

面对经济新常态下市场竞争环境,我国民营企业也随之逐渐改变过去那种利益短视行为的思维定势。那种原始简单的模仿抑或凭借商人的敏锐嗅觉,将企业做大做强的发展思路已经不能适应当前市场的竞争环境。此外,从企业纵向的演化发展来看,优秀的技术商业化能力被认为是在激烈竞争中取胜的关键因素。我国民营企业面临着从生产制造到注重研发和市场营销阶段的战略转型。哈佛大学商学院教授 Marco Lansiti 和 Jonathan West 认为:超强的技术整合能力是提高企业研发生产效率和速度的关键,这些能力体现在诸如用于挑选和提炼在新产品、制造流程或服务中所使用的技术方法等方面。具有优势的企业最擅长去选择技术,而并不是企业开发这些技术。因此,从技术市场的供需角度以及企业发展演化的过程来看,通过引进技术来提升民营企业的产品层次将为国防专利转移带来广阔的机遇,是企业战略转型的内在驱动。

2. 我国资源禀赋比较优势的内在驱动

我国资源禀赋比较优势驱动民营企业引进国防专利的动力主要体现在以下两个方面。

(1)民营企业面临着技术引进的刚性需求。目前,我国民营企业面临着技术创新的瓶颈,不论是从维持企业生存还是未来可持续发展,民营企业要想做大、做强,只能靠提高自主创新能力来完成。而提高企业自主创新能力不是一蹴而就的,也不是一朝一夕的事情,是需要一个过程的。其中企业通过技术引进,消化、吸收再创新,是目前我国企业创新发展普遍采取的模式。然而根据技术贸易实证调查文献,我国通过技术引进提高创新能力的方式主要以设施设备为主,而采取软技术引进的方式较少。此外,根据专利引进与技术依附的关系分析,硬件技术或成套的生产设施设备的技术核心程度较低,其技术核心程度在技术生命周期中处于被新技术替代的阶段;而以专利形式存在的技术相比而言,其技术生命周期更长、核心程度更高,具有较好的发展潜力和改进程度。因此,从技术引进的演化趋势来看,我国民营企业正面临着从通过引进成套设备提高生产制造能力逐渐向引进专利技术进行创造性模仿,提升企业的自主创新能力的转变。但是现实的情况,我国企业仍然只注重短期利益,通过直接购买硬件设备设施或生产线,而不去通过引进专利技术进行创造式的模仿,势必成为对企业创新能力形成的制约和阻碍。因此,从企业技术创新的演化趋势来看,我国民营企业面临着强烈的专利技术引进需求。

(2)实现产业发展跨越劳动密集型阶段的要求。我国民营企业面临着强烈的技术引进需求。然而过去几十年的实践表明,我国企业通过引进国外技术提升自主创新能力并没有得到明显提高,甚至还制约了企业的可持续发展。就是因为,我国企业引进的技术并不符合我国要素结构特性的产业结构,即最优产业结构的原则。根据比较优势理论,企业在技术引进技术策略中更注重与其所在国要素禀赋相称的技术。然而现实的情况是企业在选择引进技术时,只考虑当前利益,为快速占有市场,直接购买或引进生产线和配套的设施设备。这种引进方式在短期内见效很快,可以快速提高企业的生产能力并占有市场份额,但由于后续配套的技术不能一并掌握,以及所需的原材料在本国环境内不能够得到及时保障和供应,有可能使所引进的生产设备水土不服,不能保证完全有效发挥其功能和作用。根据创新经济学技术演化理论,通过技术引进提高自主创新能力,首先要对引进的技术进行搜寻和消化,这需要消耗大量的时间和成本,而且技术跨越度越大,学习成本越高。特别是当产业发展超越劳动密集型阶段时更为重要。我国目前面临的经济新常态正处于由劳动密集型的产业结构向技术密集型转变的阶段。因此,从技术引进的衡量标准来看,企业需要综合考虑本国的产业结构以及企业的学习成本等因素,考虑选择更容易进化为自主的技术。

综合实践经验以及理论分析,企业在引进技术时,不能只注重技术的先进性,更重要的要考虑到本国的要素禀赋因素,并结合企业的消化吸收能力,选择更容易被掌握和内化为自己核心技术的中性技术。国防专利主要来源于国内的科研院所、军工集团企业以及高等院校,其技术更接近中性,引进此类技术更易于我国民营企业的消化和吸收。因此,在同行业面临同样技术需求的情况下,与引进国外技术相比,国防专利作为技术引进源对于民营企业具有明显的比较优势。我国产业结构的要素禀赋比较优势是民营企业引进国防专利的内在驱动力。

3. 待引进国防专利的回输能力带来的潜在驱动

企业引进专利并不是最终目的,而是通过专利引进打开自己的产品的市场,在市场上占有较大的份额,并实现超额利润和高附加值的产品。在此基础

第4章 国防专利技术转移动力源

上,企业可以对引进的专利经过二次开发后返销给原引进方,换取对方的核心技术或实现更大利润。国防专利本身源于军工科研生产领域,民营企业引进国防专利后,对其进行二次开发,在生产领域将完成产品的试制、批量生产等环节,并最后通过营销推广到市场。回输潜力成为民营企业引进国防专利的潜在驱动力主要体现在以下两个方面。

(1)国防专利的本身属性具有回输空间。信息技术的飞速发展,使得军用技术与民用技术的界限越来越模糊,即使是由民营企业用于民用进行二次开发的国防专利技术,待成为制成品时,也可用于武器装备生产领域,特别在军民通用装备,与装备配套的通用设备、部件、零件、元器件、材料、原料以及军民通用软件、标准件等生产领域。通过民营企业引进国防专利将相关技术转化为现实产品后,同样可以将该产品回输到军品市场。国际技术引进的实践证明,企业对引进专利的回输战略运用的恰当,并利用企业在二次开发的技术优势,与原引进企业进行专利的交叉许可,通过这种方式可以为企业带来额外的收益。另外,以合作建设实体的形式,利用双方的资源也是企业运用专利回输策略的途径,从而为拓展国际市场成为可能。国际市场上的技术引进如此,在同一个国家的不同领域中也如此。此外,由于民营企业在生产加工制造上具有比较优势,引进国防专利技术,也有利于充分发挥其加工技术的优势,从而补充和丰富军品生产能力的不足。因此,作为军品、民品市场转移的对象,国防专利本身具有由军转民和民转军的回输空间。

(2)为民营企业参与军品科研生产提供市场准入突破口。从企业引进专利回输战略的利益拓展考虑,在国防科研生产领域,国防专利的引进也为民营企业在国内市场上通过回输战略引导其参与军品科研生产提供了路径可能。特别是在目前军民融合深度发展的时代背景下,民营企业参与武器装备科研生产将是军民融合的重要内容,民营企业作为国家科技创新的重要对象也将成为国家重点扶持的对象,对其参与军品科研生产是大势所趋。因此,通过国防专利引进,并通过企业二次开发进行战略回输到军品市场,从而实现民用、军用两个市场的份额拓展,将成为民营企业进军军品市场的重要突破口和新的利益拓展点。专利引进的潜在回输能力将成为民营企业引进国防专利的潜在驱动力量。

4. 弥补发明专利的不足,提高自身研发水平的需求驱动

根据一项我国民营企业提交的专利申请以及专利授权的情况统计分析,

民营企业提交的发明专利申请的授权率只有12.2%。这一数字反映出民营企业的专利质量已成为一项紧迫的任务。此外,根据一项对民营企业专利申请的类型分析对比,如图4-5所示,可以看出在民营企业所提交的专利申请中,实用新型和外观设计专利占到绝大部分,发明专利申请量只占全部专利申请量的13%,这一数值比用全国企业分析的结果低了7个百分点。如果从授权量看,这一数值更是下降到只有3.1%。

图4-5 民营企业专利申请及授权类型比较

(a) 专利申请情况:发明13%,实用新型33.50%,外观设计53.50%

(b) 专利授权情况:发明3%,实用新型35.90%,外观设计61.10%

从我国民营企业发明专利(申请)的比例分布来看,科技研发能力仍然是我国中小型民营企业的短板。从技术创新角度看,发明专利最能体现出企业的技术能力和水平。但同时从另一方面说明,我国民营企业在引进专利技术上存在非常大的需求空间。一是民营企业受自身实力,包括资金、研发团队等条件的限制,不具备自行研发的能力;二是从实践来看,忽视专利引进是阻滞我国中小企业技术创新绩效的主要因素;三是通过引进专利提高其科研水平,并发挥其加工制造优势更易于发挥其自身在生产工艺、加工制造技术、市场营销具有比较优势。目前,国防专利的市场还未向民营企业全部打开,而国防专利作为整个国家专利技术市场中的重要组成部分,是民营企业技术引进的又一重要来源,也是民营企业可利用技术资源的又一重要的补充。因此,通过引进国防专利,并通过消化、吸收,再创新形成自主知识产权的发明专利,可以在一定程度上弥补民营企业发明专利的不足并提高其科研起点,这从发挥民营企业竞争优势来看具有潜在动力。

4.2.3 集成技术二次开发的技术转移机构引进国防专利的动力

除上述军工集团企业(民品)以及民营企业引进国防专利技术实现技术转

移的点对点模式外,还包括用于集成技术二次开发的技术转移机构引进国防专利的技术集成经营模式。这种模式类似于科研机构与企业之间的中间桥梁。专门从事专利技术二次开发以及为企业量身定做适用性技术的机构统称为集成技术二次开发技术转移机构。该机构直接面向企业用户,对企业需要的技术进行集成,并以成套的技术方案出售给企业。目前,一些转制科研院所或有较强研发能力的专利技术转移机构,非常注重对技术的引进和集成,大大拓展国防专利转移的空间,也成为国防专利技术转移的一个重要的方向。集成技术二次开发的技术转移机构引进国防专利的动力主要体现在以下两个方面。

（1）市场空间潜力所驱。集成技术二次开发的转移机构主要是购买有市场前景的技术成果,进行二次开发后形成成熟技术后,自己投资生产、合作或转让、实现产业化。其在引进专利技术时注重把握技术转移的主动权,在选择引进专利技术时,特别注重技术的市场空间和开发价值。而国防专利技术源于武器装备科研生产,尚未在民用领域进行开发,具有较大的市场空间,相比于民用市场的普通专利技术,在可开发空间上本身具有优势。这是集成技术二次开发技术转移机构引进国防专利的动力之一。

（2）行业集中优势所驱。集成技术经营模式的另一个重要形式,就是依托技术或行业的地位优势,将相关环节的技术资源进行集成和整合,为企业提供整体解决方案或"交钥匙"工程服务,实现成果的推广和转移。国防专利技术具有典型的产业集中和行业的区位优势。军工集团附属科研院所或生产企业生成的国防专利技术,在行业分布上具有明显的区域集中的特点。其专业性分布较为集中,如航天、航空、核、电子信息、产业的技术资源分布主要围绕军工集团企业而展开,与其他普通专利技术散、小、单一的传统点对点单个技术服务相比,具有综合升级,对多个相关领域技术进行集成的优势,有利于专业的技术转移机构或中心提高转移服务规模。例如,将航天领域的国防专利技术,利用其集团区域优势,将众多的在产业化以及二次开发中相应的共性技术集成,通过结合区域经济发展要求,制定产品与国防技术整合,整体转化到新建的军民融合创新产业园区或示范基地,从而实现对国防专利技术集成及技术的整体打包转移,使国防专利技术转移服务提高保障质量和转移效率。目前,随着我国军民融合深度发展,利用军工集团企业较集中的省市新建的军民融合科技园、示范基地等为国防专利技术转移奠定了较好民用化、产业化的物质基础,而缺乏的正是国防专利技术的引进和集成。因此,国防专利技术的产业集中优势是集成技术二次开发的技术转移机构引进国防专利技术另一重要的动力。

综合上述,国防专利技术转移主拉力构成如图4-6所示。

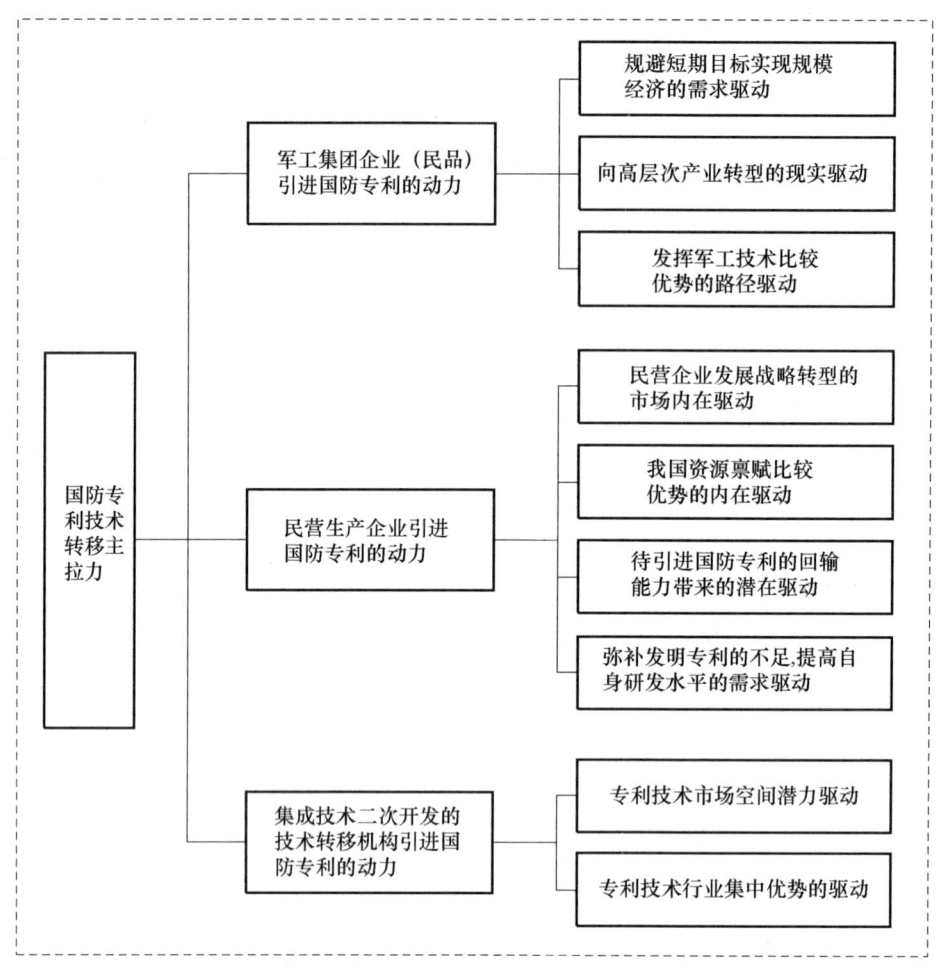

图4-6 国防专利技术转移主拉力构成示意图

4.3 国防专利技术转移源动力

根据技术转移理论,技术供体转移国防专利的动力在一定程度上体现在技术本体本身对技术受体的吸引力,本书称为国防专利技术转移的源动力,即国防专利本身的属性和特点所具有的吸引技术受体的动力以及在专利技术市场中的需求力。国防专利本身作为技术转移的源动力主要体现在国防专利技术的稀缺性、较高的技术核心程度以及较长的技术寿命周期。

4.3.1 国防专利技术的稀缺性

鉴于国家是国防专利最主要的投资者和消费者,技术专用性造成的资源稀缺使得国防专利在技术市场上的垄断性较强。国防专利技术的稀缺性作为其转移的源动力主要体现在军品的市场垄断性。相对于普通专利,国防专利的市场供给小于市场需求。普通专利技术转移活动直接与市场打交道,其供需主体在技术市场上处于相对对等地位,主体双方按照技术市场交易规律运行。而国防专利技术面向武器装备建设特定需求并受装备需求牵引,是装备科研生产的结果,其产生的专利技术在民用领域的同类行业具有不可替代性,不可能按照市场规律提供市场上需要的专利技术产品,从而导致国防专利技术转移的概率不完全由民用技术市场供求规律所决定。特别是由军工集团自行研发或军地联合研制的专利技术在民用相关行业具有突出的军事专用性,而这种供方唯一、需方多数的竞争市场正好与买方单一、卖方数量有限的军品垄断市场相反。因此,军品市场的垄断性决定了国防专利的稀缺性。

4.3.2 较高的技术核心程度

专利技术的核心程度是指该项技术在一定行业竞争环境下处于不可替代的位置的程度。国防专利技术的核心程度主要体现在专用性和不可替代性两个方面。第一,国防专利技术始终伴随着武器装备系统的快速发展及更新换代,特别随着战争形态的变化和技术的发展,在诸如核技术、电子技术、航空航天技术、定向能技术、激光技术、精确制导、材料技术、试验技术等领域,始终保持着技术上的先进性。同时,随着武器装备系统列装部队以及装备的换代升级,使得研制与生产装备的相关技术也在核、航天、航空、舰船、电子、装甲以及与之配套的化工、特种冶金、非金属材料等领域迅速取得了技术上的突破。因此,国防专利技术与普通专利相比在上述工业领域具有明显的技术优势。因此,国防专利的技术核心程度主要体现在武器装备研制生产的技术专用性特征。第二,国防专利技术的核心程度还体现其技术的不可替代性。源于武器装备科研生产任务生成的国防专利在军标与国标上存在差异,其技术性能参数在相同的技术条件下其环境要求更高,因此对技术的性能要求也较高,此外,由于武器装备的作战任务的要求,其相应的配套试验环境的建设条件也在技术实现等方面提出了更高的要求等。开发国防专利技术的条件和制约因素都使得民用市场中的一般企业根本不具备开发相当于国防专利水平的技术能力,从而使得国防专利在同行业内的技术中始终能够处于垄断地位,特别是当国防专利处于保护其内,若该项技术又是生产其他产品不可替代的,或者其他替代技术明显落后于国防专利,那么就更体现出国防专利的技术核心程度。

4.3.3 较长的技术生命周期

国防专利的生命周期是指国防专利技术被转移应用于民用市场并保有市场不被新的技术所替代的时间。不同类型的技术拥有不同的技术生命周期,其体现的技术价值也不相同。技术生命周期对一项技术能够被长时间地使用起到关键的作用。国防专利技术的生命周期从总体上看比普通专利要长,具有的技术价值更高,因此也成为国防专利转移的源动力之一。根据专利技术寿命周期的概念,特别是预先研究阶段形成的专利技术之所以成为转移的动力源之一,也是从能够被应用于市场以及保有市场不被替代两方面而言的。一是预先研究的应用范围广泛使其转移市场空间较大。预先研究中的应用研究阶段一般不涉及特定系统,通用性强,项目对象面向广泛的技术基础或一般性技术储备,不像型号研制阶段生成的国防专利体现出的技术专用性突出。预研过程结束所形成的成果大多数为先进而成熟的系统性技术储备和重要的关键技术研究成果,包括部件或分系统,或装备的结构材料及元件。因此,预先研究阶段生成的国防专利在向民用领域转移时也具有较广泛的市场空间,能够较广泛地应用于市场。二是预先研究技术的前瞻性较强使其不被替代的时间较长。装备预先研究的目的是对关键技术的攻关与突破。其研究成果不一定完全能够达到预期效果,但却是对未来尖端技术的形成必要的技术储备。研究时间持续长、技术风险源高等是装备预先研究的主要特点。预先研究一旦获得实质性的突破,其取得的技术成果具有明显的技术前瞻性和技术原创性,其专利的寿命周期比一般技术成果更长,如果能够转移到民用领域将体现出更长的技术生命周期。

综合上述,国防专利技术转移源动力构成如图4-7所示。

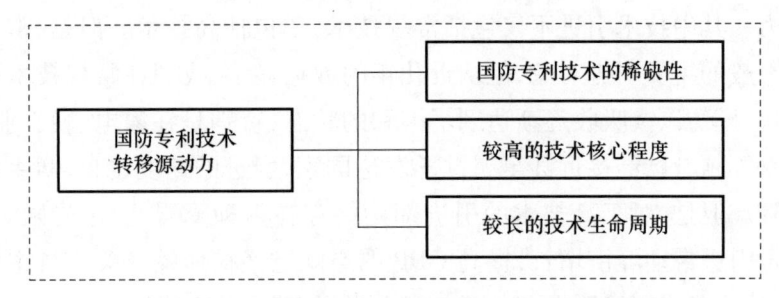

图 4-7 国防专利技术转移源动力构成示意图

4.4 国防专利技术转移助动力

国防专利技术转移系统是一个开放的自组织系统,系统内各子系统和要素与外部环境共同作用下,共同决定技术转移活动。外部环境的变化在一定程度将会对系统内技术供体和技术受体对国防专利技术转移决策动力产生作用和影响,对整个系统的动力源具有重要的影响力。由外部环境变化对国防专利技术系统带来的助动力主要体现在:一是来自宏观层面国家经济增长动力的驱动;二是来自军民融合发展战略的间接推动;三是来自军工科研院所改制的间接驱动;四是军工集团企业股份制改革的间接驱动。

4.4.1 经济新常态下国家经济增长动力的驱动

目前,随着我国经济步入新常态,原有经济增长模式,即"政府主导型投资拉动增长"已经不再成为我国经济发展的动力。根据"熊彼特"的创新理论,对经济要素的持续注入以及无限量的增加并不能给经济发展带来持久性的动力,根据动力来源于"创造性破坏"(Creative Destruction)。也就是说,经济系统的运行需要内部的不断创新和结构性变革,使得新的经济模式和消费品来替代旧的经济模式和产品。"熊彼特"的创新理论为中国经济的发展动力提供了理论依据。自 2012 年,我国经济增长下行压力不断增大,累积潜在的风险渐渐浮出水面。学界纷纷从不同视角解释和分析中国经济新常态的背后原因以及下一步经济发展的动力。其中,站在宏观经济的视角,从技术引进、自主创新对中国全要素生产率和 GDP 变化的影响分析,技术进步速度减缓是中国经济减速的重要因素之一。技术进步来源于两个方面:一是技术引进;二是自主创新能力。其中技术引进不仅包括常规技术,还包括高技术。但是,常规技术是我国一般的主要引进对象,但从近几年的数据显示,我国在常规技术引进中通过消化、模仿以及吸收逐渐达到了饱和的状态,特别是在家电、轻工业、汽车以及高铁等领域已经接近甚至超过了发达国家,引进的速度也自2004年开始出现下降。但是,对于高技术的引进却始终存在多种障碍,引进受限。因此,通过技术引进带动经济增长,提高GDP的空间已经被压缩。关于自主创新能力,国内外普遍采用发明专利的授权数量作为这一指标的衡量。从2008年9月在我国申请的发明专利数量达到顶峰,随后呈逐年下降的趋势,这从另一侧面反映出我国自主创新能力投入也在逐年下降。此外,用于设备投资在全社会固定资产比重的比例也从2005年的24.1%下降到2013年的20.9%[160]。因为设备投资也在一定程度在代表了科研投入建设力度。因此,我国经济新常态主要是技术性减速,需求不旺主要是由于供给技术创新不足。中国经济增长减速是由于TFP下降所致,而TFP下降的又主要是由于自主创新能力的不足所引起。因此,"创新驱动发展"是中国经济发展的新常态,也是下一步中国经济增长的新动力。

通过以上宏观经济的分析可以看出,发明专利常被作为衡量一国自主创新能力的重要指标,然而这项指标却并未把国防专利纳入在内。如果从国家整体研发投入占全社会支出的比例来衡量其对TFP和GDP产生的影响,这一分析结论既不是完全的也不是充分的。其理由是:第一,发明专利的数量统计存在缺失。国防专利是武器装备研制生产的结果,是国家用于国防和军队建设的投入所产生的结果,也是全社会财政收入的一部分,如果通过国防和军队建设所创造的国防专利不被列入上述发明专利范围,不能全面反映出国家整体的创新能力的实际投入产出效果,从而分析得出的发明专利数量会比实际发明专利数量低。第二,未考虑国防专利技术向民用领域转移所产生的技术溢出效应以及直接带来的对国防经济的贡献。上述分析仅统计了国家知识产权授权的发明专利的技术贡献度,对于国防专利通过二次开发转移到民用领域所产生的技术贡献度显然并没有体现。

综合上述,从宏观层面来看,目前制约经济增长的速度并不是需求不旺,而是技术创新供给不足。以自主知识产权为特征的国防专利技术正是满足全社会对高技术产品需求的有效供给,然而目前还未释放出其潜在的技术价值和经济价值。因此,国防专利技术向民用领域转移,推动民用领域自主创新能力的提升,从而促进国家TFP的提高最终带动经济增长,将成为经常发展新常态的重要驱动力之一。国防专利转移的动力内生于"基于创新驱动"经济新常态下国家经济增长的新动力。

4.4.2 军民融合发展战略的间接驱动

实施军民融合发展战略,实质是更好地统筹经济建设和国防建设。其目标是使二者资源共享、协调发展、平衡发展、兼容发展,实现资源的最佳配置和充分利用,达到经济建设国防效益最大化和国防建设经济效益最优化,并形成全要素、多领域、高效益的军民融合深度发展格局。国防专利技术向民用领域转移的目的是充分发挥武器装备建设经费的经济效益,本质上是国防建设经济效益最优化的具体体现,也是军民融合深度发展格局形成的关键切入点和重要内容。因此,在国家层面军民融合战略的推动下,政府、军方将进一步出台与军转民、民参军配套的政策支持来促进国防科技资源对国民经济建设作用,以及带动部分传统企业、优势民营企业实现企业转型、产业升级,从而间接驱动国防技术向民用领域转移。

军民融合发展战略间接推动国防专利向民用领域转移主要表现在军转民技术产品推荐目录以及军转民政策措施两个方面。首先,国防专利技术向民用领域转移需要国家层面的整体推进。例如,工信部军民结合推进司将军民融合深度发展专项行动列为其专项计划,增加对军事技术向民用领域转移的项目清单,通过分布于全国的重点技术开发中心,推广国防技术的民用化实施。国防专利技术转移蕴含于军转民的项目中,大批军转民技术产品推荐目录范围的扩大以及军工技术项目的转化和产业化必然要求相应的国防专利进行及时解密,扩大了国防专利技术信息的知悉范围,进一步与市场需求对接。因此,从技术供体角度来看,军民融合深度发展在国防专利技术转移的"主推力"中起到了重要的催化作用。其次,与军民融合的发展战略相配套的一系列军转民政策、资金支持将间接为民营企业引进国防专利提供助动力。国防专利技术转移过程中很重要的一个环节是中试和二次开发。对于有意向引进国防专利技术实现转型的民营企业而言,政府的资金支持以及政策上的优惠倾斜将直接影响到企业引进专利的行为。从技术受体角度来看,军民融合深度发展在国防专利技术转移"主拉力"中起到重要的催化作用。

4.4.3 军工科研院所改制的间接驱动

军工科研院所改制将对作为国防专利技术供体的军工科研院所在推动技术转移时产生重要影响。随着国家层面军工科研院所改制政策的出台,军工科研院所改制将有实质性的推进。根据目前国防科工局改革办有关军工科研院所改革的文件确定的原则和标准,未来军工科研院所改革将根据功能定位为三类,分别为公益一类、公益二类和企业类。其中公益一类和公益二类不能超过一定的比例。也就是说,大部分军工科研院所将面临强制转企。其中,公益一类涉及战略威慑装备研发和大型实验验证,其生成的国防专利技术几乎没有市场需求,在经营上主要靠财政拨款和收支两条线;公益二类涉及前瞻研究和核心装备总体研发,具有一定的创收能力,以及公益一类中有一定市场开拓能力的,属于大多数经营类企业,要转制转企,包括派出机构和基地。

因此,改革的结果必然是军工科研院所将面临完全不同的生存环境,并且使之成为未来"军转民"进程中最重要的市场主体。改革的驱动是表象,军工科研院所真正面临的是从事业单位向现代企业的转型。改革外力的内生化也正因如此。根据事业单位和企业的经济范畴分析比较,事业单位与企业划分的根本标准就是是否以盈利为目的。因此,尽管目前军工科研院所也是以追求自身利益最大化为目标,但是作为事业单位,无论在财政拨款还是税收优惠等方面均享受着国家的补贴和支持。在改制后,军工科研院所将成为"以盈利为目的"的真正现代企业。如果军工科研院所成为真正的企业,将改变过去全额拨款事业单位的身份,同时每年可获取一定的财政拨款用于事业费开支、离退休经费和住房改革支出、城镇土地使用税、房产税的减免以及企业所得税免税收入的宽松界定等优惠政策也将随着改变。改制后的军工科研院所将面临完全不同的生存环境,追求利润最大化将成为其生存和持续发展的根本目标。因此,在改革的直接作用以及由国防科技资源市场二次配置的共同作用下,改革所带来的外生动力将内生于军工科研院所追求自身最大化的动力,从而使得军工科研院所改变目前只注重完成军品科研任务,不重视通过技术转移发挥国防专利技术价值的思维定势。改革的结果将进一步激活军工科研院所转移国防专利技术的动力。

4.4.4 军工企业股份制改造的间接驱动

军工集团企业股份制改造对国防专利重要的技术供体——军工企业产生

重要作用。随着目前国有军工集团混合所有股份制改革进程的不断推进,未来军工企业将呈现出产权多元的明显特征。截至2012年初,军工集团作为实际控制人的各类上市公司已达70多家。军工集团企业已经以混合所制的形式逐渐在改革中涌现,同时也将随着混合所有制的表现形式引起企业的行为变化。改革的目标是调动一切可利用的资源向企业创新发展的方向聚集,在企业作为市场的主体的基础上使资源配置发挥作用。发挥市场对资源配置的作用,可以采取不同的手段和措施。对于军工企业来说,比较具有操作性的方式即为共建法人实体,即军工企业、民营企业分别以资金、技术等形式合作,将各自的资源共同注入新建实体,作为股东发挥各自的资源优势。在各方融合资本的过程中,国有企业和非国有企业将分别利用其各自的可用的资源优势和生产要素。国有军工企业将充分利用其各种生产要素,并使其资本注入混合所有制形式的新型经济组织中,其中以知识产权为代表的国防专利就成为军工企业一项重要的资本形式。在这一过程中,军工企业将通过包括专利出售、投资入股、质押融资等各种不同形式完成国防专利技术转移,实现国防专利价值最大化。军工企业混合所有制改革的进一步推动和日趋完善将为军工企业拥有的国防专利技术转移在客观上提供间接驱动力。

国防专利技术转移助动力构成如图4-8所示。

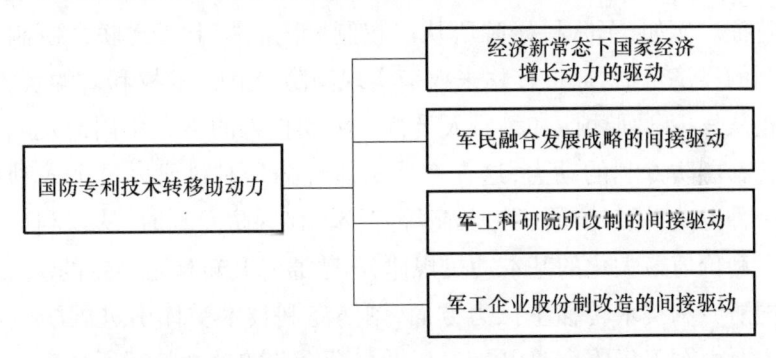

图4-8 国防专利技术转移助动力构成示意图

4.5 国防专利技术转移动力特征

国防专利技术转移的动力源是根据国防专利技术转移系统的要素构成分别识别的。在每一种动力源中,各要素所贡献的程度以及主次关系也不完全相同。正是在每一种动力源中各要素之间的主次关系以及相互的矛盾规律，形成了国防专利技术转移动力源特征。

4.5.1 利益主导性

国防专利技术转移动力源的利益主导性特征主要根据主推力和主拉力的动力特征所体现。

在国防专利技术转移主推力中，以军工集团企业和军工集团附属科研院所为代表的军工集团是该推力中的主要力量。因此，军工集团附属科研院所和军工企业所体现的转移国防专利的动力特征是国防专利技术转移主推力的主要特征。从上述对军工集团附属科研院所以及军工集团企业的动力源分析可知，这两个主体在转移国防专利时均受到利益预期的驱动。这种利益既包括物质上的直接驱动还包括在精神层面的间接驱动。例如，军工科研院所通过转移自有技术资产来维持机构的生存和未来的可持续发展，从而实现其无形资产价值最大化；军工集团企业转移国防专利的动力尽管受到市场以及政府的影响和作用，但是从企业本质来看，其转移的动力仍然来自于自身的利益最大化。在其他技术供体方面，虽然军队科研院所和军队院校所对国防专利供给不如军工集团比例高，但其转移国防专利的动力表现仍然是主推力的重要动力特征。例如，军队科研院所从产权制度的安排上考虑联合研制生成的国防专利的经济价值，通过转移来权衡实现国防专利技术权利人的各方利益；军队院校从发挥科研团队和科研人员智力劳动投入的最大化创造发明的激励来考虑转移国防专利的动力，这在实质上体现的是对科研人员个人利益有效激励的一种方式；民口科研机构及高等院校转移国防专利时，从权利属性上仍然遵循专利价值最大化的基本动机规律，与普通专利转移是一致的。

在国防专利技术转移主拉力方面，国防专利技术受体引进国防专利的动力特征主要由军工集团企业（民口）以及民营企业的动力特征所体现。如军工集团企业（民品）更加注重从长远利益的发展规划来考虑进一步利用其军工优势开发国防专利技术，以实现规模经济和企业转型和产业升级。军工集团企业（民品）引进国防专利的动力表现在企业以其军工优势的利用和长远利益的追求。民营生产企业注重从占有市场份额、提高产品附加值从而追求超额利润的利益预期来考虑引进国防专利，体现出其直接追求企业经济利益的动力特征。这两类主体在引进国防专利时均呈现出明显的利益主导的动力特征。

4.5.2 创新驱动性

在上述分析国防专利技术转移动力源的过程中,不难看出,如果从国防专利技术转移系统整体来分析,各转移主体转移动力源都有一个共同的作用力量,即创新带来的驱动。如果说利益主导性是系统内各主体要素转移的直接动力源,那么创新驱动性则是其转移或引进国防专利的间接动力。创新驱动性的动力特征主要体现在国防专利技术转移的助动力、主推力以及主拉力三个方面。

在国防专利技术转移助动力方面,创新驱动表现出的转移动力对有某些技术供体或受体来说是自身的主动、积极的力量所产生。从系统整体来看,经济新常态下的国防经济增长的动力,其本质就是创新驱动的体现,在外部环境的创新驱动下,促进整体国防专利技术转移系统的动力的形成。在主推力方面,军工集团企业在向现代企业转型的过程中,职能和使命必然要求其在自主知识产权创新上寻求利益突破口,这是企业主动作为的结果。但对某些主体而言,则是由国家整体经济创新驱动发展倒逼生成的。军工科研院所、军工企业在追求自身利润最大化的目标背后的更深层的原因就是支撑企业未来可持续发展和占有市场自主创新能力,通过转移技术来进一步激活其技术能力成为其中的动力表现。在主拉力方面,这种创新驱动的动力特征则体现在技术受体通过引进国防专利实现企业长远目标的追求。例如,军工集团企业(民品)和民营生产企业面临着企业转型和产业升级的压力,其引进国防专利的动力不仅是为从利润的最大化的短视利益来规划企业的发展,而是由国家整体在产业的升级带动下所倒逼形成的动力,并通过引进国防专利作为其实现企业发展目标的主要途径之一。

4.5.3 外力内生化

根据协同学原理,系统运行的动力主要来自于系统内部,然而系统外部环境的变化也会对系统产生影响和作用。这种影响将通过改变系统内结构以及子系统或要素之间的相互作用来影响系统的运行动力。

在助动力对系统的作用方面,国防专利技术转移动力的外力内生化特征非常明显,并且主要体现在助动力对整个系统动力源的影响。从系统整体来看,经济新常态下国家经济增长所带来的助动力既是创新驱动性特征的表现也是外力内生化的体现,具体体现在国家宏观经济政策的影响和变化与整个国防专利技术转移系统的相互作用。在技术供体方面,例如,军工科研院所改制将使其面临从事业单位逐步过渡到现代企业的实质性转型,从而外改革的外力内生于以追求自身利益最大化的企业目标;军工集团企业在经济效益为主要指标的考核导向下的转移国防专利的动力,体现的就是系统外部环境对系统产生的压力,并对系统内部特性的产生作用的结果,使系统内部通过改变自身的特性来适应环境,使环境压力内生于自身的动力。又如,军工企业面临的混合所有制改革的现实压力,也是国防专利技术转移系统运行的外部动因,在系统外部动因的作用发挥下,军工企业以国防专利资本化作为其实现混合所有制改革的必要手段。

4.5.4 互动倍增性

互动倍增性是由国防专利技术转移主推力与主拉力之间的作用所体现的。从国防专利技术转移系统的动力源构成可以发现,在技术供体与技术受体之间存在着相互吸引的作用,国防专利技术本体的源动力与技术受体之间也存在着互动性,而且这一动力将随着双方的相互作用使各单方的动力进一步放大。仅依靠技术供体单方面的推力是不够的,技术受体单方面的引进动力也不能完全起到整体的推进作用,而是双方在推力和拉力相互作用下产生相互耦合的作用,才能产生互动倍增效应。例如,国防专利技术的稀缺性本身对于处于民用市场的企业来说,相对普通专利而言本身就存在其引进的优势,但在国防专利还具有较高的技术核心程度以及较长的技术生命周期,通过源动力表现的吸引力将使得国防专利的拉力与源动力的相互作用,产生互动的倍增效应,大于源动力与拉力的简单加合,体现出技术本体与技术受体转移动力的互动倍增特征。

4.5.5 激励催化性

激励是管理主体通过运用一系列制度规范以及奖惩措施。通过激励可以实现管理者与被管理者的目标一致性。具体到国防专利技术转移系统,激励因素产生的系统外力对系统内各要素的动力形成和作用起到重要的催化作用。在技术供体方面,如军队科研院所和军队院校向外转移国防专利的推力主要来源于对成果发明人在物质和精神上的激励作用,该激励作用将促使军队科研团队及个人的发明人创造行为的最大化。又如,军工集团企业在以经济效益为主要指标的考核导向下转移国防专利技术的动力也是系统外部性激励的主要体现。此外,在军工科研院所改制以及军工企业股份制改造的驱动下,股权激励效应带来的内在驱动也是国防专利技术转移的动力表现。例如,军工科研院所或企业核心员工的股权激励,配套募资的认购机会留给了企业的高管及技术骨干。对科研院所技术员工引入持股机制将是未来激活科研人员创造发明能力和企业技术能力的主要手段。

国防专利技术转移动力源构成如图4-9所示。国防专利技术转移动力特征主要体现在利益主导性、创新驱动性、外力内生化、互动倍增性以及激励催化性五个方面。

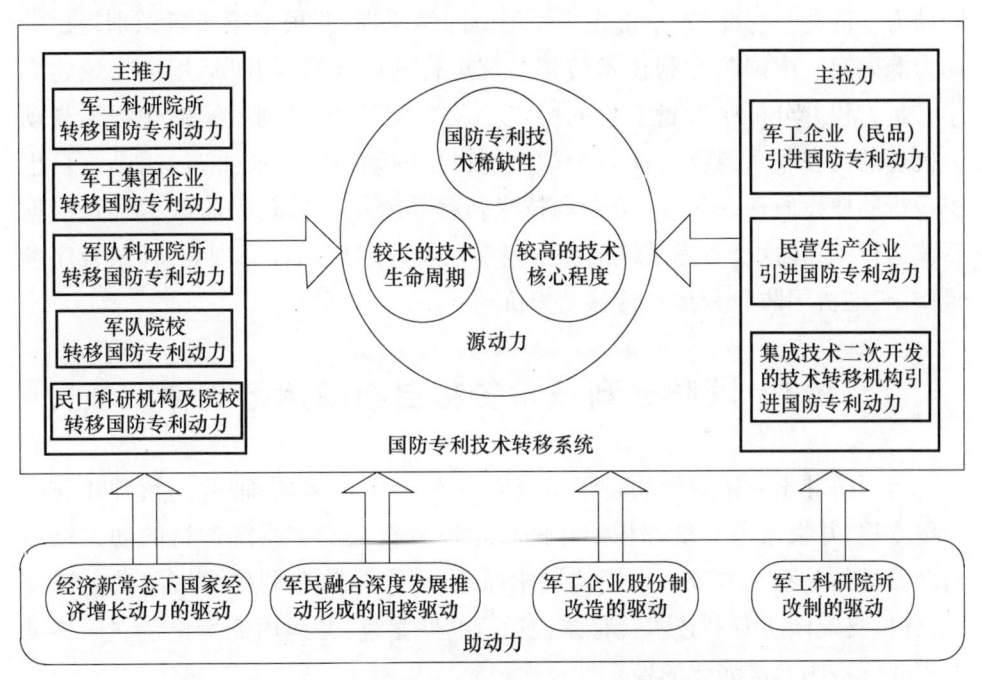

图4-9 国防专利技术转移动力源构成示意图

第5章　国防专利技术转移自组织运行规律及动力机理

第3章分析得出国防专利技术转移具备自组织运行的条件,但是仅仅找到自组织存在的条件和环境,还不能说明系统为什么自发地从无序走向有序结构的内在机制,也不能说明其运行的动力机制为何,这是系统产生自组织协同动力学问题。为此,本章首先将运用协同学原理,并根据第4章识别得出的动力源确定支配国防专利技术转移系统运行的序参量,同时运用突变论建立序参量方程并分析序参量演化的稳定性及途径,从中找到系统演化规律与动力机理的内在联系;其次,在第4章识别得出的动力源基础上,运用系统自组织运行的使役原理,剖析国防专利技术转移系统运行的动力阶段;最后,根据系统运行动力阶段、考虑系统的涨落因素以及运用自耦合原理等,并结合序参量作用,剖析国防专利技术转移动力机理。

5.1　国防专利技术转移自组织运行规律

运用协同学分析系统的自组织演化规律,首先需要明确序参量,并建立序参量方程,并根据序参量方程演化的稳定性分析来确定系统运行的动力机制与序参量的关系。本节将运用协同学原理,根据国防专利技术转移动力源特征,分析支配国防专利技术转移系统运行的序参量,并运用突变论建立序参量方程并分析序参量演化的稳定性及途径。

5.1.1　国防专利技术转移系统序参量分析

5.1.1.1　国防专利技术转移系统序参量的特征

系统演化过程中存在有很多变量,但能够在系统演化过程中从无到有地变化,同时能够指示出新结构的形成并反映新结构的有序程度,它就是序参量。根据协同学关于序参量的描述,可以认为,序参量首先是一个宏观变量;

二是能够指导并役使系统的整体行为；三是能够用来体现和反映系统演化的有序程度。序参量在系统演化过程中起着主导和决定性作用。根据协同学关于序参量的定义和描述，国防专利技术转移系统的序参量应具有如下特征。

1. 宏观参量

宏观参量是对系统整体性的描述，是从系统外部观测的参量。国防专利技术转移系统的序参量，是技术供体与技术受体之间互相作用的结果。通过该参量可以从宏观上对国防专利技术转移系统内技术供体与技术受体以及供体子系统内各要素或受体子系统内各要素的协同竞争作出测量。通过宏观参量的描述与度量可以从整体上把握系统演化的趋势，而不是以微观的视角探究系统内的作用。

2. 系统有序的标志

根据前面关于序参量的定义可知，有序性是序参量的重要特征。系统自组织运行的动力来源于系统内部各要素之间相互竞争与协同作用。各子系统或要素通过互相的竞争与协同在整体上涌现出一种共同的行为模式，这种模式的形成正是各子系统或要素之间的非线性作用影响导致的。此外，从系统的外部来观察，在整体上系统将出现一种演化的规律和趋势，并形成一种有序的状态。同时，有一种参量控制着系统内各子系统或要素的非线性的长期有序作用，并支配系统向有序演化。

3. 支配要素的行动

宏观可测、内部关联长期有序并不能支持系统内子系统或要素的统一行动，还需要有一种能够反过来支配各子系统或要素行动的力量。序参量来源于系统内各子系统或要素之间的竞争与协同，一旦形成序参量，它就开始支配这些子系统和要素的行动。此时，如果从系统外部来观察，有一种力量主导着系统的演化，这种力量就是序参量的第三个特征所体现的。能够支配系统内的要素行动是序参量的重要特征。

5.1.1.2 国防专利技术转移系统的序参量

国防专利技术转移系统作为国家技术转移系统的一个组成部分，其自组织运行状态就是系统内的技术供体与技术受体在系统动力机制的作用和引导下，实现自发地有序地转移。国防专利技术转移系统的演化和发展一方面需要考虑系统内部各要素主体转移动力的实质利益需求，另一方面还需要通过系统能够自适应外部环境的要求，并充分利用外部环境带来的助动力推动转移系统结构的自组织演化。要寻找系统的序参量,首先要厘清系统内各子系统和要素之间发生作用的方式,并从系统整体上探寻影响系统运行的变量,在对影响宏观运行的变量基础上,根据序参量的定义和特征,确定系统的序参量。根据对国防专利技术转移动力源分析可知,影响国防专利技术转移发展演化的变量有很多,例如:国防专利的解密机制,中介服务体系的建设与完善,用于专利技术二次开发的资金投入,转移过程的专业化管理能力,国防专利自身的属性,如技术成熟度、专利的后续开发能力、专利技术的生命周期、专利技术的核心程度,还有关于国防技术转移的法规政策、对国防技术转移的工作定向等。然而,根据协同学关于序参量的定义和描述以及国防专利技术转移动力源的特征,本书分析认为,国防专利技术转移能力和创新价值是对国防专利技术转移系统宏观运行产生影响和作用的主要参量并主导系统演化。其中,技术转移能力是系统从无序向低阶有序演化的序参量,本书简称其为转移能力,创新价值是系统由低阶有序向高阶有序演化的序参量。

1. 低阶有序的序参量——技术转移能力

(1) 转移能力是一个宏观变量。专利技术转移能力是指国防技术供体向技术受体转移专利的能力,包括自行转化、转让与许可等转移方式。由技术供体提供的国防专利技术的属性(包括专利的技术成熟度、专利的后续开发能力、专利技术的生命周期、专利技术的核心程度)、技术受体引进和吸收国防专利的能力、技术信息获取能力、用于专利技术二次开发的技术能力和资金投入、转移过程的专业管理能力水平、转移中介服务体系的配套完善以及国家关于国防技术转移的相关法规政策等因素综合决定,也与国家关于国防和经济建设统筹的相关发展战略规划以及民营生产企业的自身发展等因素有关。因此,技术转移能力并不是对系统中某个子系统所独有,也不是对某一个单个要素的度量,更不是子系统或系统构成要素自身转移能力的简单叠加,而是各子系统和要素相互作用合成所表现出的综合能力。

(2) 技术转移能力体现了系统内部要素之间的有序性。根据国防专利技术转移动力源可知,外力内生化是系统重要的动力特征。技术转移能力的形成不是靠外界力量干预,而是要素本身具有的一种转移或引进国防专利的能力。同时技术供体向外转移国防专利的行为与技术受体引进国防专利的行为将产生相互作用,二者围绕实现转移目标形成一种宏观上的有序行动。技术转移能力正是在宏观上对这种集体有序行动的外部观察与衡量指标。技术供体与技术受体之间长期的非线性关联形成的集体有序导致系统技术转移能力的形成;反之,系统转移能力的好坏直接支配着系统整体运行。技术转移能力是国防专利技术转移外力内生化动力特征的综合反映,也是对系统内技术供体与技术受体相互影响和作用的宏观有序的观测指标。

(3) 技术转移能力支配国防专利技术转移系统内各要素的行动。根据上面对国防专利技术转移动力源的分析可知,利益主导是技术供体与技术受体在国防专利转移行为模式的关键,反映了技术供体与技术受体的行为模式。在该模式下,技术供体与技术受体围绕技术转移活动产生的相互影响和作用致使技术转移能力形成。一旦系统的技术转移能力形成,通过序参量的使役原理,技术转移能力就反过来支配系统内技术供体与技术受体的集体行动。技术转移能力是对这一集体行动模式的宏观度量。此外,国防专利技术转移系统演化都是以推动技术供体和技术受体积极转移专利技术为根本出发点的,例如,军民技术转移鼓励政策、国防专利价值评估体系、技术转移信贷融资体系以及技术转移风险机制的完善等,都是围绕促进国防专利技术向民用领域转移而展开的。技术转移能力起到促使国防专利技术供体与技术受体向有序化和有结构的方向发展。技术转移能力指示系统内各要素的有序行动和方向,其最终结果是引导国防专利技术转移系统从无序走向有序。

2. 高阶有序的序参量——创新价值

根据国防专利技术转移动力源分析,低阶有序呈现出利益主导性的动力特征,但在利益主导的基础上,仍然起着主宰国防专利技术转移系统整体向高阶演化的序参量呈现出明显的创新驱动特征,此外创新价值成为国防专利技术转移系统的另一序参量。

(1) 创新价值是一个宏观变量。根据国防专利技术转移动力特征可知,利益主导性是技术供体与技术受体围绕转移目标相互作用的动力特征,体现转移主体短期行为模式;而创新驱动则是在利益主导性的基础上,支配系统内技术供体与技术受体进一步发生作用和相互影响的重要动力特征。因此,将创新的概念引入到第二阶段的序参量。此外,将价值的概念引入到系统演化第二阶段的序参量,有其科学的经济学意义。根据经济学对价值的定义,从技术供体角度看,价值体现着技术供体通过转移国防专利所得到期望效用与其不转移带来的经济损失之差。同理,从技术受体角度看,价值体现着技术受体通过引进国防专利所得到的期望效用与其不转移带来的经济损失之差。创新价值的中心思想是创新与价值概念的有机结合,它反映创新过程中价值的转移和创造,其中心思想是创新主体通过一系列的价值活动来实现价值增值。对国防专利技术转移系统来说,创新价值是指通过国防专利技术转移或引进,与不转移或引进相比,对转移主体创新活动带来的价值增值。创新价值不是对转移系统中某个子系统所独有,也不是某一个要素的度量,它是对系统内所有子系统和要素在通过技术转移,在各自创新活动中实现价值增值的总的度量,是表征国防专利技术转移系统内各要素通过技术转移实现创新价值增值的宏观参量。

(2)创新价值体现着系统高阶演化的有序性。技术转移能力体现了国防专利技术转移内各要素低阶有序,是对系统内技术供体与技术受体之间相互竞争、协同"涌现"出的整体趋势。而创新价值是系统在技术转移能力的支配的低阶有序演化过程中,逐渐形成的由技术供体与技术受体及其要素共同遵循的新的目标准则,是对系统高阶有序的指示与衡量。创新价值的形成建立在系统的技术转移能力的基础之上,是对各子系统和要素相互竞争、协同,并基于利益驱动实现转移价值的升级,具有导向性。从国防专利技术转移的动力源分析可知,利益主导性是技术供体和技术受体在转移或引进国防专利过程中表现出的动力特征,但是从各主体要素整体的价值追求来看,通过技术转移或引进实现创新价值的增值才是其行为的最终动机,并对系统的整体运行产生深刻的影响。如何说技术转移能力是技术供体子系统与技术受体子系统的短期行为准则,那么创新价值就是主导技术供体子系统与技术受体子系统及其各要素的长期行为准则,并决定了技术供体与技术受体的价值取向。创新价值的高低能够用来衡量国防专利技术转移系统运行的质量和水平,是对技术供体与技术受体在技术转移能力支配有序运行的基础上向更高阶有序演化的度量。

(3)创新价值支配国防专利技术转移系统内各要素的行为。创新价值的形成是系统内各子系统和要素相互竞争、合作的结果;反之,创新价值同时支配着系统内各要素的转移行为。但这一过程不是短期内可以实现的。在系统由技术转移能力的序参量向创新价值支配系统的演化过程中,系统的外部环境也会不断影响着系统的整体运行。当外界对系统的输入及其作用达到临界状态时,此时国防专利技术转移系统将失稳,呈现出由新的序参量主导系统演化的有序态。新的序参量创新价值一旦形成便与技术转移能力共享支配系统内各子系统和要素的行为,并使国防专利技术转移系统失稳而向更高的稳定有序结构跃变。

综上所述,本书认为技术转移能力和创新价值是国防专利技术转移系统的序参量。需要说明的是,技术转移能力和创新价值在系统演化中的作用阶段不同。在国防专利技术转移系统自组织运行前期,系统内各要素主体对技术转移能力追求和培育是系统的主要特征。在技术转移能力对系统整体行为的主导下,技术供体与技术受体之间产生正向协同效应,并在技术转移能力的支配作用下进一步放大其非线性作用,一种整体的合力随之生成。一旦技术转移能力给各要素主要创造的价值远远大于利益预期,系统临界被打破,技术转移能力支配技术供体子系统和技术受体子系统的转移活动,引导系统向高阶有序演化。在国防专利技术转移系统演化的高阶有序阶段,系统从无序和低阶有序的演化过程中,积累了一定技术转移能力,并在此基础上以自身的存在来能动地与外界环境相适应,并能动地与之互动。此时,创新价值形成,并与技术转移能力共同支配系统向更高阶有序态演化。

5.1.2 国防专利技术转移系统序参量方程构建及稳定性分析

5.1.2.1 运用突变论构建国防专利技术转移系统序参量方程的内在依据

协同学处理问题的基本思想是,将一个高维的非线性问题用一组维数很低的非线性方程来描述,这个方程就是序参量方程,它控制着系统在临界点附近的动力学行为。运用协同学原理预测并把握系统宏观结构的产生和演化途径就是构建序参量方程。构建序参量方程有很多方法,其中突变论被认为是协同学中重要的数理工具。但是运用突变论构建序参量方程的前提是,所研究的对象必须是一个有势系统。国防专利技术转移系统就是一个典型的有势系统。国防专利技术转移系统有势的性质主要体现在其存在明显的技术梯度。技术梯度的积极意义表现在处于梯度上下两侧的落差,而这一落差正是构成系统势能的原因。落差一是指主体间相互需求的强度,二是指不同梯度间的距离。通常来讲,存在落差即存在"势能"。

运用技术转移理论中的梯度落差理论并结合国防专利的特点,本书认为,国防专利技术转移技术梯度落差主要体现在以下两个方面:一是社会(民用领域)对国防技术(以武器装备技术为牵引)具有迫切需要,这是社会需求对国防技术供给矛盾运行的必然结果。从宏观经济学分析,目前制约我国经济增长的速度并不是需求不旺,而是技术创新供给不足。以自主知识产权为特征的国防专利技术正是满足全社会对高技术产品需求的有效供给,然而目前国防专利技术还未释放出其潜在的技术价值和经济价值。二是国防专利技术转移主体之间客观上存在梯度距离。以国防和武器装备建设发展为牵引的国防科技工业高新技术成果代表了梯度中的先进技术。而民用科研生产企业由于受到市场壁垒、规模经济、巨额研发投入等客观条件的限制几乎不可能依靠自身来开发类似技术,即使存在这样的技术,也是在相应技术领域处于低位梯度的中间技术或传统技术。国防专利技术面向武器装备建设特定需求并受装备需求牵引,是装备科研生产的结果,其产生的专利技术在民用领域的同类行业具有不可替代性。因此,国防专利技术转移主体间无论在需求强度上还是在技术生成模式上都存在技术梯度落差,而且这种落差越大,势能就越大。因此,本书运用突变化构建国防专利技术系统序参量方程。

5.1.2.2 国防专利技术转移系统序参量方程

国防专利技术转移系统将技术本体、技术供体、技术受体以及技术环境要素等各种功能不同的子系统合成为一个密切协同的有机整体,表现在系统运行上就是在国防专利技术梯度落差的条件下,通过子系统间的利益耦合作用,实现各要素追求利益与促进系统整体转移水平的有机结合,并体现出各子系统以及要素单元功能耦合的整体性。技术供体与技术受体都具有一种相互吸引的力与相互推动的力。这一动力是双向的,而非单向的,是处于不同梯度的技术供体与技术受体之间相关利益的耦合,相关利益越多,耦合的可能性就越大,产生的势能就越强,相互提供的技术转移机会也就越多。因此,从系统的宏观行为来看,转移能力由子系统之间的梯度落差以及其利益耦合度两个因素决定。梯度落差是国防专利技术转移存在的条件,利益耦合度则反映了子系统或要素在转移过程中运行的协调程度,较高的利益耦合度能够保证各子系统为系统产生最大的转移动能。因此,转移能力的产生是技术梯度落差和技术供体与受体之间利益耦合共同作用的结果。

综上分析,本书确定国防专利技术转移系统的控制变量为军民技术梯度落差 u,技术供体与技术受体之间的利益耦合度 v 为控制变量,而将国防专利技术转移系统的序参量技术转移能力定义为系统的状态变量 x。

常用的突变论初等变换类型及其势函数方程如表 1-4 所列。其中,x、y 为状态变量;u、v、w、t 为控制变量。根据定义的国防专利技术转移系统的控制

第5章 国防专利技术转移自组织运行规律及动力机理

变量与状态变量的个数,本书选择尖点突变模型作为国防专利技术转移系统的势函数。根据表1-4,尖点突变模型的势函数为

$$V(x) = x^4 + ux^2 + vx \tag{5-1}$$

式(5-1)即为本书运用突变论的基本类型变换找到的国防专利技术转移系统状态变量与控制变量之间的函数关系。根据上文定义,国防专利技术转移系统的控制变量——军民技术梯度落差为 u,另一控制变量——技术供体与技术受体的利益耦合度为 v,而系统的状态变量——技术转移能力为 x。根据微分方程的稳定性原理,方程的稳定状态由其稳定条件所决定的。方程的稳定性要求其排除一切可能的干扰因素,如果有一次偶然的干扰,必然使系统失去稳定状态,而走向另一种稳定状态。因此,仅找到国防专利技术转移系统状态变量与控制变量的关系还不能说明系统是否处于稳定态。还需要借助稳定性理论进一步探求序参量方程的稳定性。根据稳定性理论,系统的稳定状态必定是一个状态函数的极值点。而极值点必定是使该状态函数导数为零的驻点,也就是说,系统的稳定状态都存在于令该状态函数的导数等于零所形成的方程解的集合之中。通过稳定性理论可知,正是通过分析系统状态变量即序参量技术转移能力作为自变量的函数稳定性,即可得到系统从非稳定态演化到另一稳定态的序参量方程。因此,对国防专利技术转移系统势函数即状态函数式(5-1)求导,得到国防专利技术转移系统序参量方程为

$$\frac{\partial x}{\partial t} = -4x^3 - 2ux - v \tag{5-2}$$

式(5-2)描述了国防专利系统序参量——技术转移能力与控制变量军民技术梯度落差以及技术供体与技术受体之间利益耦合度的稳定态关系。从式(5-2)可以看出,国防专利技术转移序参量方程是一个非线性方程,其中方程左边代表了国防专利技术转移系统随时间的演化状态,右边则反映了国防专利技术转移演化受状态变量技术转移能力和控制变量军民技术落差与利益耦合度的非线性作用。它们之间的非线性作用使系统向着有序的方向演化,在演化的过程中,技术供体与技术受体形成长期的关联,并从整体上涌现出系统的集体行为。

5.1.2.3 国防专利技术转移系统序参量演化稳定性

协同学的伺服原理认为序参量在系统演化过程中起着双重作用:一是子系统在运行过程中的协同作用产生了序参量;二是序参量又反过来支配子系

统,子系统伺服序参量,并通过自组织确保了系统的宏观结构。序参量支配系统宏观结构及其演化途径的作用过程就是通过分析序参量方程的解的稳定性得到的,并通过方程的解和分歧点集所构成的几何图形分析序参量演化的稳定性。

根据建立的国防专利技术转移系统序参量方程,即式(5-2),令 $V'(x)=0$,得

$$4x^3+2ux+v=0 \qquad (5-3)$$

式(5-3)是由国防专利技术转移系统所有的临界点集合而成的平衡曲面 M。由于式(5-3)是一个三次式,它或有 1 个实根,或者有 3 个实根,实根的数目由判别式 $\Delta=8u^3+27v^2$ 决定。若 $\Delta\leq 0$,则有 3 个实根,否则只有 1 个实根。除非 $\Delta=0$,根各不相同。而 $\Delta=0$ 时,若 $u,v\neq 0$,两个根相同;若 $u=v=0$,则所有两个根都相同。这说明 $\Delta<0$ 时,V 有两个极小值,一个极大值,即两个稳定的平衡点。$\Delta>0$ 时,V 只有一个平衡点。而 $\Delta=0$ 时,就是状态发生变化的地方。也就是说,若控制变量满足 $\Delta>0$ 时,国防专利技术转移系统处于稳定状态;若控制变量满足 $\Delta\leq 0$,则国防专利技术转移系统会发生突变现象,即系统由稳定趋向振荡、错位、混乱直至陷于崩溃。

令 $V''(x)=0$,得平衡曲面 M 的奇点集:

$$12x^2+2u=0 \qquad (5-4)$$

由式(5-3)和式(5-4),消去 x,可得国防专利技术转移突变模型的分歧集方程:

$$8u^3+27v^2=0 \qquad (5-5)$$

国防专利技术转移系统的突变模型如图 5-1 所示。图 5-1 中,由控制变量 u、v 以及状态变量 x 共同构成一个三维立体空间,其中曲面 Q' 是一个折叠的曲面,水平轴 OM 及 ON 分别表示系统的梯度落差 u 和利益耦合度 v,并构成系统的控制曲面。系统的行为变化由折叠曲面 Q' 表示,即状态曲面。曲面上的每一个点表示在一定的技术梯度落差和利益耦合条件下国防专利技术转移能力的大小,即相点必定总是位于曲面上,如果落在曲面终止的边缘上,则其必定跳跃到另一叶上,从而引起状态变量 x 的突变。尖点突变模型的分歧点集方程如式(5-5)所示,即折叠曲面上的折痕对应于 u、v 平面上的投影。

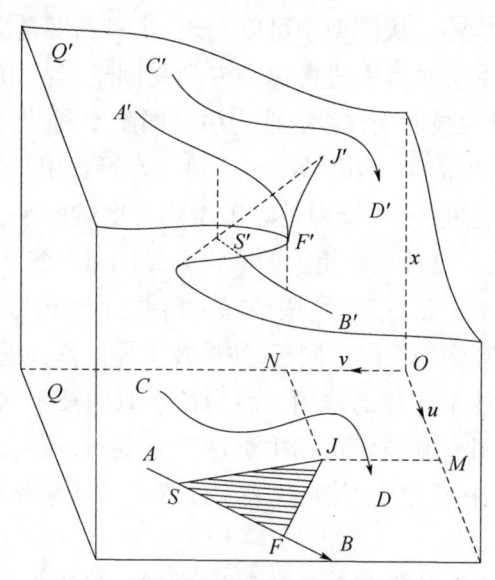

第5章 国防专利技术转移自组织运行规律及动力机理

图 5-1 国防专利技术转移系统的突变模型

从图 5-1 中可以看出,在控制变量变化的范围内,如当技术梯度 u 与利益耦合度 v,沿着 CD 曲线绕过折叠区,则在曲面 Q' 上的就沿着 $C'D'$ 平滑连续的变化,不会出现转移能力的突变,这是系统的渐变现象。而在特定情况下,如当技术梯度 u 与利益耦合度 v,沿着 AB 方向连续变化,可以看到在相应的状态曲面上,系统的转移能力沿曲线 $A'F'B'$ 变化,在折叠的边缘 F' 附近,将是系统发生突变的临界点。同时,梯度落差与利益耦合度沿 BA 的方向变化时,技术转移能力在 $B'S'$ 连续升高,直到边缘 S',稳定连续中断,技术转移能力水平跃升到顶叶,又一次突变发生。因此,在同一梯度落差和利益耦合度条件下,系统的转移能力可能有两个不同的值,表现出转移成功和转移失败两种结果。这就是为什么在相同的条件下,许多技术转移活动会产生完全不同的结果,一种结果可能是成功转移,另一种结果则可能以失败告终。

此外,从图 5-1 中可以看出,如果梯度落差 u 和利益耦合度 v 都不能达到 OM 和 ON 值,突变不可能形成。只有当技术梯度落差和利益耦合度都超过阈值时,系统才可能有较好的转移能力,即产生发生转移能力突变的可能。平面 Q 中的 SFJ 区域显示了技术梯度落差、利益耦合度以及转移能力的最佳比例。

根据突变模型,从控制变量技术梯度落差和利益耦合度入手,并结合国防专利技术转移活动实践,分析国防专利技术转移系统序参量的稳定性。

(1) 技术梯度落差。从模型中可以发现,代表梯度落差的 u 也并不是越大越好。技术受体由于对其引进的国防专利受制于产品市场需求,如果技术梯度落差太大,将导致技术受体没有能力引进国防专利,即使专利的技术含量再高、具有再好的市场前景,但巨额的转让费或许可费用只能使技术受体对国防专利望而却步。更进一步,特别是对于需要大型试验平台验证的相关专利技术来说,也会使技术受体面临更大的二次开发困难和投入风险,包括高额资金投放和技术人力资源投入等,这些由梯度落差过大形成的效应将影响序参量偏离有可能发生突变的方向。同理,如果技术梯度落差过小,则国防专利技术就发挥不出吸引技术受体的作用。因为在相似的技术水平条件下,技术受体会更倾向于从民用专利技术市场中引进普通专利,从而使得国防专利失去技术需求市场,反映在模型中,就是代表梯度落差的 u 始终徘徊在底平面上的小四边形 $OMJN$ 内。

(2) 利益耦合度。从模型中可以看出,在转移过程中,技术供体与技术受体之间的利益耦合度也应该保持在一定的范围内。如果耦合度太低,转移双方不容易达成转移协议,特别是技术受体,其对专利经济利益最大化的要求比技术供体更为强烈,在不具备利益耦合度的条件下,一般不会选择引进和吸收国防专利,使得控制变量始终达不到阈值,从而也不可能引起序参量的突变。同样地,如果转移双方过于注重利益耦合,技术供体只考虑追求高额的转移费用向外转移技术,而忽略技术受体引进专利后的产业化、商品化面临的不确定性因素,也会给技术受体带来较大的转移风险,在控制变量的作用下使得序参量由顶叶跃变到底叶,成为不利的灾难性突变,最终导致转移以失败告终。

5.1.2.4 国防专利技术转移系统序参量演化途径

通过序参量方程及其稳定性分析可知,国防专利技术转移系统演化具有多样性,主要体现在经过临界区域的演化途径、间断性演化途径以及渐近的演化途径。

1. 经过临界区域的演化途径

关于经过临界区域的演化途径,如图 5-1 中控制变量围绕 SFJ 附近的运动,系统所面临的演化结果最丰富也最复杂,其可能性难以预料,一点小的激励就可能导致大的涨落。这些涨落因素是系统向有序方向演化的内部诱因,国防专利技术转移能力的突变正是这种涨落放大的结果。因此,应激励系统演化可能发生突变的控制变量,使这些微涨落逐渐被放大,从而引起序参量的形成。在转移实践中,应积极创造条件使国防技术梯度落差尽量保持在一定的范围。若技术落差太小,则国防专利技术就发挥不出吸引技术受体的作用。因为在相似的技术水平条件下,技术受体会更倾向于从普通专利中引进技术,从而使得国防专利失去专利市场;如果技术落差过大,将导致技术受体没有能力引进国防专利。即使国防专利拥有较高技术核心程度,但巨额的转让费或许可费用只能迫使技术受体放弃对国防专利的引进。此外,对于需要大型试验平台验证的相关专利可能使技术受体面临更大的二次开发困难和投入风险,包括资金投放和人力投入等,这些由梯度落差过大形成的效应将影响序参量偏离产生突变的方向。

2. 间断性演化途径

关于间断性演化途径,如图 5-1 中控制变量沿 AB 方向或其反方向运动,有非常明显的起伏,这一期间的演化途径一般可以预测。因此,在该种演化途径中,应充分发挥序参量决定系统演化的积极作用,使国防专利技术转移系统向着技术转移能力提升的方向演化。按照技术转移能力的支配作用,国防专利技术供体子系统和受体子系统将积极地向系统内注入负熵流,包括资金、人力、信息等能量,调动起系统内各个要素的活力,使整个系统始终处于活跃状态,维持系统形成涨落的基础条件。在转移活动实践中,政府、军队等相关主管部门,作为国防专利技术转移宏观战略推进的主导者,当系统处于无序状态时,要从宏观上对国防专利技术向民用领域转移的整个发展情况进行分析,及时发现及掌握"序参量",使其发挥关键作用。如通过各军工集团公司附属研究院所向民用领域转移专利的统计情况作分析,对其中转移过程遇到的障碍和问题作出分析和判断,并找到转移过程中的"序参量",并通过序参量来控制整个系统,实现无序状态向有序状态的转变。当系统处于有序的状态时,政府、军队等相关主管部门,作为国防专利技术转移宏观战略规划的主导者,也要时刻对国防专利技术转移市场进行宏观上的规范和控制,能够及时并准确地掌握各类国防专利转移活动的情况变化,及时对转移成功的案例进行分析,不能被表面现象所迷惑,防止在转移过程中国防科技资源的流失以及对技术供体和受体双方造成政治或经济上的损害。

3. 渐近的演化途径

渐近的演化途径是一种渐变过程。在大多数情况下,转移能力是一种渐变的过程,而在特定情况下,转移能力才会发生突变。转移能力突变在梯度落差存在的条件下,受利益耦合作用影响非常明显。如果耦合度太低,转移双方不容易达成转移协议,特别是技术受体,其对专利经济利益最大化的要求比技术供体更为强烈,在不具备利益耦合度的条件下,一般不会选择引进和吸收国防专利,使得控制变量始终达不到阈值,从而也不可能引起序参量的突变。另外,利益耦合度如果过高,会使导致系统内各要素在后续开发和应用上面临更多的不确定性因素,造成系统整体面临塌陷的风险。在过高的利益耦合驱使下系统会出现很大的波动,例如,利用军工体现内部封闭的特点对国防专利技术信息进行寻租,为过分追求国防专利的商业价值所面临的二次开发的失败、中试环节受到资金和技术限制被迫放弃、生产技术不能够满足批量生产要求导致产品成本过高以及产业化时间过长等。这些波动都可能使系统的构成要素发生灾难性突变。因此,把握好国防专利技术转移系统的渐变与突变过程,并在引导建设性突变的同时防止灾难性突变对于宏观上指导国防专利技术转移建设具有重要的现实意义。

5.2 国防专利技术转移系统序参量与动力机制逻辑分析

5.2.1 国防专利技术转移系统序参量与动力机制的关系

研究国防专利技术转移自组织运行规律是为了进一步探索系统序参量对动力机制的作用。因此,应通过分析系统序参量的演化过程,厘清其与动力机制的关系及其对动力机制的作用。

根据上文对国防专利技术转移序参量方程的稳定性分析可以得出,国防专利技术转移系统的自组织演化分为三种途径:一是经过临界区域的演化途径;二是间断性演化途径;三是渐进的演化路径,即渐变。然而,由于经过临界区域的演化最终会随着时间的推移选择突变或渐变,从时间的维度并立足于系统整体的发展趋势和走向来看,国防专利技术转移系统演化从本质上可以归结为两种路径。

第一种路径:当 $u \leq M$ 且 $v \leq N$ 时,即控制变量在底平面的 $OMJN$ 范围内运行,此时技术供体子系统与技术受体子系统的运行路径代表了国防专利技术转移系统进入稳定态,国防专利技术转移系统内部各子系统和要素之间的非

第5章 国防专利技术转移自组织运行规律及动力机理

线性控制作用对环境响应的灵敏度较低,并不足以使系统原始状态发生突变,此时序参量还不能形成,国防专利技术转移系统处于低阶的有序状态。

第二种路径:当$u>M$或$v>N$时,即军民技术梯度落差和技术供体与技术受体之间的利益耦合度突破临界值时,国防专利技术转移系统的内部稳定态将被冲破,此时,国防专利技术转移系统内各子系统和要素的非线性作用将达到临界值,并代替系统维持原状态的的控制力量。国防专利技术转移突变正是形成于军民技术梯度落差与利益耦合度处于底平面SFJ三角形区域内的时刻。

在第二种演化路径中,即系统处于突变区域时,由于系统运行机制的非线性控制作用,系统可能出现两种演化阶段。一是向高阶有序态演化。国防专利技术转移系统内部技术供体子系统与技术受体子系统之间的非线性作用被得到放大并产生一种驱使系统内部要素之间的协同效应,推动系统的整体功能涌现。通过这种非线性作用,技术供体和技术受体通过转移或引进国防专利得到的利益远远大于技术供体不转移以及技术受体不引进时的价值。序参量的演化沿着$B'S'$的方向,即图5-1中Q'的左上方途径进行,形成高阶的有序态。二是向低阶有序态演化。国防专利技术转移系统的演化根据技术供体子系统与技术受体子系统之间的非线性作用既可以驱使其向正向协同方向发展,还可能驱使系统向反向协同方向演化。其中,控制系统协同演化方向的关键点在于技术供体子系统与技术受体子系统围绕技术转移目标的行为的一致性。由于技术转移过程是一个开放的自组织系统,其在运行过程中,受到系统外部环境的影响。这种影响将进一步影响到系统内部子系统和要素的行为,从而影响到技术供体与技术受体之间的协同关系。如果这种影响是破坏性的、消极的,则维持二者原有的长期关系将被打破。这种长期形成的关联一旦受到干扰,就会给国防专利技术转移系统的整体运行带来破坏。此时,技术供体的转移行为与技术受体的行为也随之改变,因为技术供体选择转移国防专利或技术受体选择引进国防专利为其带来的价值要小于不转移或不引进时的价值。按照这种演化趋势,技术转移能力将沿着$A'F'$方向,即图5-1中右侧下方途径进行。国防专利技术转移系统突变演化阶段示意图如图5-2所示。

综上分析,决定国防专利技术转移演化的控制力量来源于两个方面:一种是国防专利技术转移系统内技术供体子系统与技术受体子系统之间围绕转移

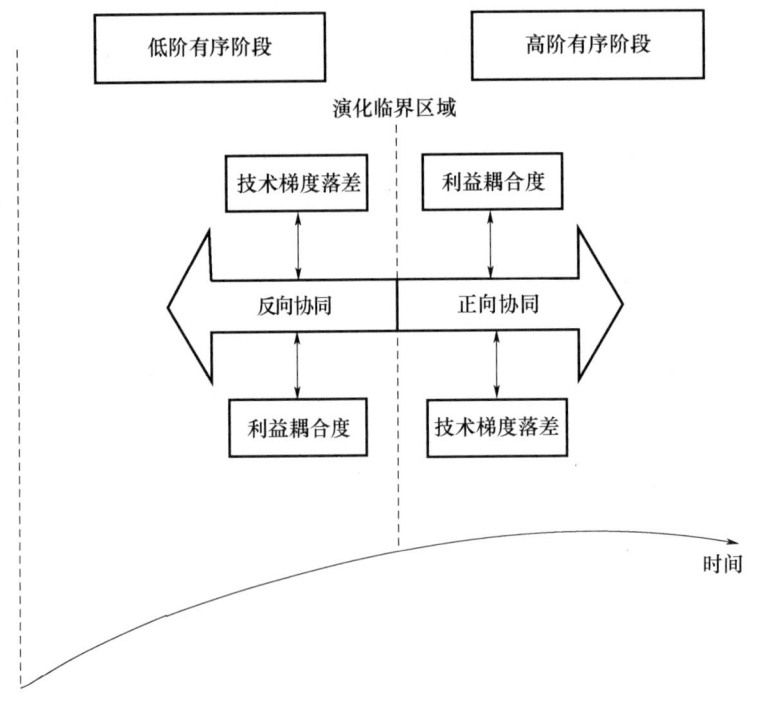

图 5-2 国防专利技术转移系统突变演化阶段

目标实现的非线性控制力量;另一种力量是国防专利技术转移系统自有的维持稳定状态的力量。其中,前者就是国防专利技术转移动力机制作用形成的引导力量;后者是国防专利技术转移系统的自稳力量。国防专利技术转移系统的序参量形成于技术供体与技术受体之间的协同作用,是军民技术落差和技术供体与技术受体之间利益耦合共同作用的结果,且仅当国防专利技术转移系统动力机制的力量大于其自稳力量时,技术转移能力和创新价值才会形成,从而使系统从无序向低阶有序演化,再由低阶有序向高阶有序的状态演化。因此,序参量正是推动国防专利技术转移系统演化的重要内因,国防专利技术转移动力机制设计的目的就是用来推动技术转移能力和创新价值的形成。

5.2.2 国防专利技术转移系统动力机制的功能

国防专利技术转移动力机制是推动国防专利技术转移系统由无序向有序态演化的重要内因。国防专利技术转移动力机制的主要作用是打破系统临界

第5章　国防专利技术转移自组织运行规律及动力机理

状态,推动技术转移能力和创新价值的形成,并进一步引导系统进入自组织运行的有序状态。因此,需要进一步研究技术转移能力对国防专利技术转移系统的使役作用,即推动序参量对国防专利技术转移系统内各子系统和要素的支配作用。具体的动力路径也应基于放大技术转移能力推动技术供体子系统与技术受体子系统正向协同而设计。

国防专利技术转移系统动力机制的功能包括以下三个方面。

1. 驱动国防专利技术转移系统的日常运行

从以上分析可知,国防专利技术转移动力机制需要调动系统内部与外部所有可利用的资源并根据系统的自适应性向系统内输入负熵流。这种动力机制能够使外部环境适应系统的相关能量根据系统需要及时注入系统内部,并为技术供体子系统和技术受体子系统提供必要的资金、人才、信息等能量,是自组织系统运行的必要条件。此外,当系统内技术供体子系统与技术受体子系统围绕转移活动目标的行为发生偏差时,由于系统通过动力机制的引导力量大于系统的自稳力量,因此动力机制还具有整体上对系统纠偏功能,为在系统与外部环境发生冲突和摩擦时及时将系统带回到有序演化的轨道。因此,国防专利技术动力机制最基本的功能就是维持系统的正常运行。

2. 提升国防专利技术转移的速度和效率

根据前面对国防专利技术转移演化途径的分析可知,国防专利技术转移演化突变包括建设性突变和灾难性突变。在系统动力机制的作用下,技术供体子系统和技术受体子系统可以冲破系统稳定态的临界区域,由渐变的演化途径向突变的途径转变,冲破渐近的转移途径,向建设性突变的方向演化并发展,从而提高系统的转移速率。二是通过在动力机制的作用下,还有助于使始终徘徊在临界区域的技术供体子系统和技术受体子系统尽快向建设性突变转移,从整体上提高国防专利技术转移的效率。

3. 实现国防专利技术转移系统自我进化

国防专利技术转移过程是一个开放的自组织系统。在系统的运行中不免与所处的外部环境发生关系。外部环境的变化是不可控制的,在实践中对国防专利技术转移活动产生影响的外部环境因素,即有政治因素、经济因素、社会因素以及军事因素等。国防专利技术转移系统在运行过程中不断从外部环境获得熵流,包括资金、人才以及信息等。如果环境发生变化,则对系统的输入也会直接或间接地产生影响。此时,如果国防专利技术转移系统不能够随时作出结构上的调整和变化,将对系统产生过重的负担,造成正熵流的输入大于负熵流的输入,破坏系统内部的结构。而动力机制的作用的引导力将通过自组织系统的自耦合反馈作用为国防专利技术转移系统及时纠偏,使系统在受到外部环境的干扰情况下,能够自行调整并维持系统的有序稳定,完善系统自身的适应能力。

5.3 国防专利技术转移系统动力机理

动力机制是推动系统演化的内因之一,而动力机制的设计必然要遵循系统运行的内在动力机理。在遵循国防专利技术转移自组织演化规律的基础上,分析系统自组织运行的使役原理,并剖析国防专利技术转移系统运行的动力阶段,并在运行的动力阶段基础上,通过运用自组织理论中的涨落因素以及自耦合原理,并结合序参量作用,分析国防专利技术转移运行动力生成机理和驱动机理,为下一步动力路径设计提供理论依据。

5.3.1 国防专利技术转移系统运行动力使役原理

根据协同学原理,系统序参量的使役作用体现在对系统内部子系统及各要素的行动支配。因此,在确定国防专利技术转移系统序参量的基础上,应进一步通过序参量的使役作用揭示其对技术供体子系统以及技术受体子系统以及二者之间的行为支配情况。国防专利技术转移系统序参量的使役作用主要体现在对国防专利技术转移运行动力阶段的解释及其对动力机制的建设性作用两个方面。

1. 国防专利技术转移系统运行动力状态

协同学的使役原理认为,系统内各子系统或要素对系统整体的影响由于系统动力运行的阶段不同而存在差异性和非均衡性。由前文对国防专利技术转移系统的演化规律分析可知,国防专利技术转移系统演化接近平衡态时,突变不会产生,此时技术供体子系统和技术受体子系统对国防专利技术转移系统的影响差异性和非均衡性还不能充分体现出来。而在国防专利技术转移系统远离平衡态时,系统内的控制力量对这些差异性和非均衡性的制约作用完全失效,此时,国防专利技术转移系统的差异性与非均衡性即刻显现,在系统演化到突变临界点时,完全涌现。这就是国防专利技术转移系统运行动力阶

第5章　国防专利技术转移自组织运行规律及动力机理

段之间跃变的原因。

根据国防专利技术转移的演化轨迹,在国防专利技术转移系统运行的动力积累阶段,技术供体与受体之间的技术梯度落差、利益耦合强度共同作用,并结合形成推动国防专利技术转移系统内各子系统和要素发生转移合作的临界状态,当技术供体子系统与技术受体子系统之间发生合作、协同行动就形成了技术转移能力,即系统在低阶演化段的序参量应运而生。这是国防专利技术转移系统低阶段演化的规律,也可以说是第一阶段演化的规律。但是根据自组织系统的使役原理,在低阶演化形成的序参量,将随着巨涨落的形成而使系统向更高阶段演化。涨落只有在系统处于非平衡态时才起到触发器的作用,即在临界点发生的涨落最有意义,也是推动系统向高阶演化的主要因素。因此,根据涨落出现的阶段性作用,在国防专利技术转移系统运行的动力涌现阶段,随着序参量技术转移能力的演化,国防专利技术转移系统运行可能出现以下三种状态,如图5-3所示。

一是由于国防专利技术转移产生的交易成本、组织成本以及其他制度性障碍和结构性矛盾等造成由技术转移带来的利益低于转移主体各方的利益预期,转移双方合作弊大于利,技术转移能力不能有效形成,涨落平息,转移活动无法继续持续,如图5-3中动力积累阶段A所示;二是由转移活动为技术供体和技术受体带来的利益等于预期,但不能为转移各主体带来超出预期更多的价值,技术转移能力仍然不能形成,技术转移活动无法持续进行,涨落平息;三是技术转移活动为各主体带来的利益高于预期,即技术供体选择转移国防专利和技术受体选择引进国防专利为其创造的利益比不转移和不引进为其创造更多的价值,此时,序参量技术转移能力对国防专利技术转移系统的支配作用形成,并在使役原理的作用下满足涨落形成的条件,形成巨涨落,如图5-3中动力涌现阶段B所示。随着国防专利技术转移系统的运行动力的进一步发展,新的序参量——创新价值逐渐形成,并与技术转移能力共同支配系统内其他快变量的作用方式,使系统进入高阶有序态,如图5-3的C阶段所示。

2. 使役原理对国防专利技术转移动力机制的建设性作用

通过对上述国防专利技术转移系统使役原理的分析,可以为下一步动力路径设计提供重要的理论依据,并体现在路径设计的总体目标、切入方向以及过渡性安排三个方面。

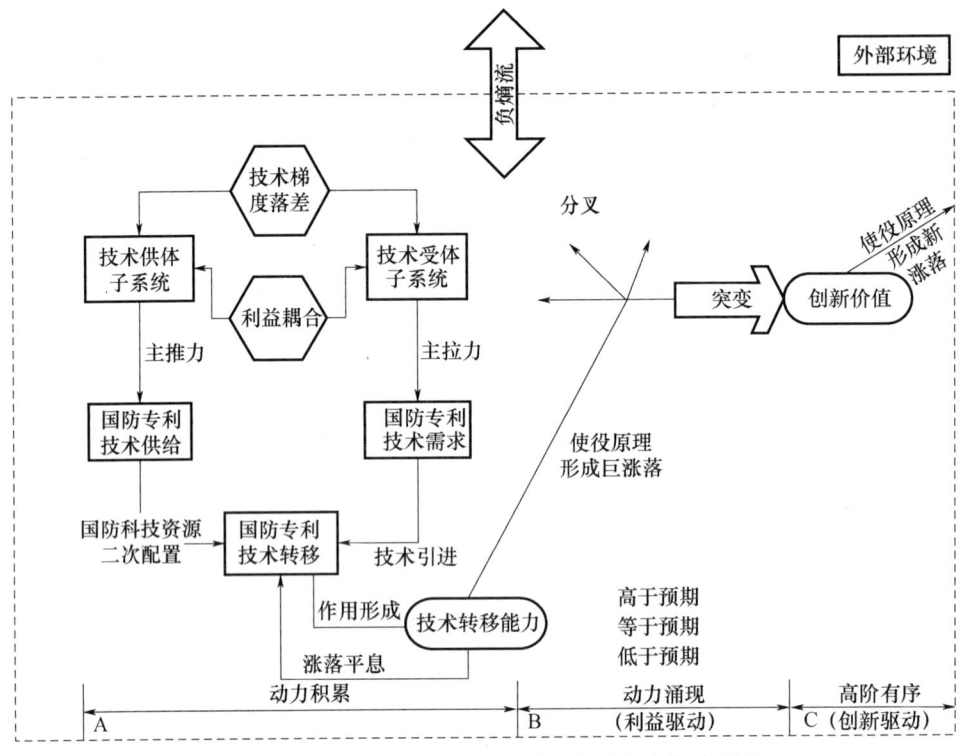

图 5-3 国防专利技术转移系统运行动力阶段示意图

（1）应从缩短技术转移能力和创新价值的形成周期考虑动力路径的总体目标的设定。国防专利技术转移活动可以为技术供体和技术受体创造额外的价值，这些价值既包括直接的经济利益价值，还包括有利于各主体可持续发展的创新价值。然而，这一价值的形成还需要一定的时间，只有当技术转移能力形成，才能支配系统内各要素主体的行为，此时才能保证系统内各子系统和要素实现由技术转移能力形成所创造的新的经济价值。因此，可以说国防专利技术转移系统的演化动力主要在于序参量的支配作用，技术转移能力是系统由无序状态向低阶有序自组织演化的最终动力因素。更进一步，如果要为系统内各要素创造出更有利于其长远目标实现的创新价值，则还需要系统向更高阶段演化，并在新的序参量下，即创新价值支配系统的运行。系统由低阶向高阶演化需要一定的时间，主要用于维持已经形成的技术转移能力，并保持其控制其他快变量的作用方式，这样才有可能形成新的巨涨落，推动新的序参量，即创新价值的形成，从而使创新价值支配系统向更高阶的有序态演化。因此,不论国防专利技术转移系统由无序向基于利益驱动的低阶有序演化还是由低阶有序向基于创新驱动的高阶有序演化,在动力路径安排时都需要尽量缩短技术转移能力和创新价值的形成周期,从而进一步加快系统的演化速度。

(2) 应从系统内部环境建设考虑路径设计的切入方向。由第4章国防专利技术转移动力源分析可知,国防专利技术转移的动力源具有外力内生化的特征。此外,国防专利技术转移自组织运行的规律表明,系统自组织运行的动力主要来源于系统内部,因此,在下一步动力路径设计时,应从利益主导特征入手,并充分利用子系统之间以及要素之间的利益耦合作用,使外力内生化,为满足技术供体表现在其转移动力的本质需求设计具体的路径安排,技术受体亦然,为其引进国防专利的需求创造必要的条件和内部环境改善。因此,应充分调动起技术供体和技术受体的利益耦合关系,为双方耦合生成创造条件,保证路径设计切入方向的准确性和科学性。

(3) 应遵循演化阶段规律和运行动力状态特征考虑动力路径的过渡性安排。上述国防专利技术转移系统的使役分析可知,系统演化的动力是按阶段进行的。系统的演化过程需要经历从无序向低阶有序,又从低阶有序向高阶有序两个阶段。对于国防专利技术转移系统而言,根据上述演化动力的阶段划分,系统在低阶有序时,主要体现出利益驱动的动力阶段特征,在高阶有序时,重要体现出创新驱动的阶段特征。因此,在下一步国防专利技术转移动力路径安排时,也要遵循演化阶段规律和运行动力状态特征,并根据各要素主体动力源和动力特征设计不同的路径内容,保证路径设计遵循阶段性和渐进性演化规律。

5.3.2 国防专利技术转移系统运行动力生成机理

根据自组织系统运行动力的阶段性特征,系统运行动力分为生成和驱动两个部分,各部分的运行机理也不相同。为此,本节通过运用自组织理论中的涨落项的分析来研究国防专利技术转移系统运行的生成机理,运用控制论中的自耦合理论分析其驱动机理,以期为下一步动力路径设计提供重要的理论依据和分析框架。

1. 国防专利技术转移系统的涨落及其形成条件

根据自组织理念,系统的涨落是指在系统运行过程中,任意时刻的实际宏观参量与其内部各参量的平均值之间的偏离。由于系统实际宏观参量并不总是与其内部的平均值相等,因此涨落是客观存在的。然而对涨落的预测不是自组织理论关注的问题,涨落的意义更多地在于其出现的阶段。为此,本书将重点运用涨落出现的阶段作用性发挥来揭示国防专利技术转移系统运行动力的生成机理。涨落是耗散结构出现的触发器,与自然系统一样,经济社会系统的涨落在不同情况下所起的作用是不同的。涨落发生作用需要三个条件。第一个条件是系统是否处于稳定态。如果系统处于稳定态,此时的涨落可以忽略不计。第二个条件是子系统的数量是否过多。如果系统内包含的子系统数过多,则涨落的作用仍然可以忽略不计。三是系统是否远离平衡态。如果系统接近平衡态,则涨落的作用也可以忽略不计,只有当系统远离平衡态时,涨落才发挥其作用。此外,自组织系统一般都具有非线性特征,这种非线性特征对涨落的影响是两方面的。对于负面的涨落,非线性作用将放大其效应,对系统产生破坏;对于正面的涨落,非线性作用也将放大其效应,并使子系统和要素之间产生正向协同效应,推动系统发生突变。因此,涨落对系统结构的变化有重要的影响,非线性作用也是涨落发挥作用的重要前提。由于国防专利技术转移系统只包括两个子系统,涨落对于系统的影响作用就更加不可以忽视。关于系统非线性的自组织特征,本书在第3章中的国防专利技术转移系统自组织条件中已作分析,这里不再赘述。

如图5-3所示,当国防专利技术转移系统处于动力分支点前,即动力积累阶段,涨落起着破坏系统稳定的干扰作用。但此时系统处于相对稳定的状态,外界环境的刺激以及系统内部要素的关系作用导致小波动不会对系统产生影响。此时的涨落项可能包括国防专利技术转移过程中解密与转移的脱节、中试环节、现场应用后续环节的失败、二次开发能力高低的波动以及企业生产需求和潜在市场需求的波动等。这些涨落是系统自身产生的内部涨落,尽管这些涨落在技术转移系统运行过程中客观存在,但如果是处于系统运行的动力积累阶段,也不会对系统的演化产生刺激作用。当国防专利技术转移系统处于分支点(图中 B 点)时,涨落远离系统平衡态,此时再加上国防专利技术转移系统的非线性作用,涨落即刻被得到刺激,巨涨落形成。通过第4章动力源分析,包括由系统外部环境生成的助动力,位于系统分支点,即 B 点的涨落项可能包括:国防专利技术解密制度的根本性改变、军民技术转移政策的重大调整以及军民融合发展战略的实质性推动等。这些由外界环境引进的外部涨落如果发生在系统运行的动力涌现阶段,将对系统演化产生重要的触发器作用,推动国防专利技术转移系统演化。

2. 国防专利技术转移系统涨落与序参量的关系

涨落与序参量之间存在一定的依存与联系,特定条件下可以相互转换。如在低阶有序阶段,其序参量为技术转移能力,其形成需要系统内快变量相互作用的积累,才可能通过系统的使役原理支配系统的运行。但在分支点 B 点,即由系统运行动力的积累阶段向动力涌现阶段过度时,系统内部各要素随机运动形成的涨落被迅速放大直到系统进入新的稳定态。此时,涨落的作用就有助于改变系统内各快变量作用方式,有助于推动系统从无序向有序运行。可以说,涨落与序参量是一对相互作用与反作用的关系,二者互为条件、互为前提。它们的关系和互动作用构成了国防专利技术转移运行动力路径设计的核心。

5.3.3 国防专利技术转移系统运行动力驱动机理

国防专利技术转移系统的运行,除需要生成动力之外,还需要支持系统长期运行并能够实现自我调节和适应外环境的驱动力量。本节运用自耦合理论分析国防专利技术转移系统运行的动力驱动机理,为国防专利技术转移动力驱动路径提供理论依据。

1. 国防专利技术转移系统自耦合的形成

美国数学家 Douglas Hofstadter 曾把德国古典音乐大师巴赫乐章的"卡农"、哥德尔不完全性定理以及埃舍尔图画中的"怪圈"联系起来,并认为:自耦合作用是两个互为条件和前提的事物的内在动力。自耦合循环是推动系统向新结构演化的内因。该原理对于国防专利技术转移系统的演化具有重要的理论意义。

自耦合表示事物对自身的作用。根据控制论中的反馈循环理论,系统内要素的作用通过系统内部的因果循环将该作用最终发生在自己身上。国防专利技术转移系统本身就是一个自耦合系统。该系统内存在一个循环的因果关系,即国防专利技术供体子系统和技术受体子系统从系统外部不断获取能量,并通过二者之间围绕转移活动发生相互联系和作用,这种联系和作用将技术供体子系统与技术受体子系统包含在一个因果关系的回路里并形成一个反馈机制。反馈机制一旦形成,则将出现两种反馈情况:一是正反馈;二是负反馈。其中正反馈对系统的实施积极影响,是对系统运行的激励;负反馈对系统产生抑制作用,是对系统的自我稳定。国防专利技术转移系统自耦合反馈机制如图 5-4 所示。

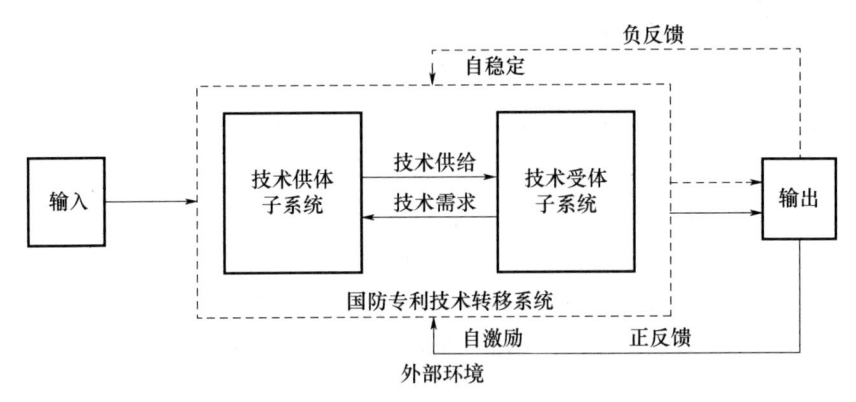

图 5-4 国防专利技术转移系统自耦合反馈机制示意图

2. 国防专利技术转移自耦合的正负反馈作用

从系统运行的角度来看,国防专利技术转移系统的自耦合正反馈机制是推动系统运行的重要动力,反馈回路所形成的自激励将对系统向更高阶段的演化起到催化作用。因此,在动力路径设计时,应重点强调正反馈机制的作用并将正反馈作为路径设计的首要位置。但是从图 5-4 不难看出,正负反馈机制是同时作用于国防专利技术转移系统的,并驱动系统的运行。自耦合机制的循环作用使国防专利技术转移系统能够实现自我激励和自我稳定。

国防专利技术转移系统自耦合正反馈的作用通过其输出到对系统整体作用的闭环回路所构成。正反馈输出的结果为技术供体和技术受体带来的直接的经济利益、社会价值、军事价值等。这些正反馈作用于系统内各子系统和要素,为要素主体下一步转移决策提供依据。负反馈输出的结果是由转移失败所产生的资金投入、人力损耗、二次开发风险等信息反馈至系统内各要素主体,进而对技术供体选择转移国防专利和技术受体引进国防专利作出决策提供依据,从整体上稳定或抑制系统的运行。

因此,通过对国防专利技术转移系统自耦合机制的正负反馈作用的分析可知,应把系统正反馈的作用机制作为下一步动力路径设计的主要原则,并利用自耦合机制的正反馈作用驱动国防专利技术转移系统的运行。

第6章 国防专利技术转移动力路径

国防专利技术转移动力路径是动力机制设计的主要内容,也是实现国防专利技术转移自组织运行的主要途径。根据系统自组织运行的动力原理,动力路径的设计应建立在系统动力源和动力机理基础之上。在路径设计的总体安排上,应根据动力机理提出路径设计的基本原则、总体目标以及总体框架;在路径内容安排上,应以驱动国防专利技术转移系统内各要素动力源为导向,并从推动系统序参量形成及其对动力机制作用的角度,从生成路径、驱动路径两个方面构建贯穿于国防专利技术转移运行全过程的动力路径,实现国防专利技术转移自组织动力机制的运行。

6.1 国防专利技术转移动力路径设计

作为系统运行动力机制的主要内容,国防专利技术转移动力路径应遵循技术转移的一般规律并紧贴改革趋势,在总的依据、原则、目标以及思路构成的整体框架基础上设计。

6.1.1 设计依据

国防专利技术转移动力路径的设计应遵循技术转移的一般规律和系统自组织运行动力机理,针对实践中面临的突出问题,逐步建立起军地双方协作配合、运行顺畅的国防专利技术转移运行动力机制。

根据技术转移原理和创新价值链理论,国防专利技术转移运行不仅涉及国防知识产权管理各个阶段的工作,如国防专利申请、维持、定密、解密、转让、实施等,还包括技术受体对国防专利的二次开发、产业化和商业化等环节。因此,动力路径需要综合考虑对国防专利技术转移产生影响的各个环节,并从推动国防专利技术转移能力和创新价值形成的角度进行综合设计和安排。此外,从技术供体的角度来看,国防专利技术转移涉及国防知识产权的创新、运用、管理和保护等工作,事关国防科技工业核心能力,需要军队系统单位和国防科技工业系统单位的共同参与和协作。因此,国防专利技术转移动力路径设计,还要遵循国防知识产权管理工作的内在要求,在技术供体子系统内部,应客观区分军队单位、国防科技工业系统、国防知识产权管理机构等部门以及相关要素主体的职能,并根据不同技术供体的职能设计相应的具体路径,充分调动技术供体转移国防专利的积极性。

6.1.2 设计原则

美国著名经济学家阿瑟指出:政府应该避免强迫得到期望结果与放手不管两个极端,而是应该寻找轻轻地推动系统趋向有利于自然生长和突现的合适结构,"不是一只沉重的手,也不是一只看不见的手,而是轻轻推动的手"。阿瑟提出的这只"轻轻推动的手",实际上是对自组织运行动力机制提出的关于政府管理方法策略上的认识。国防专利技术转移是一种存在外部参量控制条件下的自组织运行过程。动力路径设计在系统内部存在非线性相互作用、外部存在自组织条件的前提下,应遵循以下原则。

1. 以内部环境建设为主,以外部施力干预为辅

国防专利技术转移系统的序参量形成于系统内技术供体与技术受体之间的协同作用,是军民技术落差和利益耦合共同作用的结果。此外,根据国防专利技术转移系统运行动力的涨落原理,涨落的形成及其对国防专利技术转移系统发生演化的动力也来源于系统内部。因此,动力路径的设计应以促进系统内各子系统和要素参与转移的自发运动为主要设计原则,控制参量只是在系统外部规定的一定规则,系统外部的行政、法律法规、基础环境、中介服务等支撑性配套建设应作为规则发挥作用。系统外部规则应根据系统内部各子系统和要素的相互作用和整体涌现出的运行状态作出相应的调整和完善,而不是从外部环境直接实施干预,保证系统内部的自发、有序的运行环境。因此,在宏观层面的制度安排上应把重点放在系统内部技术供体与技术受体相互作用方式及联系的内部建设,并根据系统内各要素转移国防专利的动力源,寻找到技术供体与技术受体双方都受益的契合点,设计双赢的动力路径来推动系统序参量的产生和涨落的形成,进一步放大系统的引导力量,促进系统整体转移能力的提升和创新价值的形成。

2. 强化竞争与协同的效用

根据国防专利技术转移自组织运行规律分析可知,技术供体与技术受体及其要素通过竞争与协同的作用实现国防专利技术转移自组织演化。国防专利技术供体、技术受体子系统之间及其内部各要素之间的竞争与协同主要体现在以下几个方面。

1) 技术供体子系统内的竞争与协同

根据军内装备部门下发的武器装备研制计划,由军队的采购部门实施公开招标,在军工集团附属科研院所与具备军品科研生产"四证"资质的民口科研生产单位之间将不可避免地产生竞争。同时,鉴于目前我军装备研制生产的委托开发现状,通过中标的承包商委托开发的国防技术也会在高等院校以及民口科研机构之间展开竞争。其次,作为以武器装备需求论证研究为主的军队科研机构,也会与民口科研机构和院校开展合作,共同为国防技术开发服务,从而表现出技术转移在生成模式上的协同效应。

2) 技术受体子系统内的竞争与协同

军工企业(民品)与民口企业之间的竞争上主要体现在两个方面:一是作为军品承包商将直接参加招投标争取研制生产项目产生的竞争;二是在为了满足企业生产需求和争夺民品市场主导权对国防专利技术的直接需求而产生的竞争。其中,后者在民口企业内部之间的竞争表现更甚。此外,军工生产企业与民口生产企业之间的协作配套生产关系也进一步促进了国防专利技术的研发,体现了二者的协同效应。

3) 技术供体与技术受体之间的竞争与协同

供需双方之间的竞争与合作主要存在于军地联合研制模式。联合研制要求生产企业与高校及科研院所以合同、契约的形式对项目共同进行研制,尤其是专门针对市场需求研发的项目将不可避免地产生多家生产企业面临一家研发机构的竞争局面。而这种契约关系一旦确立,供体和受体便由竞争关系转为合作关系。其次,对于某些开发难度大、时间紧、研发周期长的国防科研项目,又将产生少数或唯一生产企业才具备产业化能力的客观现实。这种紧密合作关系为了转移目标的实现也必然是协同效应的具体体现。

在国防专利技术转移动力路径设计时,应强调技术供体与技术受体之间的竞争与协同效应,并通过充分调动系统外部输入的物质、信息和能量,使之产生具有支配倾向的运动模式,促进技术转移能力和创新价值的形成及其对国防专利技术转移系统的支配作用。

3. 分阶段实施渐进驱动

根据前文国防专利技术转移动力机理关于系统演化的使役原理可知，系统的演化过程需要经历从无序向低阶有序，又从低阶有序向高阶有序两个阶段。其中，在由无序到低阶有序阶段，系统的运行动力主要呈现出利益驱动的动力阶段特征，此时系统的动力主要来源于系统内各子系统和要素利益最大化追求，系统动力源以利益主导为主；在由低阶有序向高阶有序演化的阶段，系统的运行动力主要呈现出创新驱动的动力源特征，此时系统的动力由追求利益向追求创新价值转变，系统的演化以创新价值为新的序参量，并支配系统向更高阶段演化。因此，在动力路径设计时也遵循系统运行动力阶段化特征，在路径设计时应分阶段安排，并考虑系统运行动力各阶段的动力源特征。国防专利技术转移动力路径涉及国家层面的技术转移政策、技术转移法律法规、军转民的服务体系建设以及嵌入军民融合发展战略内的国防知识产权转化运用的相关措施，涉及相关的职能部门和利益主体较多，且复杂。因此，国防专利技术转移动力路径设计不可能同步推进，应按照系统运行运动的阶段化特征采取分阶段的路径安排，逐步实施，渐进驱动。

4. 驱动外力内生于内部动力

根据国防专利技术转移动力源可知，外力内生化是其特征之一。特别是作为动力源之一的助动力，对于系统整体技术转移能力的提升以及创新价值的实现具有重要的推动作用。此外，动力路径设计的着手点主要是系统外部的一切可利用的资源，包括行政、法律、支撑服务体系等措施手段，通过助动力来调整系统内部的结构以及子系统或要素之间的相互作用，并使之影响系统运动动力是动力路径设计最直接的方式。为此，在动力路径设计时，应通过助动力积极挖掘技术供体新的利益增长点及其与技术受体在国防专利技术转移上互动产生的利益耦合点，设计与改革相配套的具体路径内容，为改革外力内生于国防专利技术转移要素主体追求利益最大化的动力创造条件，促进序参量技术转移能力的形成，为形成巨涨落创造条件。

6.1.3 总体目标

国防专利技术转移动力路径的目标是通过引导系统内各要素主体的动力源向系统有序的方向发展，实现国防专利技术转移从目前自发、无序的状态向有序的自组织状态的转变。针对目前制约国防专利技术在民用领域转化运用的障碍,提出促进各技术供体转移国防专利的能力和各技术受体引进国防专利的能力,为技术供体在满足动力需求的基础上,设计基于国防专利技术转移的定密机制、解密机制、中介服务体系,并通过法律保障和配套政策给予支撑。此外,在生成路径的基础上,通过国防专利技术转移策略选择进一步推动技术供体与技术受体之间的协同效应。最后,对系统效用进行综合评价,并根据评价结果对系统偏离有序演化进行纠偏,为转移主体选择转移策略和国家制定国防专利战略布局政策措施提供依据,逐步改变目前国防专利束之高阁的局面,使国防专利在民用领域运用的比例得到较大幅度的提升,充分发挥国防科技成果对国民经济的辐射和带动作用。

6.1.4 设计思路

根据国防专利技术转移动力路径的总体目标,结合国防专利技术转移动力机理,本书将国防专利技术转移动力路径分为两个部分,如图 6-1 所示。

1. 动力生成路径

动力生成路径的目的是为形成国防专利技术转移系统的序参量、放大系统随机微小涨落创造条件,包括国防专利定密、解密机制的重构、国防专利技术转移中介服务体系建设以及相应的配套政策以及法律保障五个方面。其中,根据动力路径设计以内部建设为主以外力干涉为辅的原则,以定密机制、解密机制以及中介体系作为主要的内部建设路径,而法律保障和政策鼓励是对内部建设的配套支撑,形成以 2 个机制、1 个体系为主,配以法律与政策环境支撑的国防专利技术转移动力生成路径。动力生成路径将围绕推动技术转移能力和创新价值的形成而设计,并强调其对系统的支配作用,是国防专利技术转移自组织运行动力积累与动力涌现阶段的重要支撑。

2. 动力驱动路径

国防专利技术自组织运行的动力主要来源于军民技术落差以及利益耦合共同作用的结果,然而这种作用过程需要通过具体的转移模式来实现。国防专利技术转移动力驱动需要建立在满足技术供体与技术受体的利益耦合点的技术转移模式基础之上,并通过这一载体进一步刺激子系统和要素之间的协同,驱动系统向有序演化。此外,国防专利技术转移系统运行产生自激励作用,主要利用系统的自耦合机理,通过对系统运行效用的综合评价判断转移前后的效益偏差,并根据这一偏差结果为技术供体转移国防专利或技术受体引进国防专利作出判断。同时,使技术供体与技术受体充分了解转移或引进国防专利为其带来的各种效用大小,从而为技术供体和技术受体选择具体的技术转移策略和国家制定国防专利战略布局政策措施提供依据。

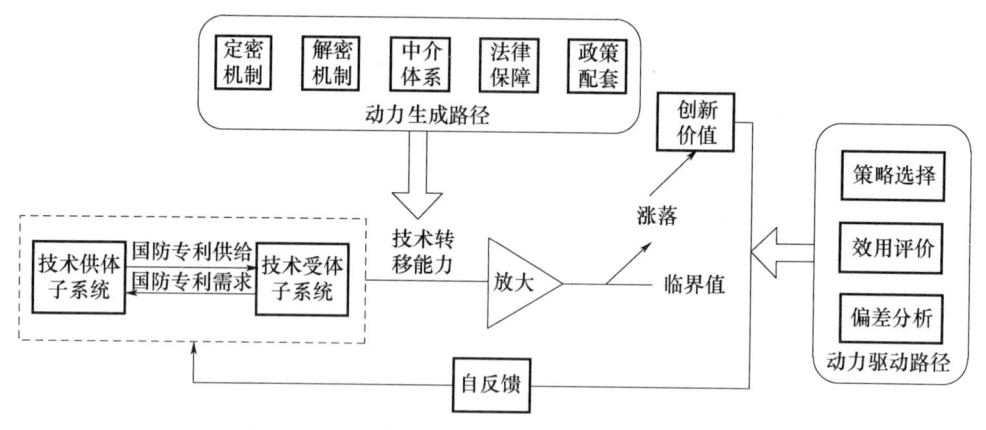

图 6-1 国防专利技术转移动力路径总体框架设计

6.2 国防专利技术转移动力生成路径

动力生成路径设计的主要目的是刺激并放大国防专利技术转移系统的涨落,推动序参量技术转移能力和创新价值的形成及其对系统运行的使役作用,并最终促进国防专利技术转移活动有序地开展。国防专利技术转移不仅仅局限于国防专利转化的实施环节,其生成路径涉及国防知识产权管理的全过程,包括从生成之时的定密、解密机制直到转移中介服务等环节。其中,为使这两项机制与一个体系之间顺畅衔接并有效实施,还需要从法律法规上给予保障和政策设计上予以配套支撑,从而确保生成路径的正常运行。国防专利技术转移动力生成路径主要包括定密机制、解密机制、中介服务体系构建、法律保障以及政策配套五个方面。

6.2.1 国防专利定密机制

国防专利技术转移由于其保密属性涉及多部门以及多环节的工作运行,其转移过程不同于普通专利技术转移。其中,解密是国防专利实现转移的必要条件。有定密才有解密,定密与解密是相辅相成的。定密偏高、非密错定将使得国防专利在转移前期就受到严重阻碍,使大量具有民用潜力的国防专利在早期就被拒之门外。在研究设计解密机制之前,首先应对定密机制作相应调整。科学、合理的定密机制是国防专利技术转移动力机制的关键环节。

6.2.1.1 定密机制设计的背景

根据《国防专利条例》规定,国防专利的定密分为两种情况:一是通过国防知识产权机构的保密审查环节来完成。具体而言是:对向国防知识产权机构提交的专利申请以及向国家知识产权局提交的普通专利申请进行保密审查,包括初步审查、进一步审查以及主管部门审定三个步骤,将涉及国家安全并需要保密的,确定为国防专利申请,经审查不需要保密的,则作出不予保密的决定,并通知申请人;在国防专利管理工作运行的各个环节中,依据《中华人民共和国保守国家秘密法》(以下统称《保密法》)和国家有关规定进行保密管理。二是在申请国防专利前已经被确定为国家秘密。此类定密单位是国防专利的生成单位,在国防知识产权机构申请时仅作专利性审查。从上述《国防专利条例》有关规定可以看出,国防知识产权机构具有国防专利的定密权,除已被确定为国家秘密的国防专利外,其他任何申请人或代理中心递交的专利文件首先要在国防知识产权机构作保密审查,审查通过的才可进行专利性审查,即在专利审查前就要对发明定密。但是根据2010年新修订的《保密法》第十二条规定,即机关、单位负责人及其指定的人员为定密责任人,负责本机关、本单位的国家秘密确定、变更和解除工作。机关、单位确定、变更和解除本机关、本单位的国家秘密,应当由承办人提出具体意见,经定密责任人审核批准。新修订的《保密法》明确了谁生成密、谁定密、谁解密的原则。因此,根据上位法优于下位法的原则,该规定使得原来国防知识产权机构所拥有的定密权被撤回。国防知识产权机构既不是国防专利的生成单位也不是国防专利权利人,向国防知识产权机构递交的国防专利申请文件都应在其生成单位做定密,然后再到国防知识产权机构作专利性审查。原先国防知识产权机构所要求的保密审查已经失去了实质性意义,目前的保密审查工作仅限于对申请人向代理中心递交的保密证明从文件规范、手续齐全等方面作简单的审查,而且一般情况下均给予通过,客观上使得国防知识产权机构的保密审查成为一种流于形式的过程。在这种情况下,有关部门也采取了一些针对性措施,如国防知识产权机构通过向已经授权的国防专利生成单位以通知文件的形式要求各单位对原定密的国防专利文件进行重新审查,对不需要保密的国防专利尽可能解密。但从实践的效果来看,这种临时性措施的收效并不理想。定密不准、依据缺乏、手段匮乏等问题仍然未能得到有效解决。在国防知识产权机构无定密权与解密权的现实背景下,如何确保国防专利定密的科学性、合理性,成为国防专利技术转移动力生成路径的瓶颈。为此,本书在动力机制的生成路径中论证提出国防专利定密机制,以新修订的《保密法》为遵循原则,立足国防知识产权机构的职能,从设立国防专利保密顾问委员会、制定定密依据、设计定密原则以及调整定密流程等方面建立既满足国防安全需求又有利于发挥专利制度的国防专利定密工作机制。

6.2.1.2 法律依据、现实必要性与理论依据

国防专利定密机制作为国防专利技术转移能力形成的必要条件有其科学的法律依据、现实必要性以及理论依据。

1. 法律依据

设计国防专利定密机制并成立国防专利保密顾问委员会作为该机制发挥作用的专业职能机构,有其合理的法理依据,并主要表现在新修订的《保密法》所规定的定密权限与密级范围确定等方面。国防知识产权机构没有相关权利和职能参与国防专利的定密、解密与其作为国防知识产权的统管机构的职能属性不相称,不利于国防知识产权的转化运用。然而根据《保密法》第十二条,国防专利生成单位对国防专利的定密可以由承办人提出具体意见,该具体意见将作为是否定密的主要参考,那么,该承办人是否必须为本单位人员抑或是本单位委托其他机构来承办定密事宜?这些在规定中没有进一步明确规定。此外,根据《中华人民共和国保守国家秘密法实施条例》(以下统称《保密法实施条例》)第八条规定:国家秘密及其密级的具体范围(以下统称保密事项范围)应当明确规定国家秘密具体事项的名称、密级、保密期限、知悉范围。保密事项范围应根据情况变化作出及时调整。制定、修订保密事项范围应当充分论证,听取有关机关、单位和相关领域专家的意见。因此,根据该项规定,在保密事项范围方面需要有专门的认证机构和相关领域的专家来为定密工作提供技术支撑和决策咨询。然而,这在目前国防专利定密工作中仍属于空白。此外,《保密法实施条例》第十六条规定:机关、单位对所产生的国家秘密,认为符合《保密法》有关解密或者延长保密期限规定的,应当及时解密或者延长保密期限。机关、单位对不属于本机关、本单位产生的国家秘密,认为符合《保密

法》有关解密或者延长保密期限规定的,可以向原定密机关、单位或者上级机关、单位提出建议。根据上述规定,不属于国防专利生成单位的机关、单位,在定密、解密方面也有一定的参与权,而且也是定密的重要参考依据。因此,新《保密法》及其实施条例的有关规定对国防专利定密机制的重构、建立国防专利保密顾问委员会等提供了重要的法律依据。

2. 现实必要性

1) 打破维护单方利益制度缺陷的迫切需要

按照目前的《保密法》,定密由秘密产生的单位来负责,即谁生成密,谁定密。因此,国防知识产权机构无权干涉国防专利的定密事宜。在受理的国防专利申请文件中,对于明显不需要保密的发明专利,国防知识产权机构也无能为力。此外,根据实践调研情况反映,目前大多数向国防知识产权机构申请的发明专利,其定密以应用对象和应用范围作为依据。这与国防专利的判断标准,即是否对国防利益以及对国防建设有潜在作用是不一致的。对负责专利审查的国防知识产权机构而言,由于身兼国防机构的政治属性和专利审查的业务属性,与国防专利的发明单位相比,对于判断某一项发明专利是否真正涉及国防利益以及对国防建设具有潜在作用可以提供客观、专业的判断标准,而不是单纯地从国防专利发明单位的利益或发明者个人角度考虑其保密依据。

此外,国防专利定密、解密工作是一项政策性、技术性较强的工作。在具体业务中,要求审查人员既掌握国家、军队政策法规,又需要掌握国防技术应用和发展状况。因此,国防专利的定密工作需要一支专业化的队伍来支撑。从目前国防知识产权定密实践来看,缺乏专家队伍是定密不准、解密难以开展的重要原因之一。国防专利的定密应通过专业的定密咨询委员会论证并参考专家委员会的意见,这样的制度安排有利于从客观上避免目前国防专利生成单位自行定密的随意性和滥用性。

2) 保证定密科学性的客观要求

对于职务发明,国防专利生成单位,包括军工集团企业、附属科研院所、军队科研院所、军队院校等,仍然具有定密权,但是要参考国防知识产权机构提供的定密意见。对于拟申请的发明专利,在报送国防知识产权机构前,应主动征求国防知识产权机构的意见,要突出国防知识产权作为国家公共财产的正外部性,不可以仅从本单位的自身利益出发,随意定密,使各单位内部的定密依据忽略了国防专利本身的保密标准。国防知识产权机构应成立国防专利定密委员会,即由国防知识产权机构牵头协调,从国家军民融合委员会、国防科工局、国家工业和信息化部军民结合司、中央军委装备发展部、各军工集团以及军队院校,以及中国和平利用军工技术协会等在内的行业技术转移组织和机构定期遴选不同专家,建立一个长效的国防专利保密委员会,使得从国防安全、国防关键技术发展、军民技术转移统筹规划等不同领域均有相应的代表来负责对拟申请的国防专利进行保密审查,并综合各领域建议科学给出定密意见,改变目前仅限某一部门单方审定的制度缺陷,从而保证定密的科学性。

3) 权衡定密责权的必然要求

成立国防专利保密顾问委员会的现实意义还在于可以从一定程度上分摊定密责任人的法律责任。国防专利保密顾问委员会除对国防专利保密审查具有法律义务外,还要与定密责任人一同承担国防专利失泄密的法律责任。国家秘密具有一定的时空条件,在不同的时空条件下,国防专利定密可能存在一定的风险,这种定密不当的技术性风险既然在国防专利生成时有保密顾问委员会的参与,那么在定密后如果出现问题也应当追究其相应的责任。由此带来的好处是,过去由于定密责任人出于风险规避等主观因素造成的非密错定的现象将得到较大改变,并在保密顾问委员会分摊定密责任的法律保障下逐渐消除,为根本上解决目前国防专利定密"宁高勿低、宁多勿少"等推卸责任的难题提供有效的支撑手段。

3. 理论依据

根据科技成果创新价值链理论,科技成果在研发、中试、生产以及商业化等各个环节涉及的管理主体越多,其价值增值就越困难。然而,国防发明技术在目前的体制下,从专利申请到后续的转化、生产等环节涉及多个行政管理主体。例如,负责国防专利定密、解密的职能机构与国防专利管理机构归属于不同的行政主体,这种管理体制在客观上是违背科技成果价值增值的过程和本质的。因此,通过设立国防专利保密顾问委员会,并将其职能从定密、解密并扩展到转移中介服务等范围,并作为国防专利的唯一管理主体参与完成国防专利技术转移创新价值链的各个环节的工作,将有利于减少相关利益主体的过多介入,为确保国防专利创新价值增值提供必要条件。

6.2.1.3 国防专利保密顾问委员会

根据《保密法》,国防知识产权机构目前没有国防专利的定密权限。但是

第6章 国防专利技术转移动力路径

国防知识产权机构要承担国防专利的定密咨询职能并与国防专利转移工作配套衔接,使国防专利从定密到后续转移的各个环节都有专门的部门在业务上给予指导。国防知识产权机构作为国家和军队唯一的国防知识产权管理单位,在业务上除行使原国防专利局的职责任务外,又拓展了其在知识产权计划、实施与管理服务等方面的职责。特别是国防专利的转化运用,最终都需要经过国防知识产权机构的批准。因此,国防知识产权机构的保密审查工作机制也应根据新修订的《保密法》作出调整和重置,在现行国防知识产权机构的职能基础上,改变原来的保密审查机制,由审查制改为备案制,并成立国防专利保密顾问委员会。从构成及其职能进一步介绍该委员会的工作运行情况。

1. 国防专利保密顾问委员会构成

借鉴美国保密发明制度中 ASPAB(军事服务专利咨询委员会,1997 年后由国防技术安全管理部,即 DTSA 代替)的有益经验,在现行我国国防知识产权工作体系框架的基础上,坚持不增设机构、不增加编制的改革原则,本书论证设计的国防专利保密顾问委员会(Defense Patent Confidential Advisory Committee,DPCAC)是由国防知识产权机构直接领导并由国务院、中央军委装备发展部及其他行业协会等部门遴选的专家组成的具有定密与解密审查功能的专家顾问委员会。

该委员会的专家应从国家国防科工局、国家工业和信息化部军民结合司、中央军委装备发展部、各军工集团、军队科研院所以及中国和平利用军工技术协会等行业技术转移组织和机构中展开遴选。其中委员会主任由国防知识产权机构负责人兼任,负责整个保密顾问委员会的领导、组织和协调。副主任设2名,并分别由国防科技工业主管部门相关业务部门领导轮流担任以及装备发展部综合计划局业务主管领导轮流担任,并分别负责国防科技工业系统和军队系统在国防专利保密工作事宜上的有关工作。此外,鉴于该保密委员会涉及国务院国防科技工业主管部门、中央军委装备发展部、军民融合委员会、军工集团、军队院校、科研院所等部门和单位,还需要设立一个常务办公室,专门负责组织专家的遴选、参与制订保密目标、管理解密请单、组织解密会议、办理主动申请解密等工作事项,以保证保密委员会的常态运行。国防专利保密顾问委员会(DPCAC)的组织架构如图 6-2 所示。

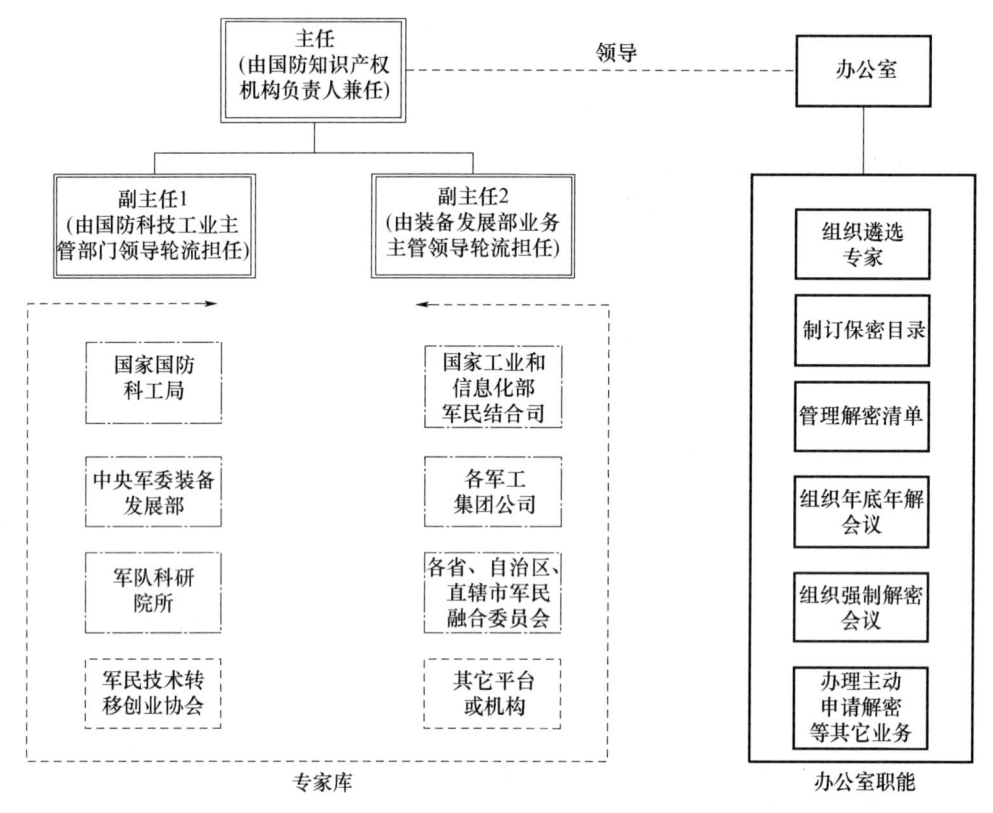

图 6-2 国防专利保密顾问委员会(DPCAC)的组织架构

2. 国防专利保密顾问委员会职能

国防专利保密顾问委员会的职能包括以下三个方面。一是为国防专利的生成单位提供定密咨询;二是对国防专利原定密部门履行定密与解密工作进行监督;三是为国防专利原定密机关、单位制定动态保密目录等。

1) 定密咨询

国防专利保密顾问委员会的定密咨询作用是在遵循《保密法》的前提下,根据《科学技术保密规定》《中国人民解放军保密条例》以及《国防科学技术成果国家秘密的保密和解密办法》的相关规定,结合国家秘密在各行业、各系统的分布情况及民用领域对国防技术的整体需求情况,从全局的角度给出是否定密、定密期限等的意见,具体包括两个方面。一是对国防专利是否定密进行全方位考察并组织充分论证。国防专利保密顾问委员会成员对于任何拟申请国防专利的单位或个人所递交申请文件要认真对待,严格论证。设立于国防知识产权机构的国防专利保密顾问委员会可以利用国防知识产权机构在国防专利技术信息资源方面的优势,通过国防专利扫描等技术手段及时获取国防科技发展的最新动态和走向,保密顾问委员会可以通过提取的国防专利技术数据作为国防专利整体布局的重要依据,为拟申请的国防专利进行定密论证,并给出科学的定密意见,使得国防专利的定密能够权衡各方的利益诉求,打破目前仅由国防专利生成单位定密的局限性。二是对定密论证的意见作出相关说明,并及时返回申请人或代理中心。保密顾问委员会主要对定密与否、密级确定以及保密期限确定给予论证并对最终形成的保密意见予以相应说明,必要时附带法律法规以及其他证明材料,并及时返回给国防专利申请人。

2) 监督职能

国防专利保密顾问委员会的定密与解密的监督职能,主要是针对国防专利定密机关和单位不能很好地履行定密权以及解密权等问题而设计的。自新修订《保密法》颁布并实施后,国防专利的定密权被撤回到生成单位,在这种客观条件下,多数单位都不愿意主动解密,即使按照《保密法实施条例》第十六条规定,国防知识产权机构作为不属于国防专利生成单位的机关也好,单位也好,也有权利向原定密机关、单位或者其上级机关、单位提出解密的建议。但经过实践检验,效果并不理想,甚至使得本来需要解密的国防专利未能得到及时解密,使应该保密的却没有及时定密的问题更加突出。定密偏高、非密错定、解密难等问题仍然未得到改变。此外,由于定密单位与保密管理机构在行政上的利益主体一致性也不能确保国防专利解密的有效实施。因此,在法律上,应赋予国防知识产权机构在国防专利定密、解密方面的监督权力,使之在没有国防专利定密权的情况下,仍然能够代表国家的利益,在国防专利定密、解密工作中发挥其应有的作用。

3) 论证制定动态保密目录

在遵循国家秘密的时空性、国防科技成果推广应用和国防专利的"专利本质属性"等原则的基础上,为国防专利生成单位定期提供专业的保密目录,为其定密提供科学的解密依据。具体而言,借鉴美国 ASPAB 的"专利保密分类审查目录",国防专利保密顾问委员会的审查员首先按照相关专业技术领域对专利申请进行分类,然后由允许涉密并具有相应技术背景的审查员审查该项技术发明的研制背景、拟解决的问题、技术说明书的内容等,以判定这些技术发明是否"涉及国防利益以及对国防建设有潜在作用"。保密顾问委员会就是针对以上国防专利的申请情况并依据国防专利保护对象的内容和范围,根据目录来进一步确定是否定密。该目录的分类条目应由国防科工局的业务部门、各军兵种的装备业务机关定期提供具体的目录,即除目前《国防科技工业国家秘密范围目录》规定的7个领域的国家秘密事项外,还应专门针对国防专利技术制定相应的国家秘密事项目录。例如,美国的ASPAB专利保密分类审查目录共分21大类,其中每一大类都会根据陆军、海军、空军、原子能委员会、NASA和国家安全部提供的信息进一步细化。国防专利保密顾问委员会的保密目录需要国防科技工业、军队系统产生的国防专利技术秘密事项目录作为基本的目录类别。国防专利保密顾问委员会将根据各单位提供的保密目录,进行汇总和动态技术分析,按照专利的技术分析,进一步细化到专利申请的类目与保密目录相一致的程度,最终形成一份涵盖整个国防科技工业的国防专利审查目录。

6.2.1.4 国防专利定密依据

目前,尚没有关于国防专利定密的专门法律法规,而与此有关的法规是《国防科技工业国家秘密范围规定》及《国防科技工业国家秘密范围目录》。这个规定和目录明确了国防科技工业国家秘密的范围及等级,并分7个领域列举了国家秘密事项的名称;与国防知识产权有关的仅是技术秘密,但未对国防知识产权的范围、包括的类型、密级划分、定密依据等作出相应规定。此外,对于型号任务所产生的国防知识产权,任务承担单位通常按照《合同书》或《任务书》中的原定密级确定本技术的密级和保密期限,这种简单机械套用型号整体密级的做法,不能将发明技术从型号整体分离出来单独定密,造成国防专利因应用对象而定密的现象普遍存在。因此,无论是科研计划、合同项目抑或是型号任务研制过程中产生的国防专利,仍未能形成一套专门针对国防专利的定密依据。为此,应在《国防科技工业国家秘密范围规定》以及《国防科技工业国家秘密范围目录》的基础上,从类别划分以及内容生成两方面尽快制定国防专利保密审查目录。

1. 国防专利保密目录类别

在目录类别划分方面,应根据目前国防专利的申请情况,对《国防科技工业国家秘密范围目录》中的7个领域进一步细化,按照专利技术的门类列清单,使得该目录尽可能涵盖所有专利技术文件的类别。在每一门类的具体细化中,除参考国防科技工业国家秘密范围目录外,还应对军队系统产生的国防专利技术门类进行补充,特别是已经申请并处于维持期内的国防专利,应从现有的数据中挖掘出技术门类,将其补充到保密目录中。

2. 国防专利保密目录内容

在目录的内容方面,应尽快征求国防科工局、军工系统以及军队单位的意见,对各单位从事的研究、生产项目的技术属性、类别进行细化并对其可能申请国防专利的技术领域进行归类并细化。由军工系统、军队系统等单位共同提供的目录将作为国防专利保密筛选的重要参考。国防知识产权机构将对各单位上报的目录进行统一汇总,最终形成一份涵盖整个国防科技工业有关国防专利审查目录,使得无论是科研计划项目产生的发明技术,还是型号任务中产生的发明,都能在该目录中找到相应的所属类别。从而逐渐改变目前定密无参照标准或简单机械套用型号整体密级的做法。该保密目录不仅可以作为国防专利保密顾问委员会审核拟申请的国防专利的重要依据,同时也是国防专利的密级变更、动态解密的基础。

6.2.1.5 国防专利定密原则

国防专利保密顾问委员会在开展日常定密咨询和为申请人提供定密意见时,应坚持国防安全利益与促进转化运用并重的原则。特别是对于促进转化运用方面,在定密论证时应充分考虑国防专利向民用领域转移的可能性大小来判定国防专利的密级。根据前文所述的国防专利技术的五种类型,并借鉴美国保密发明制度的成功经验,在国防专利保密顾问委员会开展保密咨询、提供定密意见时,应针对不同类型的国防专利采取不同的授权形式并确定相应的密级范围。国防专利技术类型及定密原则如表6-1所列。

表6-1 国防专利技术类型及定密原则

类型	类型及描述	密级建议	授权建议
Ⅰ类	不可转移的国防专利技术(主要指涉及国防和军队建设的重大利益的纯军事用途的专门技术,几乎没有向民用领域转移和运用的价值)	机密级及以上	不予授权
Ⅱ类	处于维持期内的国防专利	秘密	授予国防专利
Ⅲ类	已经解密的国防专利	公开	授予普通专利
Ⅳ类	待国防知识产权机构定期筛选及扣押的普通专利	秘密	授予国防专利
Ⅴ类	用于国防和军队建设,但不会对国家安全产生影响的普通专利	公开	授予普通专利

1. Ⅰ类国防专利技术

对于Ⅰ类专利技术,即涉及国防和军队建设重大利益的纯军事用途的专门技术,几乎没有向民用领域转移和运用的价值。例如,用于研发和生产核武器、无人机、战斗机、导弹、核潜艇等战略性武器装备及大型装备系统的整机技术。该类技术一般属于机密级,不建议授予国防专利,但建议作为技术秘密保护。针对此类发明申请,要坚持国防知识产权机构不予受理的原则。一是机密级事项的保密期限与国防专利的保护期限相重叠使得此类技术完全失去了专利保护的可能性。根据《国家秘密保护期限的规定》第3条,机密级事项不超过20年,若该类发明技术申请国防专利,而《国防专利条例》规定的国防专利保护期限是20年并从申请日开始计算。一般情况下,Ⅰ类技术从诞生之时起就被定密,之后才申请国防专利。因此,如果该类技术在定密的期限内不能提前解密,那么从定密到申请国防专利期间的时间再加上国防专利20年的保护期限,将构成此类技术整个的保密期限,而且最少也要超过20年以上。如果此类技术在被定密的同时就申请国防专利,那么同时也意味着被定为机密级的国防专利在保密期限届满解密的同时也失去了专利权利,从而导致机密级的发明技术在国防专利保护期内却享受不到专利制度的权利。因此,国防专利制度对于此类技术的保护没有实质性意义。二是此类发明技术作为国防专利保护的支付成本过高,对于创新激励的作用发挥几乎为零。原定密的保密期限与国防专利保护期限的时间重叠使得机密级的发明技术若要转移到民用领域需要经过二次解密,这使得在国防专利保护期内向外转移或实施几乎成为不可能。在禁止转化和实施的情况下,研发单位还要支付近20年的国防专利维持费用,显然,对于Ⅰ类国防发明技术通过国防专利形式来保护是不科学的,也是不经济的。

2. Ⅱ类国防专利技术

Ⅱ类国防专利技术,是经国防知识产权机构授权并处于国防专利保护期内的发明专利,并限制于秘密级。此类国防专利技术的转移主要靠解密机制的有效作用得以保障。由于该类国防专利技术在数量上占有比例最高,因此也是国防专利解密的重要对象。需要特别注意的是,该类国防专利权人有很大一部分在申请国防专利及授权后的很短时间就主动放弃缴纳维持费。根据《国防专利条例》,放弃缴纳维持费的默认为放弃国防专利的权利。这也是实践中为什么国防专利申请数量在稳步上升,但是维持总量却不保持同步增加的一个重要原因。同时,正在或打算放弃缴纳维持费的国防专利的数量目前呈上升趋势。主动放弃维权的Ⅱ类国防专利是国防专利解密以及转移的重要对象。

3. Ⅲ类国防专利技术

Ⅲ类国防专利技术为已经解密的国防专利。按照目前《国防专利条例》规定,国防专利权利人主动向由原定密单位申请解密,解密后由国防知识产权机构批准后方可进行转移,包括转让、许可或实施等方式。但自国防专利的定密权与解密权从国防知识产权机构撤回后,国防专利须由国防专利申请人通过主动请求解密的方式才能完成解密。在军民融合发展战备的推动下,此类国防专利的数量目前正呈现出上升的趋势。需要注意的是,由于专利的技术周期属性,该类技术要及时纳入到国防专利技术转移中介服务体系统一实施,以确保国防专利在解密后除国防专利权利人(研发单位或个人)主动申请转移外,还有专职的国防专利转移中介服务体系为其及时向民用领域转化运用提供机制保障(国防专利技术转移中介服务体系相关内容在6.2.3节论述)。

4. Ⅳ类国防专利技术

Ⅳ类国防专利技术为未划入国防专利的普通发明专利,即待国防知识产权机构定期去国家知识产权局筛选的普通发明专利。此类发明专利由于其发明人首先申请了普通专利,故其已经具备了转移条件,但一旦被国防知识产权机构筛选并确定为国防专利,就纳入到国防专利的管理范围内,其解密及转移程序按照Ⅱ类国防专利技术处理。

5. Ⅴ类国防专利技术

Ⅴ类专利技术为用于国防和军队建设,但不会对国家安全产生影响的普通专利。此类发明技术主要用于国防和军队建设,如果从广义的国防专利概念划分,仍属于国防专利的范畴。对此类发明技术,应将其看作是解密后的国防专利来进行管理。发明专利权利人可自愿向国防专利技术转移中介服务机构提出转移申请,并纳入到国防专利技术转移的服务体系框架下统一组织实施。

以上五类国防专利技术的分类及其定密原则涵盖了所有国防专利的外延对象,其目的是确保所有的国防专利都有相应的转移路径。

6.2.1.6 定密流程

国防专利申请的保密方式分为国防专利权人递交申请和普通发明专利申请保密筛选两个部分,故定密流程也针对以上两种方式分别予以设计。

1. 国防专利权人递交申请定密流程

根据 2010 年新修订的《保密法》第十二条：机关、单位负责人及其指定的人员为定密责任人，负责本机关、本单位的国家秘密确定、变更和解除工作。机关、单位确定、变更和解除本机关、本单位的国家秘密，应当由承办人提出具体意见，经定密责任人审核批准。新修订的《保密法》明确了谁生成密、谁定密、谁解密的原则。定密流程遵循《保密法》的相关规定，即国防专利的定密由国防专利生成单位负责，但在定密流程中要增加国防知识产权机构的咨询环节。具体操作程序如下：

1）征求国防专利保密顾问委员会意见

国防知识产权机构对递交的申请文件，严格按照保密规定，将申请文件统一递交国防专利保密顾问委员会。保密顾问委员会围绕该技术的研究背景、军事应用范围并考量其民用化前景等方面对该发明技术从定密与否、密级确定以及保密期限三个方面形成国防专利定密论证意见，并返回给申请人或代理中心。该阶段结束的标志为国防专利保密论证意见书的形成。

2）国防专利生成单位定密

国防知识产权机构作出的保密论证意见书是国防专利生成单位定密的主要参考依据。若国防专利生成单位决定定密，则将保密审查与保密论证意见书一并递交国防知识产权机构或代理中心进入国防专利审查程序。若决定不予定密，则申请人可将该发明申请普通专利或放弃。该阶段结束的标志为形成保密审查书。

3）保密审查备案

国防知识产权机构对国防专利生成单位提供的保密审查证明文件进行审核，并与国防专利保密顾问委员会作出的定密意见书进行核对。如果定密与论证意见一致，则进入下一步的专利性审查程序；如果不一致，则对其定密进行备案，以供未来在国防专利权利人主动申请解密、国防知识产权机构统一组织年审解密以及强制解密时作为重要的依据和条件。备案后进入到下一步的专利性审查环节，该阶段结束的标志为形成定密备案文件。

4）专利性审查

如果定密与论证意见一致，将按照国防专利的相关规定，正式进入专利性审查程序。至此，定密结束。

国防专利权人递交申请定密流程如图 6 – 3 所示。

第6章 国防专利技术转移动力路径

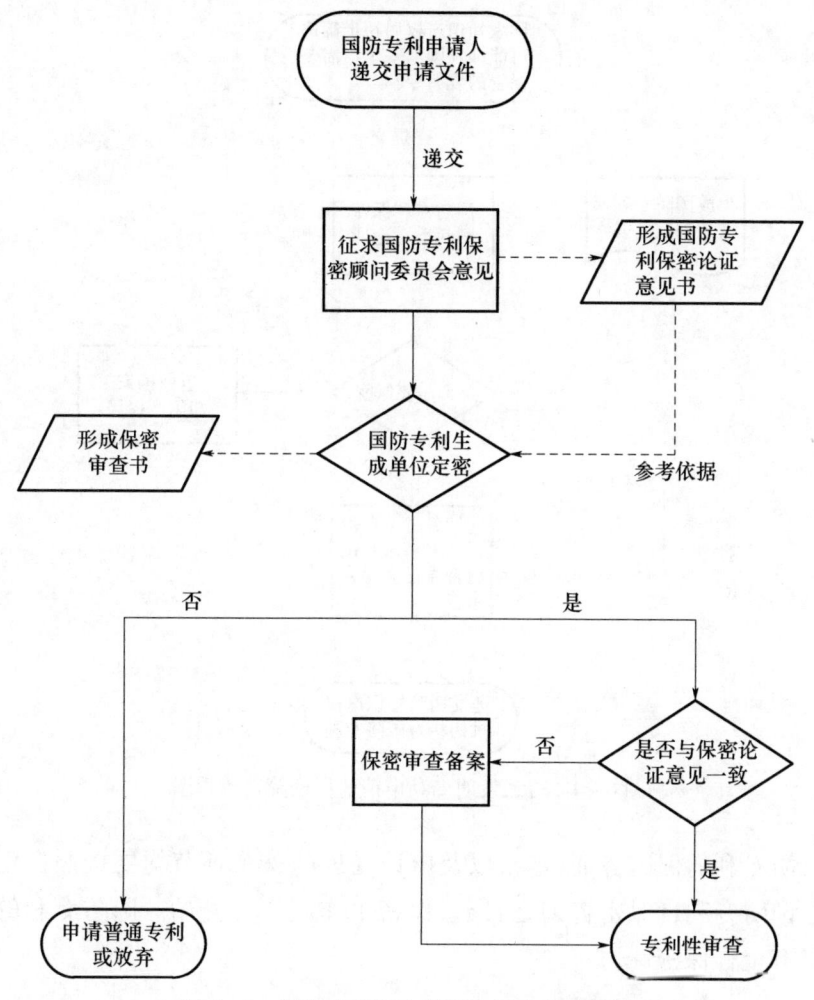

图6-3 国防专利权人递交申请定密流程图

2. 对普通发明专利申请的保密筛选流程

对普通发明专利申请的保密筛选流程也将纳入到国防保密顾问委员会的论证与备案环节。国防专利定密仍由发明专利单位所在的各省、自治区、直辖市军民融合委员会负责,筛选程序与现行程序保持一致。对从国家知识产权局筛选的发明专利由以往的审查改为由国防专利保密顾问委员会的论证审查,并给出最终定密意见。如果论证研究认为需要定密,则通知发明专利所属的各省、自治区、直辖市军民融合委员会进行实质性保密审查,并转为国防专利。普通发明专利申请的保密筛选流程如图6-4所示。

185

国防专利技术转移动力机制

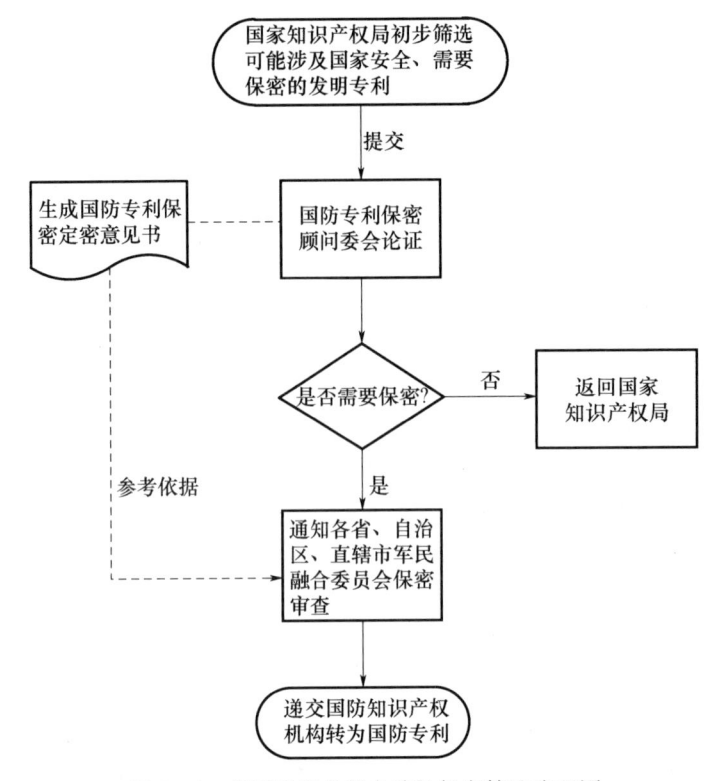

图6-4 普通发明专利申请的保密筛选流程图

国防专利的保密咨询、定密以及申请受理的整个环节均要按照保密规定进行。国防专利自保密咨询之日起,保密工作就一并开始。国防专利的定密流程具有全程保密性。

6.2.2 国防专利解密机制

国防专利技术转移的动力生成路径首先要解决的是解密问题。解密机制是促进国防专利技术转移系统序参量——技术转移能力和创新价值形成的必要条件,也是刺激并放大正向微小涨落,形成巨涨落的重要保证。实践表明,目前国防知识产权向民用领域转化运用的案例层出不穷。某些军队院校在承担国防科研项目过程中,将其生成的国防专利技术向当地民营企业成功转移的案例为其他国防专利权利人(单位或个人)起到了较强的正向激励作用。这就是国防专利技术转移自组织演化过程反映出的小涨落。此时,由于国防专利技术转移系统仍然处于平衡态,这种涨落的作用不能够起到被放大和使系统产生有序演化的"触发器"作用。根据国防专利技术转移动力生成机理中的涨落作用,为推动强调和刺激系统涨落的正向效应,首先应为系统创造非平衡态的环境和条件,使系统的耗散结构更加明显、开放性更强并促使系统外部的信息、物质、能量等负熵流持续注入系统。制约负熵流涌入国防专利技术转移系统的屏障就是国防专利的解密机制。解密机制是国防专利技术转移动力生成路径得以实现的重要保障,也是下一步驱动路径实现的必要条件。

6.2.2.1 国防专利解密机制设计的背景

目前,无论是国家《保密法》还是《国防专利条例》等,关于国防专利解密的相关法律条款的政策合理性以其法律依据均未充分认识到国防专利作为公共产品的正外部性的积极作用。根据前文国防专利技术转移实践分析,国防专利解密工作还未充分展开。截至目前,仅有4件国防专利解密,而且都是通过国防专利权人主动申请解密的方式完成。在2010年之前,当定密解密权属于国防知识产权机构的情况下,由国防知识产权机构统一组织实施解密的情形从未发生。国防专利制度实施多年的实践表明,在现行国防知识产权管理体制框架下,国防专利技术转移的动力均来源于系统内部,是技术供体和技术受体的自组织运行的结果。因此,在解密权发生改变以及军民融合发展的客观要求情况下,我国国防专利的解密机制应及时作出相应调整和科学设计。本书以新《保密法》及其实施条例为遵循,坚持妥善处理保守秘密与便利应用的矛盾原则,充分发挥国防专利保密顾问委员会专家智库的咨询作用,从动态年度解密机制(统称为年解机制)、强制解密机制以及主动申请解密机制三个方面设计满足不同国防专利类型的国防专利解密机制,为国防专利技术自组织运行创造有利条件。

6.2.2.2 法律依据、现实必要性及理论依据

国防专利解密机制设计有其合理的法律依据、现实必要性和理论依据。

1. 法律依据

《保密法》第十九条规定:机关、单位应当定期审核所确定的国家秘密。对在保密期限内因保密事项范围调整不再作为国家秘密事项,或者公开后不会损害国家安全和利益,不需要继续保密的,应当及时解密。此外,《保密法实施条例》第八条规定,国家秘密及其密级的具体范围(以下统称"保密事项范围")应当根据情况变化及时调整。制定、修订保密事项范围应当充分论证,听取有关机关、单位和相关领域专家的意见。国防专利解密也应遵循上述原则,

国防专利的密级和保密期限确定后,应根据时间、空间和技术的发展变化及时进行密级变更或解除。我国现行的涉及国防专利的保密法规,对国防技术的解密条件和时限都未作出具体规定,也未规范解密工作的程序。解密工作只能按权利人申请和主管部门的意见临时性开展,且均是个案,不能依法常态开展,影响了国防专利的及时解密。因此,国防专利解密机制设计中应成立专门的咨询、论证机构,为国防专利定密的机关、单位提供重要的决策咨询和意见,从而保证国防专利解密的科学性。各军工集团公司、军队系统,以及各省、自治区、直辖市军民融合委员会,在密级变更、密级解除等方面缺乏统管机构以及解密监督缺位的情况下,成立专门的国防专利保密顾问委员会,对国防专利解密提供统一咨询、论证、强制实施以及备案为一体的解密机制,将成为贯彻落实《保密法》第十九条以及《保密法实施条例》第八条并将其衔接起来发挥作用的重要配套手段,同时也填补了国防专利解密工作缺乏统一论证、监督以及管理的空白。

2. 现实必要性

1)规范解密程序的客观要求

国防专利的密级和保密期限确定后,应根据时间、空间和技术的发展变化及时进行密级变更或解除。我国现行的涉及国防专利的保密法规对国防专利的解密条件和时限都未作出具体规定,也未规范解密工作的有关具体程序。解密工作只能按权利人申请和主管部门的意见临时性开展,且均是个案,不能依法常态开展,在客观上制约了国防专利及时解密的进程。本书论证提出的动态年度解密机制、强制解密机制以及主动申请解密机制能够使这种临时性的解密工作向常态依法运行转变,并从制度上规范解密程序并严格明确密级变更和解除的条件,为国防专利解密提供重要的机制保障。

2)为技术转移持续提供资源保障的迫切需要

解密的国防专利在数量上保持充足,在更新周期上保持稳定是促进国防专利技术转移的必要前提。目前,国防专利申请数量呈逐年上升趋势,但由于解密迟滞于转移需求,导致大量国防专利处于保密状态,未能解密的国防专利即使拥有再高的经济价值也不能付诸实施。因此,急需对国防专利解密机制进行重构,为维持国防专利向民用领域转移提供数量稳定的技术资源。此外,从国外实践经验来看,动态的解密机制是发达国家对保密发明采取的普遍做法。例如,美国的保密发明指令的解密周期为1年,保密发明指令的数量基本稳定,并逐渐形成了保密发明的动态性解密机制。如2005—2011年,有效的保密发明指令,平均每年新增106个,解除55个,基本维持在5000件上下,如表6-2所列。

表6-2 美国发明保密指令数量变化表(2005—2011)[①]

年份 项目	2005	2006	2007	2008	2009	2010	2011
新增发明保密指令	106	1085	128	68	103	86	143
解除发明保密指令	76	81	68	47	45	32	37
有效保密指令	4915	4942	5002	5023	5081	5135	5241

3) 确保所有类型国防专利均有配套解密途径可循的客观需要

如果从国防专利权人角度来看,主动申请解密机制属于申请人的个人行为,年解机制与强制解密机制属于被动解密。本书在保证国防专利权利人充分享有主动解密权利的同时,设计了由国防知识产权机构统一组织的动态年度解密机制与强制解密机制。主动与被动相结合的解密机制设计,一方面是针对新《保密法》颁布与实施条件下,对国防知识产权统一组织解密缺位的补充;另一方面为所有潜在的国防专利解密对象安排相应的解密途径提供了重要的机制保证。

4) 确保解密法律执行效力发挥的客观要求

《保密法实施条例》第三十一条规定:机关、单位应当向同级保密行政管理部门报送本机关、本单位年度保密工作情况。第三十二条规定:保密行政管理部门依法对机关、单位执行保密法律法规的下列情况进行检查。其中,涉及解密的包括国家秘密确定、变更和解除情况。上述两条规定分别明确了国家秘密的呈报要求及保密行政管理部门对各单位执行解密工作的检查要求。然而,实践中,国防专利解密权在其生成单位或其上级机关和单位。这些机关和单位同时也是直接负责检查国防专利定密单位对国防专利保密工作执行情况的保密行政主体。因此,在行使解密权与保密监督权同属一个利益主体或履行保密监督权的主体是行使解密权的上级机关和单位的情况下,很难从客观上保证国防专利解密工作有效落实。为此,本书专门设计了一项强制解密机制并要求对国防知识产权机构赋予一定的强制解密权力,将国防专利的解密

---

① 根据美国专利与商标局对 Steven Aftergood F-11-00001 号信息公开申请的答复整理。

权从保密工作执行与检查的利益主体中彻底分离出来,从而确保国防专利解密的法律执行效力。只有同时发挥监督权与强制解密权的法律效力作用,才能从根本上突破目前国防专利解密难的制度瓶颈,为国防专利技术转移系统序参量的形成创造条件。

3. 理论依据

国防专利解密有其科学的经济学依据。国防专利保密在经济学意义上实际上是一种资源的消耗。对国防专利的保密需要耗费大量的人力、物力和财力,这是为了保护更重要的资源——国防安全利益,国防专利的泄密将会对国家安全造成重大影响,是对资源的更大消耗。因此,我们更愿意选择一种不经济的方式来降低这种极大损耗的概率。但是,国防专利只保密不解密,或解密迟滞于保密,将使得国家投入形成的国防科技资源通过国防专利这种不经济的形式长久地持续下去,从长期看,其资源消耗的累加将大于泄密耗费的资源量。通过国防专利解密机制的有效落实,是国防专利技术转移向民用领域转移提供重要的机制保证,是及时有效制止国防资源消耗和提高国防资源利用率的重要手段。

6.2.2.3 国防专利动态年解机制

国防专利动态年度解密机制,是指国防知识产权机构以年为单位对所授权的国防专利统一进行解密审核,并将密级的变更和解密的意见返回国防专利权利人。由于国防专利的生成单位拥有最终解密权,动态年度解密机制主要是对国防专利的解密进行充分论证,兼顾国防安全利益和促进技术转移的原则,站在国家全局利益的角度考量,为国防专利技术供体提供科学、合理的解密意见,为各技术供体机关、单位决策提供咨询。动态年度解密机制将打破以往解密非常态化的局面,并以年为单位定期统一组织审核,对国防专利的整体解密工作形成长效机制。国防专利动态年度解密机制与其他解密机制相比有两个明显的特点:一是动态性;二是长效性。动态性体现在国防专利的解密与保密一样,在数量上有增有减;长效性体现在这一机制的运行时间以年为周期并保持工作的常态化开展,而非临时过渡安排。动态年度解密机制是国防专利解密机制的最基础的工作机制。

1. 年度解密依据

国防专利动态年度解密的解密依据,主要根据国防专利保密顾问委员会为国防专利定密单位动态地提供解密目录,以及组织实施年度集中审核论证意见来实现。

1) 国防专利解密目录

国防专利保密顾问委员会的重要职能之一,就是除了在定密时提供定密意见外,还要持续为原定密单位提供动态解密目录。国防专利保密目录和解密目录是配套制定的。解密目录的制定是建立在保密目录范围的基础上,并每年根据国防科工局、中央军委装备发展部业务主管部门、各省、自治区、直辖市军民融合委员会等机构提供的解密目录进行汇总。在此基础上,再由国防专利保密顾问委员会进行民用领域技术引进需求分析,并根据国家科技成果转化的规划计划、军民融合发展战略在军转民方向的统筹规划等进行综合论证,最终形成一份年度国防专利解密目录,并及时下发到国防专利定密机关、单位,为其年度解密提供科学依据。国防专利的动态年度解密依据主要是在国防专利保密目录的基础上,每年进行动态更新。国防专利保密顾问委员会对该目录以年为单位进行更新,并根据技术替代等解密条件对目录的内容及时作出调整,以保证所有国防专利在保护期内都有科学的依据为原定密机关、单位提供决策支撑。如果一项专利申请在该目录范围内,则向原定密机关、单位提供定密的具体意见;如果不在该目录范围内,就直接作为解密的基本依据。国防知识产权机构有权向原定密机关、单位提出解密要求,或作为监督其按要求解密的重要依据。

2) 年度解密条件

对于每一项国防专利是否需要解密,国防专利保密委员会将于年审中根据形成的解密目录,在综合论证的基础上,结合国防专利条例对解密的条件,提出是否解密的意见。在国防专利条例先前规定的解密条件的基础上,结合国防专利技术转移的客观要求,并坚持鼓励国防专利转化运用的原则,单项国防专利解密的条件是:

(1) 该项技术不在国防专利保密目录范围内;

(2) 出现接替技术使其失去保密价值的;

(3) 已经用在退役武器装备中的;

(4) 主要技术特征被他人通过申请专利或者其他途径公开的;

(5) 在民用领域属于空白且转化后能够改造传统产业使产业升级的;

(6) 在军民融合发展战略规划计划中军转民范围内的。

国防专利保密委员会根据上述解密的条件,针对维持期内的国防专利进行审核,将符合解密条件的国防专利进行筛选,并将筛选出的解密意见及时返回国防专利原定密单位,为其国防专利的解密决策提供科学依据。

2. 年度解密机制流程

国防专利年度解密机制流程如图6-5所示。

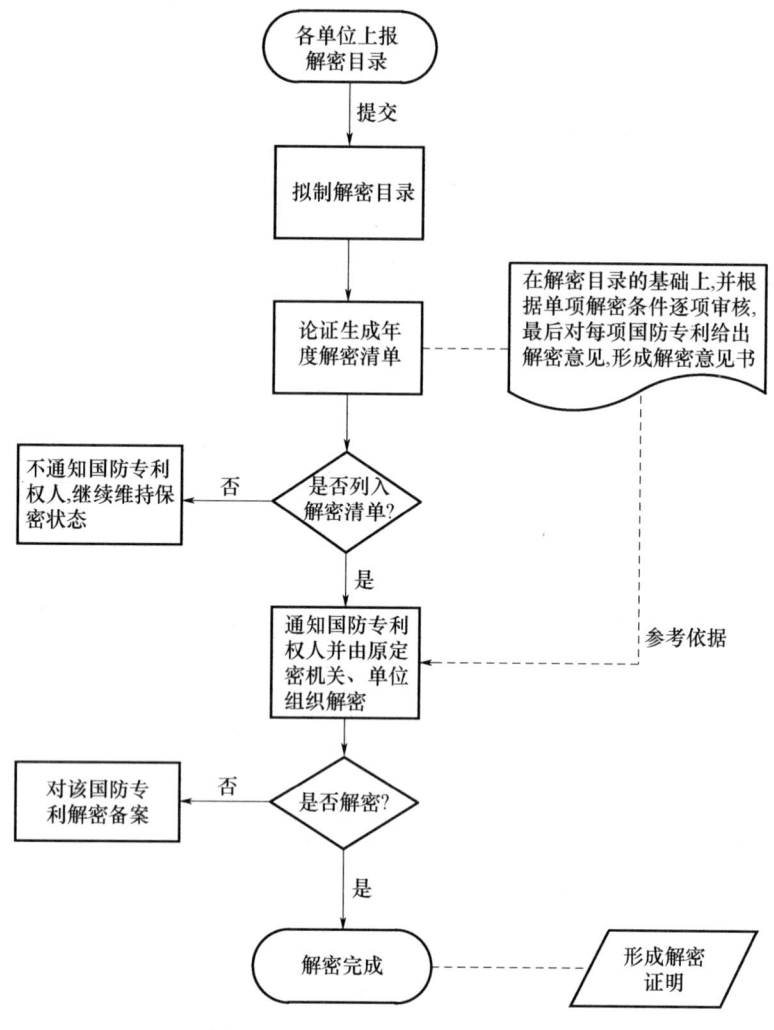

图6-5 国防专利年解机制流程图

1) 各单位上报解密目录

每年12月,由国防知识产权机构以通知形式向国防科技工业系统、军队系统下发年度解密范围清单通知。各单位认为本年度不需要保密的相关技术名称、类别等信息于收到通知的1个月以内返回国防知识产权机构。

2）拟制解密目录

次年3月（一般为第一季度的第二个月），国防专利保密顾问委员会办公室，针对各单位返回的解密目录，对年度国防科技工业技术的解密范围进行初步确定。国防知识产权机构集中组织顾问委员会的专家成员召开年度解密目录制定工作会议，拟制本年度解密目录。

3）论证年度解密清单

拟制解密目录完成后的一周内，顾问委员会的专家成员分批次对维持期内的国防专利一一进行解密论证。在解密目录的基础上，根据单项解密条件逐项审核，最后对每项国防专利给出解密意见。经过论证认为仍然需要保密的，不通知权利人；经论证认为需要解密的，首先在国防知识产权机构的年度解密清单中进行备案，同时将解密意见返回至该国防专利权利人或单位。

4）原定密机关、单位作出是否解密的决定

列入年度解密清单的单位收到国防知识产权机构下发的解密意见通知后，原定密机关、单位可以参照该意见，对其维持的国防专利决定是否解密，并于2周之内作出回应。认为需要解密的，则由原定密机关、单位开具解密证明，并将其返回国防知识产权机构国防专利保密顾问委员会办公室；反之，也应通知该办公室。保密顾问委员会办公室对该项国防专利进行备案，并作为未来强制解密的依据。

5）解密完成

年度解密机制结束的标志是形成原定密单位或其上级机关、单位的解密证明或形成备案文件。

6.2.2.4 强制解密机制

如果说动态年解机制是国防专利自组织转移运行动力积累阶段的手段支撑，那么强制解密机制的设计就是在动力涌现阶段刺激巨涨落形成的手段支撑。目前国防专利技术转移难以有效开展，并不是技术供体缺乏对民用市场的认识，而是缺乏国防专利转移后为其带来利益和创新价值的认识。因此，在动力积累阶段向动力涌现阶段过渡时，还需要有相应的配套机制手段刺激微小涨落，并在国防专利技术转移系统序参量形成的基础上，加快巨涨落的形成，为国防专利技术转移系统突变创造条件。国防专利强制解密机制就是针对这一配套手段的支持。国防专利强制解密机制包括解密条件以及解密流程两个方面。

1. 强制解密条件

国防专利的强制解密对象分为两种：一是受保护的国防专利，即国防专利权人正常缴纳维持费，受国防知识产权保护；二是不受保护的国防专利。在国防专利有效期(20年)内，因国防专利权人弃权、未缴年费或专利被宣告无效等原因，国防专利权也有可能在期限届满前终止。按照目前《中华人民共和国专利法》(以下统称《专利法》)的规定，专利权终止后，该专利技术即成为公知技术，任何人均可使用。此时的国防专利不再受国防知识产权保护。由于以上两种国防专利所受的保护不同，其强制解密的条件也不同，具体如下：

1) 受保护的国防专利实施强制解密条件

（1）连续3年被列为国防专利年度解密清单，且原定密机关或单位不予解密的；

（2）被列入国家科技成果转化目录，而且是民用生产领域急需的关键发明技术。

符合以上条件之一的国防专利，将被列为强制解密清单，并由国防知识产权机构统一组织解密。

2) 不受保护的国防专利实施强制解密条件

根据《国防专利条例》的上位法，即《专利法》规定，对于不受保护的国防专利实施强制解密的条件为：国防专利权人主动放弃、未按时缴纳年费以及由于其他原因被宣告无效之时，即被定为强制解密，该时间也是强制解密开始执行的时间。

2. 强制解密机制流程

国防专利强制解密机制是对目前国防专利解密行政审批制的改进和完善。同时，强制解密还要结合目前国防专利生成单位的业务主管单位和上级主管单位的审批制改为核准制和备案制。国防专利强制解密流程如图6-6所示。

（1）拟制国防专利强制解密清单。国防专利保密顾问委员会召开强制解密会议(每2年召开一次)，根据强制解密条件，对当年受保护和不受保护的国防专利进行筛选，并形成一份强制解密清单。

（2）通知原定密单位。国防知识产权机构将强制解密的通知下发给该国防专利的原定密机关、单位。

第6章 国防专利技术转移动力路径

(3) 核准与备案。对于受保护的国防专利,其强制解密的核准由原定密单位实施,并向其上级主管机关、单位备案。对于不受保护的国防专利,其强制解密由国防知识产权机构进行核准,同时需对负责该项国防专利强制解密的国防专利保密委员会专家成员的相关情况以及形成的强制解密的论证意见进行备案。

(4) 强制解密完成。国防知识产权机构统一组织对列入强制解密清单的国防专利进行转让或实施核准,并将专利文件移交至国防知识产权交易中心,正式进入到转移环节。至此,强制解密程序结束。

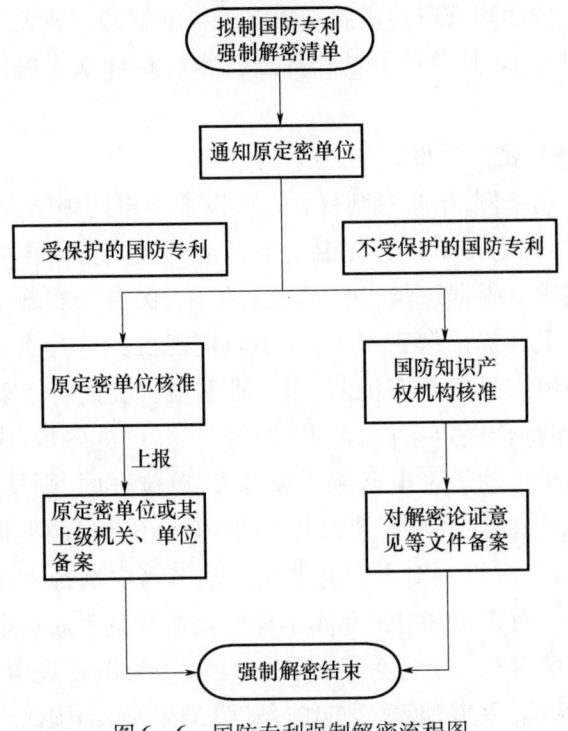

图6-6 国防专利强制解密流程图

几点说明:一是国防知识产权机构的核准资格,可以由国防专利条例予以规定或由国防科工局或装备发展部授权;二是强制解密权赋予国防知识产权机构由国防专利条例予以体现;三是国防知识产权机构除赋予国防专利强制解密权外,还应由其他上级机关、单位赋予相应的国防专利解密核准权;四是解密后的国防专利将移交到国防知识产权机构专门设立国防知识产权交易中心,进入到后续转移的环节。该机构专门负责国防知识产权解密后的转移工作,包括国防专利、国防著作权、技术秘密以及国防集成电路布图设计。关于国防知识产权转化中心将在6.2.3节详细论述。

6.2.2.5 主动申请解密机制

国防专利主动申请解密机制,既是立足国防专利权人的角度促进国防专利技术转移,并为其专门设计的解密途径,同时也是对年度解密机制和强制解密机制的有效补充。此外,年度解密以及强制解密虽然在时间上确定了解密的时机,但面对现代科学技术发展的难以预测性以及日趋缩短的信息技术更新周期,年度解密和强制解密的固定周期机制已不能够满足国防专利快速转化的客观需要。主动解密申请机制是独立于年度解密密机制和强制解密机制外,由国防专利权人在其单位专利布局或技术转移计划实施中专门设计一种解密机制。

1. 主动申请解密的条件

根据国防专利条例,国防专利权利人可以主动申请国防专利解密,其中分为三种情况:一是原定密单位首先要对申请前已经定密的国防专利给予批准方可提出解密请求。根据《保密法》第十二条和《保密法实施条例》第十六条,由国防专利权人主动提出解密申请,需要原定密机关进行审批。这就意味国防专利主动申请解密最终是审批制,而审批制最主要的特点就是审批机关有选择决定权,即使符合规定条件,也可以不批准。更进一步,审批制的另一特点就是终审。如果主动解密申请被上级机关、单位驳回,则没有重申的机会。因此,无论从维护国防专利权人个人利益的角度,还是强调促进国防专利转化运用的原则来考量,审批制对于国防专利主动解密申请都是不科学的。二是国防专利权人提出解密申请。三是军工集团企业及其附属科研院所提交申请需有原定密单位的意见。上述第二、三项的主动申请解密规定,由于受到2010年新修订的《保密法》及其《保密法实施条例》的限制,即国防专利解密权属于原定密单位,因此已经不具备法律效力。主动申请解密的条件为:

(1) 国防专利被列入当年国防专利解密目录;

(2) 国防专利权人已经寻找到技术受让方。

只要满足以上两个条件之一,即可作为定密机关、单位核准的条件。

2. 主动申请解密流程

国防专利主动申请解密机制流程如图6-7所示。

第6章 国防专利技术转移动力路径

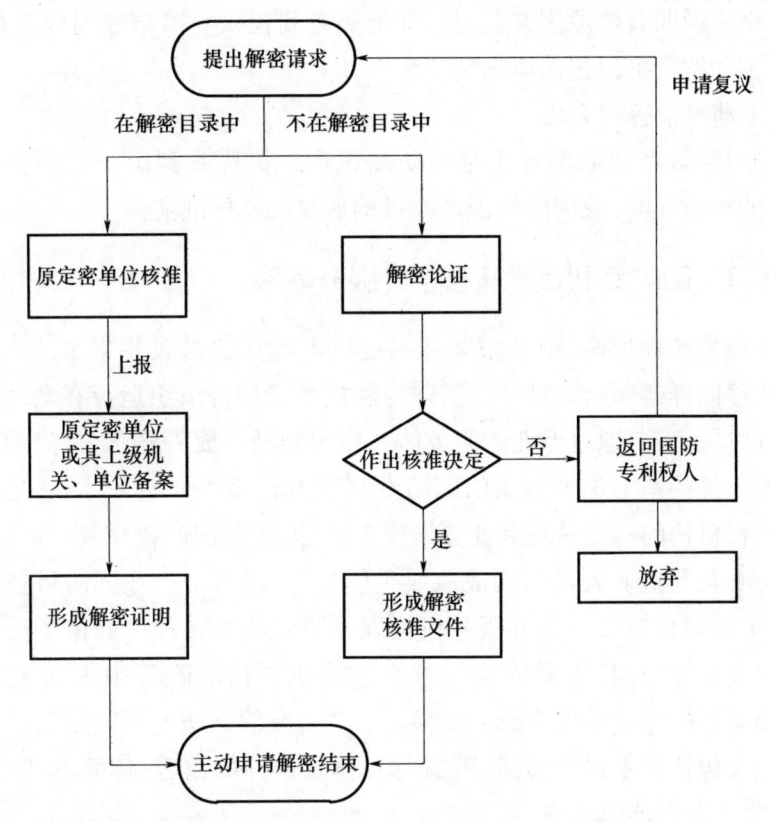

图6-7 国防专利主动申请解密机制流程图

1）提出解密请求

国防专利权人（单位或个人）向原定密机关、单位书面提出主动解密请求。请求书中应包括对解密申请的原因及法律依据。其中，对主动解密请求中，需提供该技术在民用领域应用的相关信息，以供核准时作为依据。

2）定密单位核准备案

原定密单位对国防专利权人提出的解密请求，依据《保密法》及其《保密法实施条例》相关规定、国防专利条例以及解密条件等进行核准。其中，国防专利年度解密目录作为核准条件进行确认，只要该申请符合条件，定密机关、单位予以准许，同时报上级机关、单位进行备案，并将解密的通知及时返回到国防知识产权机构；对于拟申请主动解密的国防专利不在解密目录范围的，需要其提供未来转移的受让方以及所具备的转移条件，并由定密责任人组织相关专家人员进行论证，并在受理申请的15日内作出是否核准的决定。如果核准

197

不通过,则应说明具体原因并及时通知国防专利权人。国防专利权人在15日后,对于主动解密可以提出申请复议。

3) 主动申请解密完成

主动申请解密结束的标志是国防知识产权机构收到国防专利原定密机关、单位的解密证明,或国防知识产权机构形成解密核准文件。

6.2.3 国防专利技术转移中介服务体系

根据技术转移理论,中介服务体系是技术转移的组成要素之一。国防专利技术转移同样遵循这一规律。国防专利技术转移自组织运行在动力积累和动力涌现阶段,需要通过专业的服务体系作为刺激和放大涨落、促进形成序参量的重要条件。本书论证提出的国防专利技术转移中介服务体系,是指在国防知识产权机构的行政管理和业务指导下,以国防知识产权交易中心、国防专利代理中心及其执业人员所构成执业主体为主,以军工行业国防科技成果转化机构、军民融合委员会公共服务机构以及民营技术转移中介市场法人实体构成的执业主体为辅,与国防专利定密、解密机制相衔接,与国防专利技术需求方直接对接的综合性中介服务体系。本文研究的国防专利技术转移中介服务体系主要包括体系设计应遵循的原则、体系设计的内容、体系框架、建设目标、机构设置及职能等。

6.2.3.1 构建国防专利技术转移中介服务体系的必要性

构建国防专利技术转移中介服务体系有其科学的理论依据和现实必要性,并主要体现在降低转移交易成本、与定密解密机制有效对接以及国防知识产权中介机构职能拓展等方面。

1. 降低转移交易成本的客观要求

国防专利在解密后虽然具备了公开的条件,并且可以直接与受让方进行对接。但是根据目前国防专利条例以及相关管理规定,国防专利在向民用领域转让、实施方面,仍受到过多的行政干涉,其在转移过程中面临着严重的信息不对称,从而导致国防专利所有权在交换过程产生较高的资金成本和时间成本。根据威廉姆斯的分类,交易成本可以分为缔结协议之前和缔结协议之后的成本,包括在谈判环节和协议成立、签订以及执行、确保完成的情况下所发生的交易活动产生的所有成本。国防专利技术转移的交易成本主要体现在技术供体对国防专利技术需求信息的搜索、对技术受体的搜索、访问潜在受让方、信息费支出、调研费以及初步评估而产生的费用成本。国防专利技术转移中介服务体系在提供上述服务中,其管理主体唯一,所提供的业务涵盖了从专利评估、谈判与签约到监督与执行各个环节,根据创新价值链理论,有利于最大程度地节约交易成本。

2. 与定密解密机制有效对接的迫切需要

科学合理的定密、解密机制是打破国防专利长期以来"束之高阁"以及沉睡状态的必要手段,而不是最终目的,其最终目的是为了促进国防专利的有效转移。根据调研情况反映,目前国防专利解密的案例均是以转移为目的的,而且都是由国防专利权利人自己寻找受让方并提前达成转移协议,主动请求解密的。这种被动解密的案例从侧面反映出国防专利技术转移工作的缺位。如何将这种由国防专利权人因转移需求而主动提出解密(相对于国防专利机构是被动解密)改为由公共机构专门为国防专利权人在解密后提供转移中介服务,并将这种分散的国防专利权人的个体行为通过中介服务体系整合,并进行统一管理,切实提高国防专利的转移效率,成为解密工作之后国防知识产权管理亟待解决的问题。因此,急需一套国防专利技术转移中介服务体系与定密解密机制相衔接,为解密的国防专利向民用领域转移提供组织保证。

3. 国防知识产权中介机构职能拓展的现实需求

目前,国防知识产权中介服务机构包括国防专利代理机构、国防知识产权研究咨询机构、国防知识产权推广应用机构。其中,个别国防专利代理机构开展了国防知识产权推广应用服务。上述行业机构大部分不是专职的中介机构,在业务上存在交叉、服务模式和方式单一、缺乏统一规划和业务指导,深层次中介服务覆盖的军工单位范围有限。总体来看,国防知识产权中介服务体系尚不健全,不能满足国防专利技术转移的现实需求。国防专利技术转移中介服务体系将通过整合现有军工行业资源、联合地方各类中介服务机构并建立协作关系,从宏观上科学统筹国防专利代理、研究咨询、法律服务以及资产评估等技术转移涉及的各个业务领域,有利于为实现国防知识产权有效运用、科学管理的目标任务提供全面支撑。

6.2.3.2 设计原则

国防专利技术转移中介服务体系设计应遵循以下原则:

1. 坚持需求牵引和自我完善相结合

以国防专利权人对国防专利转移中介服务的需求为牵引,突出国防专利技术供体利益主导性特征,以维护国防专利权人利益为目标提供针对性服务,在为国防专利权人提供服务的同时,不断探索工作模式和服务理念,加强自身建设,不断提高业务能力和服务水平,以满足国防专利解密机制下国防科技成果对国防知识产权推广转化应用中介服务的需求。

2. 坚持职能部门与市场法人实体相结合

国防专利技术转移中介服务机构设置应立足现有行业部门承担为主,将国防专利技术转移业务嵌入现有职能机构中,并将相关业务分摊到各部门,首先确保中介服务体系工作的启动。在此基础上,随着国防专利技术转移服务专业化水平的提高以及解密国防专利数量的逐渐增加,国防专利技术转移中介服务具备向市场化运作的条件时,应注重市场调节作用,并通过政策鼓励引导扶持市场法人实体的中介服务机构,同时建立适度竞争机制,营造国防知识产权中介服务市场竞争环境。

3. 坚持通过试点实施推进体系建设

国防专利技术转移中介服务是国防知识产权管理的新增内容,影响因素多,推进难度大,在建设初期需要通过试点方式探索理论成果的适用性,发现并解决实际运行过程中的关键问题,积累经验,为体系建设奠定基础。通过试点,探索国防知识产权机构、中国和平利用军工技术协会、国防科技成果推广转化研究中心、军工集团附属科技成果转化中心、军民融合协同创新中心、中国技术交易所以及各类公共技术转移平台在内的官办、行业协会、法人实体等不同性质的中介服务机构在国防专利代理、推广、信息发布以及平台建设等方面的工作模式和经验,进一步修正和完善体系框架,为全面推进国防专利技术转移中介服务体系建设提供基础和借鉴。

4. 坚持专业化服务和一站式服务相结合

根据技术转移过程,国防专利中介服务覆盖到从专利代理到合同履行的各个环节,但在体系建设初期囿于基础保障条件、技术人才以及政策法规等客观限制,不大可能提供技术转移中所需各项服务。在体系建设初期应以畅通信息发布渠道的专业化服务为主,强调业务在不同机构之间的横向拓展,确保技术供体与技术受体的信息对接,体现技术转移中介服务的基本功能。随着国防专利解密数量的不断增加以及试点运行的经验积累,体系建设应强调业务的纵向拓展,向代理、研究咨询、推广应用、信息检索、法律服务等业务在内的一站式服务方向发展,确保服务能够覆盖到专利技术转移的全过程。

6.2.3.3 体系设计内容

国防专利在解密后仍然受到国防知识产权机构的管理,并在转让、许可实施等方面受国防知识产权机构批准。作为国防专利的统一管理机构,国防知识产权管理机构对解密后的国防专利还应继续提供专门的转移业务。根据专利转移的流程,专利转移业务包括寻找专利受让方、签订专利转移合同、准备专利转移文件等多个方面。国防专利技术转移也应遵循这一基本流程。国防专利技术转移中介服务体系建设也应从以上几个方面着手设置相应的机构,并依托信息平台提供涵盖专利转移各个服务项目,为国防专利在解密后能够得到一站式服务,将目前的代理业务向转移领域拓展。

借鉴普通专利中介服务经验,并结合国防专利的特点,国防专利技术转移中介服务体系设计的内容可能包括以下10个方面:

(1)提供信息发布,为国防专利权人寻找技术受让方。

(2)提供针对性信息推送服务,为民营企业提供适合其生产条件和能力的国防技术项目。

(3)为欲投资建厂的民营企业寻找符合意愿、条件的国防专利项目。

(4)为军品配套科研生产的民营企业提供同行业前沿的国防专利,帮助民营企业改进生产技术和传统产业。

(5)提供专家咨询、论证服务,协助国防专利权人和受让方筛选项目,为项目的交易提供必要的信息分析、诚信调查、组织考察、安排意向洽谈,协助对交易技术进行评估定价。

(6)提供协助国防专利权人拟定、签订转让、许可实施合同、监督合同履行、调解合同发行中的纠纷等委托代理业务。

(7)为年度解密的国防专利定期举办国防专利公开展示发布会,为国防专利权人与民营企业提供面对面的洽谈平台。

(8)对年解的国防专利及时列入《军用技术转民用推广目录》,尽可能利用和依托其他信息渠道公开发布国防专利信息。

(9)出版《国防专利技术转移》期刊,以国防专利技术信息为主体内容,形成对外公布解密国防专利成果的主要媒介。

(10)建设并维护《国防知识产权交易平台》,依托平台使国防专利实现在线交易,并随着解密的国防专利数量不断增加进行信息数据分析,为技术受体提供更加专业和精细的技术服务。

6.2.3.4 体系框架及建设目标

国防专利技术转移中介服务体系,以《国防知识产权战略实施方案》为指导,依托现行国防知识产权管理体制,按照与其所担负的任务相吻合,与自身工作特点相适应,构建以国防知识产权机构成立的国防知识产权交易中心为主,由行业中介服务机构、军民融合公共服务机构以及民营中介服务机构共同构成的,以点带面且关系科学衔接的有机整体,使国防专利技术转移服务覆盖到全国范围,逐步建立起国防专利技术供求双方对接顺畅、渠道多元、服务全面的中介体系。按照国防专利技术转移生成机理,从缩短技术转移能力和创新价值的形成周期以及遵循自组织运行动力状态特征考虑体系过渡性安排的要求,国防专利技术转移中介体系分为两个阶段推进实施。

1. 第一阶段国防专利技术转移中介服务体系框架及建设目标

第一阶段国防专利技术转移中介服务体系是以国防知识产权交易中心试点建设为主,以其他提供军转民技术转移服务机构为辅助构成的服务体系,重点强调技术供体与技术受体的需求对接。在国防专利技术转移中介服务体系建设初期,国防专利解密机制尚未展开,解密的国防专利首先在数量上有限,同时由于国防专利的技术稀缺性、较高的核心程度以及较长的生命周期使得由军工集团附属科研院所或军工集团企业自主研发产生的专利技术在民用领域的同行业具有不可替代性。因此,国防专利技术的需求大于供给,这种供求关系决定了国防专利技术转移市场是卖方市场。此时,国防专利技术转移中介服务体系建设应围绕市场供给展开,首先要解决好解密机制与转移的衔接,并侧重为技术供体提供服务,如及时发布供给信息、建立国防专利供给信息库、加强国防专利权人的利益保障等。具体思路是:以国防知识产权交易中心试点建设为中心,将解密的国防专利信息及时向其他行业机构推送,在实现信息对接后,由国防知识产权交易中心完成实质的转移工作。这些行业机构包括:各军工集团下设的军民双向技术转移中心、中国技术交易所、国防科技成果推广转化研究中心、中国和平利用军工技术协会、全军武器装备采购信息网、军民融合协同创新中心以及军民融合公共服务平台等各类军民技术需求对接机构或平台。

第一阶段体系中各机构之间的关系是:国防知识产权机构直接领导国防知识产权交易中心,并在业务上给予指导;国防知识产权交易中心是国防专利技术转移的职能部门,并与其他技术转移机构或协会围绕国防专利技术信息共享形成协作关系。国防专利技术转移中介服务体系第一阶段建设框架如图6-8所示。

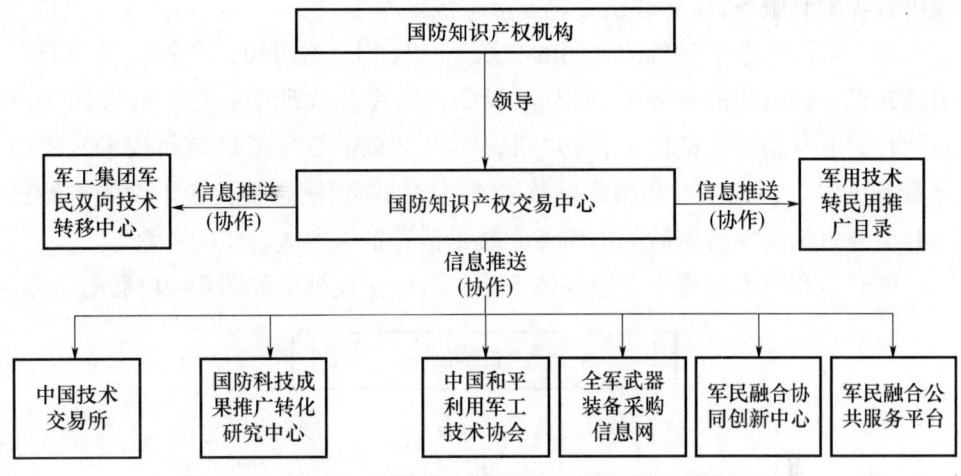

图6-8 国防专利技术转移中介服务体系第一阶段建设框架

第一阶段体系建设的目标是,通过国防知识产权交易中心的试点运行,加强行业合作、整合行业资源,首先帮助那些已经具备转移条件的技术供体和具有生产和商业化能力的企业完成转移项目,并将这种转移项目成功实施所带来的经济效益和社会效益不断放大,积极营造国防专利技术市场氛围,使更多的技术供体看到市场愿景,并主动通过解密机制将国防专利输送到专利技术市场,实现技术供体与技术受体的需求对接,并为下一步探索国防专利技术转移运行模式积累经验。

2. 第二阶段国防专利技术转移中介服务体系框架及建设目标

第二阶段国防专利技术转移中介服务体系是在国防知识产权交易中心运行的基础上,将业务延伸到分布在全国范围内的国防专利代理中心,并拓展到军民融合公共服务体系、军民两用技术中介服务机构等法人实体,使国防专利技术转移中介服务体系建设初具规模,实现由卖方市场向买方市场的转变。

随着第一阶段体系建设完善以及国防专利解密的数量不断增加,国防专利技术市场的供求关系将随之改变,随着国防专利供给量的增加,将形成一个供求关系相对稳定的市场关系,特别是在解密机制的作用下,公开的国防专利仍将持续增加。因此,未来的技术市场中,国防专利的供给将大于需求,买方将起主导作用。此时,国防专利技术转移中介服务体系建设应围绕市场需求展开,并切实关注技术受体的需求。在建设内容规划上,首先要加强对民用技术市场的分析,划分细分市场,定位目标群体;其次,围绕民营企业的真实需求提供各类配套服务,建立潜在受让方信息数据库等。

第二阶段体系中各机构之间的关系是:纵向上,国防知识产权交易中心在国防知识产权机构的领导下,向其下设的国防专利代理中心提供有关国防专利转移的业务指导。横向上,国防知识产权交易中心与国防专利技术转移中介服务机构(法人实体)和国家以及地方层面的军民融合委员会下设的军转民公共服务机构围绕解密后的国防专利技术信息推送形成合作的关系。

国防专利技术转移中介服务体系第二阶段建设框架如图6-9所示。

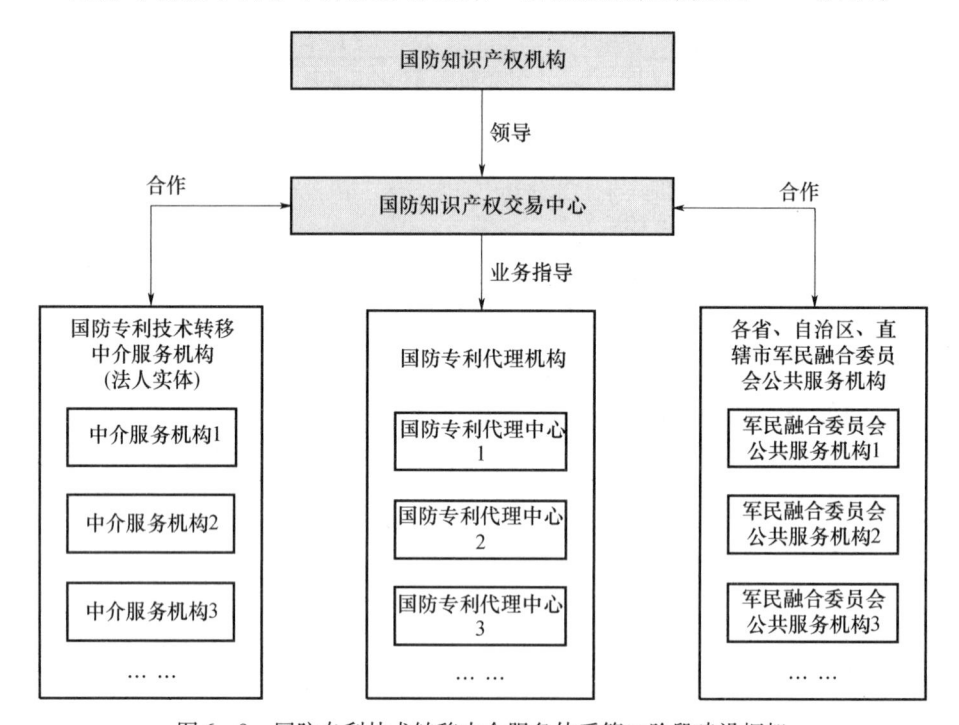

图6-9 国防专利技术转移中介服务体系第二阶段建设框架

第二阶段体系建设的目标是,在第一阶段体系建设的基础上,同时注重业务的纵向完善和机构的横向联合,使体系向市场化运作模式转变。一是立足自身充分发挥现有机构职能强调业务的纵向完善。以国防知识产权交易中心的正式运行和管理模式为基础,在国防专利代理中心原有业务的基础上增加技术转移职能,使目前的34家国防专利代理中心逐渐由专利代理的单一的业务职能机构向提供代理、解密到转移的综合中介服务机构转变,直接为本地企业提供转移服务,提高国防专利技术转移的效率,突破国防专利技术转移的时间和空间限制。二是趁势作为充分利用军民融合服务体系加强机构的横向联合。由于国防专利技术属于军转民技术范畴,其中介服务也应纳入到军民融合服务体系的建设。因此,应将国防专利转移业务纳入到目前正在成立的各类军民融合或军民两用技术中介服务机构等法人实体,加强机构之间的横向联合,使国防专利技术转移由政府主导向市场主导的理想运作模式转变。

6.2.3.5 国防知识产权交易中心构成与职能

国防专利作为国防知识产权的重要组成部分,是国防知识产权交易中心的主体对象,成立国防知识产权交易中心,不仅为国防专利转移提供中介服务,也为国防著作权、国防技术秘密权和国防集成电路布图设计权的推广转化等提供相关的中介服务。

1. 组织结构

国防知识产权交易中心是国防知识产权机构的职能部门,由国防知识产权机构直接领导。设中心主任一名,由国防知识产权机构负责人兼任,并设两名中心副主任,下设6个部门。国防知识产权交易中心组织架构如图6-10所示。

(1) 技术转移部(共3个部门);
(2) 专家工作组;
(3) 办公室;
(4) 战略合作部;
(5) 编辑部;
(6) 网络中心。

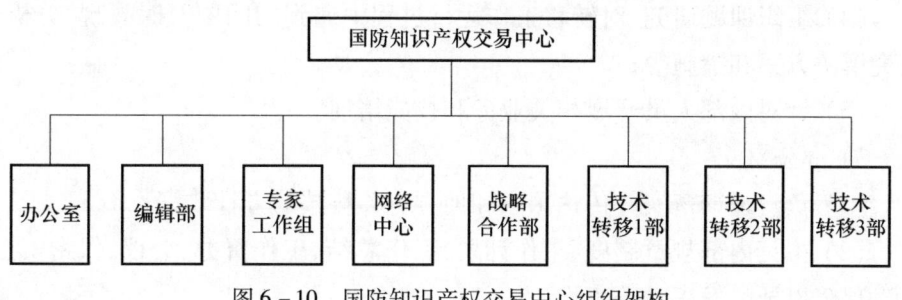

图6-10 国防知识产权交易中心组织架构

2. 职能职责

1）技术转移部（共 3 个部门）

技术转移部按照国防知识产权包括的类型分为 3 个部门，其中技术转移 1 部专门负责国防专利的转移工作；2 部专门负责国防技术秘密的转移工作；3 部专门承担国防著作权和国防集成电路布图设计权的转移工作。技术转移部主要的职能如下（以技术转移 1 部为例，技术转移 2 部、3 部的职能以此为参照）：

（1）负责对解密后的国防专利接收、筛选、分析、发布服务；

（2）根据信息平台的合作意向，为国防专利筛选技术受让方，并为国防专利权人安排意向洽谈、协助评估定价等工作；

（3）根据解密国防专利的技术分布，赴相关民用技术市场调研，建立技术受体信息库，为解密后的国防专利权人寻找相关的受让方提供信息；

（4）负责国防专利投融资，为有意向通过专利入股投资建厂的民营企业解决资金瓶颈，协助联系国家科技创新基金以及各部委设立的专项基金；

（5）负责参与交易过程，为转移合同的签订、履行、监督等提供专项服务；

（6）负责组织国防专利公开展示发布会等交流会；

（7）完成上级交代的其他任务。

2）专家工作组

（1）负责技术、法律、经济、技术转移等领域专家遴选工作；

（2）负责国防专利的保密工作，制定国防专利的保密规章制度，保障技术咨询、评价、调查、论证过程中对专利、技术的保密；

（3）按照国家有关规定公正、独立、客观地开展技术咨询（包括国防专利技术可能面临的二次开发、中试、集成及产业化实施的预测、技术调查、技术分析评价）工作；

（4）组织课题研究，对转移工作运行过程中遇到的问题及时发现、分析并研究解决方案和措施等；

（5）针对内部人员开展相关业务和技能培训。

3）办公室

（1）负责贯彻落实并传达国家和地方有关科技的方针政策；

（2）拟订内部规章制度、工作计划、工作总结、工作督办、会议、保密安全、后勤保障以及突发事件等工作；

（3）协调各部门相关事务，承办文件审核、信件资料收发，负责文件、档案、印章以及单位固定资产的管理；

（4）负责接待客户的来访、来函、来电，接待和处理客户投诉建议并对执行情况进行监督检查；

（5）承担国防知识产权机构其他部门与交易中心之间的协调工作、承办上级交代的其他工作。

4）战略合作部

（1）承担对其他国防科技成果转化机构的合作与交流协调工作，提出年度合作方案及合作计划，并组织实施工作；

（2）负责联系各部委、地方政府部门、军工集团附属科研院所、军工集团企业、军队科研院所、军队院校、中央直属与地方高等院校、行业协会、投融资机构的合作，促进国防知识产权的转化；

（3）建立与中央、地方及行业的新闻媒体（包括报纸、期刊、网络、电视、广播电台）的联系与合作，负责国防专利技术的宣传推广；

（4）各类重大活动会议负责邀请部委系统领导、行业专家、投融资机构、新闻媒体的参加；

（5）承办上级交代的其他事项。

5）编辑部

（1）负责《国防专利技术转移》以及其他期刊的栏目策划、组稿、设计、校对等工作，按时按期完成刊物的编辑出版任务；

（2）组织策划国防知识产权转化研讨会、新闻发布会、国防专利技术推广会的方案、撰写新闻通稿、会议手册以及会议议程的制定等工作；

（3）负责技术咨询服务、技术宣传推广等合同的制定、审核、登记备案工作；

（4）承办上级交代的其他事项。

6）网络中心

（1）负责《国防专利技术信息数据库》的建设、《国防知识产权交易平台》网络的编辑建设；

（2）负责网页的设计、专题页、图片、视频的制作，负责平台会员注册、会员审核、会员管理工作；

（3）负责信息安全、信息服务的相关审批、软件开发、知识产权的申请保护工作；

（4）负责通信、网络、电脑等各种电子设备的维护工作；

(5) 负责数据的处理、分析、研究以及开发等工作；

(6) 承办上级交代的其他事项。

6.2.3.6　国防代理中心构成与职能

国防专利代理中心的业务拓展是在国防专利技术转移中介服务体结构下完善转移服务横向联合的重要途径。技术转移的效率不仅与转移中介机构的效率有关，还受到空间和时间的限制。尽管随着国防专利技术转移平台的建设，国防专利技术信息可以及时通过在线平台实现信息对接，但在实质性的转移实施时，仍然需要技术供体与技术受体面对面的对接，包括具体的商谈、专利评估、合同签订、合同履行等环节。因此，从覆盖全国的地理范围上来看，仅限一家的国防知识产权交易中心不可能有效满足技术供体与技术受体的对接服务。应在国防知识产权交易中心试点运行的基础上，进一步将转移业务延伸到各地的代理中心，直接为本地企业提供转移服务，提高国防专利技术转移的效率，突破国防专利技术转移的时间和空间限制。

国防专利代理中心分布于全国各省市，在体系建设第二阶段随着国防专利解密数量的增加以及技术受体的引进国防专利需求量的增大，国防知识产权交易中心将面临在业务和地理范围上的局限。因此，应充分发挥现有国防知识产权机构的资源优势，为本地的企业直接提供国防专利技术转移服务。

国防专利代理中心是目前具备国防专利管理保密资质，并从事国防专利的代理、申请等环节的服务机构，属于半政府性质的服务机构。从第一家代理成立(时间、地点)到目前遍布于全国的34家代理中心，由于国防专利的申请、授权以及维持期间均在代理中心完成，国防专利代理中心在国防专利的信息资源掌握、业务上的管理经验等都具备一定的基础和优势。因此，以国防专利代理中心为基础进一步拓展转移中介服务的相关业务，既是充分发挥其资源优势的具体体现，也是坚持专业化服务和一站式服务相结合的体系构建原则以及不增设机构，不增加编制的改革原则的重要体现。

1. 组织结构

拓展业务后的国防代理中心在隶属关系上保持不变，在业务上受国防知识产权交易中心指导，并在现有的组织架构的基础上，增设技术转移办公室，增加技术转移的相关职能。

2. 职能职责

国防专利代理中心在承接国防专利技术转移服务中，除承担目前本系统

或本单位内部的国防专利委托代理、申请等职能外,还应承担以下相应职能:

(1) 负责接收国防知识产权机构解密的国防专利的技术信息,在其代理中心的网络平台上发布信息;

(2) 负责对有意向引进国防专利的本地企业的接洽,并协助国防专利权人履行相关转移的手续;

(3) 负责协调对本系统和本单位内的国防专利解密过程中与国防知识产权交易中心的协调;

(4) 负责对本地区国防专利需求市场定期分析、调查,并形成潜在客户的数据清单及时上报于国防知识产权中心;

(5) 负责对有意向引进国防专利的企业进行会员登记、注册等工作;

(6) 负责定期向《国防专利技术转移》期刊提供技术需求、工作动态等信息;

(7) 负责上级领导交代的其他事项。

6.2.3.7　国防专利技术转移中介服务机构分类及职能

根据国防专利技术转移自组织运行规律,国防专利技术转移自组织运行不仅是技术供体与技术受体之间竞争与协同作用的结果,也是系统内外各要素在围绕国防专利技术转移活动中相互竞争与协同作用的结果。国防专利技术转移中介服务机构的竞争与协同也是促进系统自组织演化的重要动力。其中,专门负责技术转移的法人实体就是未来国防技术交易市场中涌出的自组织力量。这些机构与国防知识产权机构下属的国防知识产权交易中心以及分布于全国范围的国防专利代理中心,在为国防专利技术供体与技术受体提供中介服务的过程相互形成竞争与协同。这种由中介服务机构产生的协同力将作为系统内部的自身引导力量放大系统的动力机制作用并推动系统向高阶有序演化。

根据国防专利技术转移中介服务体系框架及建设目标,按照机构性质,受理国防专利技术转移业务的机构除国防知识产权交易中心以及国防代理中心外,可以分为行业中介机构(军工系统)、军民融合委员会公共服务机构以及专门从事技术转移的民营中介服务机构三类。

1. 军工行业中介机构

军工行业中介机构主要是指立足于各军工集团自身建设发展,依托本集团军工技术资源优势和行业生产优势,积极吸引与本行业相关的技术成果,进行军民双向技术转移的中介服务机构。该类中介服务机构由于挂靠在军工集团,一般属于军工集团的下属公司,起步较早,在军工行业内积累了丰富的技术成果转化经验。同时,由于国防专利的重要生成单位来源于军工集团,在国防专利技术转移过程中,该类中介机构仍然是国防专利技术转移中介服务机构的主体力量,也是国防专利技术转移中介服务体系第一阶段重点建设的目标。

2. 军民融合委员会公共服务机构

按照军民融合发展战略规划部署安排,各省、自治区及直辖市成立的军民融合委员会成为地方国防科技工业的主管部门并承担当地国防技术向民用转移的职能。其中,国防专利作为国防科技工业系统中的重要科技资源,也将被纳入到各省、自治区及直辖市的国防科技主管部门的管理范围。因此,国防专利技术转移服务也是其公共体系建设的重要组成部分。将国防专利技术转移相关的服务纳入到军民融合公共服务体系之中,并与军转民、民参军的技术服务整合成一个有机整体,是未来国防专利技术转移体系的重要组成部分。由于军民融合强调的是军民技术的相互转移,在提供相应的服务时也应严格地将二者相分离,特别是在为民营企业参与军品科研生产过程中,也将遇到国防专利的引进以及合作等现实问题,满足未来民营企业参军的需求。因此,国防专利技术转移作为军民技术双向转移的一体化服务内容将是未来重要的发展方向。

3. 民营中介服务机构

随着国防专利解密数量的不断增加以及国防专利技术市场的不断完善,由民营法人实体专职机构承担国防专利技术转移业务也是对技术转移交易市场规律的遵循。专门负责技术转移的法人实体具有除国防知识产权交易中心以及国防专利代理中心半官方性质的优势,其优势主要体现在服务的专业化、业务的全面化以及受市场竞争机制激励等方面。专门提供国防专利技术转移中介服务的法人实体机构的组织结构类似于国防知识产权交易中心,在职能职责方面将更加专业、细化,更贴近市场需求,这里就不再赘述。

6.2.4 国防专利技术转移法律保障

国防专利技术转移自组织运行过程中涉及相关利益主体较多,客观上需要对国防专利定密、解密、向民用领域转让、实施等方面的相关规定作出调整和必要补充,确保国防专利定密、保密机制以及转移的有效运行。

1. 定密与解密方面

1) 强化和规范国防知识产权机构在保密工作中的权利与地位

新修订的保密法使国防专利的定密权已转移到国防专利生成单位,国防知识产权机构的审查仅限于专利性审查。因此,目前《国防专利条例》的第六条,关于国防知识产权机构对国防专利的保密审查规定已经不再具有法律效力。结合前述论证提出的基于国防专利保密顾问委员会审查机制,应从以下三个方面对国防知识产权机构在定密过程中作出重新规定并通过国防专利条例予以体现。一是国防专利申请前应首先在国防知识产权机构作保密论证,在申请前须将国防专利保密顾问委员会论证并形成的保密论证意见书,以及发明申请文件一并提交到国防知识产权机构审查环节。二是国防专利在保密期内,国防知识产权机构有权对国防专利进行动态解密与强制解密。国防专利权人应根据国防专利年度动态解密流程和强制解密相关要求,配合国防知识产权机构完成相关事项。三是对于不受保护的国防专利,即因未按规定及时缴纳年费的国防专利,国防知识产权机构有权对此类国防专利实施强制解密,同时具有核准资格。

2) 明确国防专利定密单位的义务和责任

为保证国防专利定密机制的有效运行,应在国防专利条例中补充国防专利生成单位履行的义务和责任。具体包括:一是国防专利生成单位定密时,应以国防专利保密顾问委员会生成的定密论证意见书作为重要的参考依据;二是各军工集团、军队单位(军队科研院所、军队院校)应按要求及时上报本年度解密的技术目录;三是对列入强制解密清单的国防专利,原定密单位应按程序进行核准,依法予以确认,并向其上级主管机关、单位备案。

3) 修改完善普通发明专利申请保密筛选因素

关于普通发明专利申请进行保密筛选的考虑因素,除按照国防专利保密目录对照外,应坚持国家安全利益与促进转化运用并重的原则,在现行因素基础上进行修订完善。对于确实可能给国家和国防安全造成损害和安全隐患的发明专利再纳入筛选范围。对普通发明专利申请保密筛选的因素为:

(1) 专利申请是否对现役军事装备提出了技术解决方案;

(2) 申请人是否承担国防科研工作;

(3) 请求书中是否请求保密处理;

（4）申请文件中是否附有政府或军队有关主管部门出具的保密证明。

4）明确因主动解密导致失泄密法律责任规定

对于解密后导致国家安全利益受到损害的法律责任追究问题，应在国防专利条例中予以体现。由于主动解密申请机制侧重维护国防专利权人的利益，采取了核准制和备案制。因此，通过定密机关、单位核准后解密的国防专利，若在后续转移环节中，其发明被其他国家或外资企业用于武器装备研制生产，并导致国家安全利益受到损害的，应当追究国防专利权人的法律责任。对于由解密公开国防专利技术信息而导致泄露国家秘密的行为，应追究国防专利权人的刑事责任。这样的法律规定，既有利于保护国防专利权人的财产权又有助于维护国家安全利益，同时也是防止对国防专利主动解密申请制度滥用的必要限制。因此，在《国防专利条例》中，应进一步补充：对于通过主动解密申请机制故意为境外的机构、组织、人员提供国防专利技术信息并危害国家安全的，应按照《中华人民共和国刑法》第一百零九条、一百一十一条及一百一十三条，依法追究国防专利权人的刑事责任。上述因主动解密导致国家安全受到危害及国家利益受到损失"情节严重"的衡量标准，应根据所泄露的国防专利的密级以及主观恶性来定罪量刑。

2. 转让方面

国防专利申请权和国防专利权的转让，应做好与解密机制的承接以及与国防专利技术转移中介服务体系的对接工作，并在国防专利条例中对转让的程序以及相关方的责任予以明确。

1）转让方向上应对军用和民用作出区别性规定

国防专利向军用转移，即在本系统内或军内转让，按照目前的规定实施，由国防专利权人向国防专利机构提出书面申请，并由装备发展部审批。向民用转让，根据国防专利解密机制的不同，区别两种情况分别作出规定。对于通过主动申请解密机制申请转让的，其转让程序与目前的规定保持一致，仍沿用目前的行政审批制。其目的是以保护国家安全利益为第一考虑，以防转让后被其他国家或外资企业用于武器装备建设并导致国家安全利益受到威胁和损害。具体流程如下：

首先，由国防专利权人向国防专利机构提出向民用转让的书面申请，经国防专利机构审查后，根据国防专利生成单位的属性分别报送国务院国防科学技术工业主管部门和中央军委装备发展部审批。其次，经审批通过的国防专

第6章 国防专利技术转移动力路径

利,当事人应当订立书面合同,由国防知识产权机构登记,并转移到国防知识产权交易中心进行后续的转让环节。对于未批准的国防专利,应当书面通知申请人并说明理由。

主动申请解密方式下国防专利转让程序如图6-11所示。

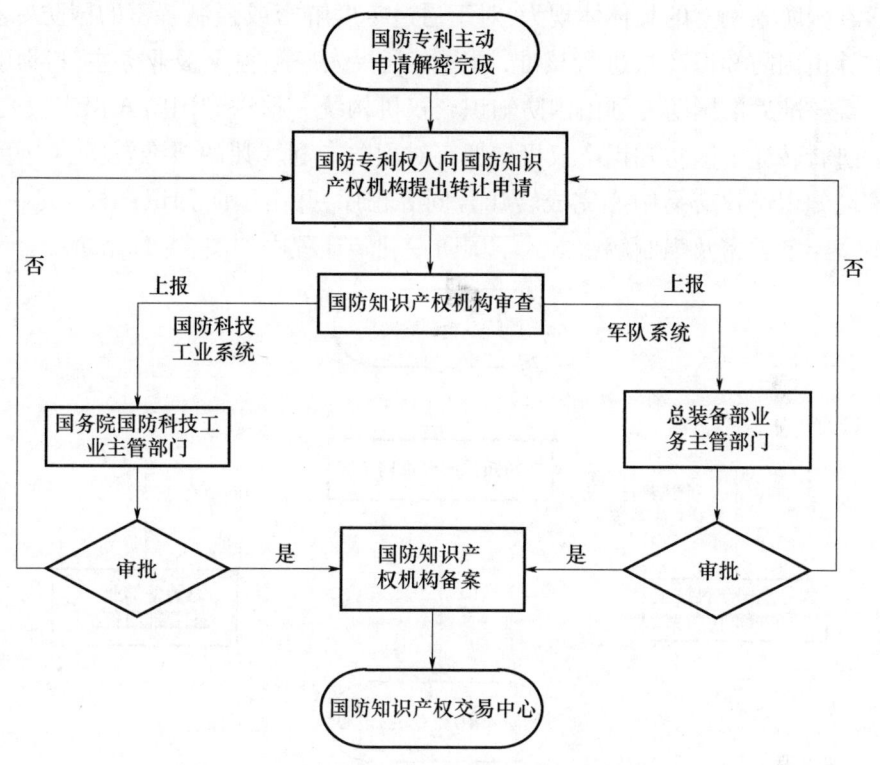

图6-11 主动申请解密方式下国防专利转让程序

2)将国防专利申请权和国防专利权转让的审批制改为核准制

通过年度解密和强制解密方式完成解密的国防专利,其权利人申请转让的,应将目前的行政审批制改为核准制。国防专利年度解密机制和强制解密机制是针对具有一定民用潜力且不需要继续保密的国防专利而设计的。国防专利保密顾问委员会的建立就是为了充分保证国防专利转移的时效性。而目前转让的审批制在受理转让申请时需要通过利益相关部门的多重环节,在时间和程序上存在一定的迟滞性,对国防专利技术生命周期产生一定的影响。国防专利保密顾问委员会在解密认证时承担了该国防专利向民用领域转让实施的判断职能,而且与解密论证同期进行,在本质上已经起到了对国防专利解密后是否具备转让条件的咨询以及论证作用。对于年度解密和强制解密的国防专利的转让审批制改为以国防知识产权的核准制,并向上级业务主管部门备案,既是削弱目前转让行政审批的过度干涉,提高办事效率的改革途径,也是与解密机制有效衔接的配套手段。

在国防条例上的具体体现为:对于通过年度解密或强制解密的国防专利,其转让由国防知识产权进行核准,国防专利权人应呈报上级业务主管部门备案。经核准后的国防专利由国防知识产权机构统一移送到国防知识产权交易中心进行转让。国防知识产权机构拥有对国防专利转让的核准资格。当事人在国防知识产权交易中心完成转让合同等程序,并由国防知识产权中心协助完成。年度解密及强制解密方式下国防专利转让程序如图 6-12 所示。

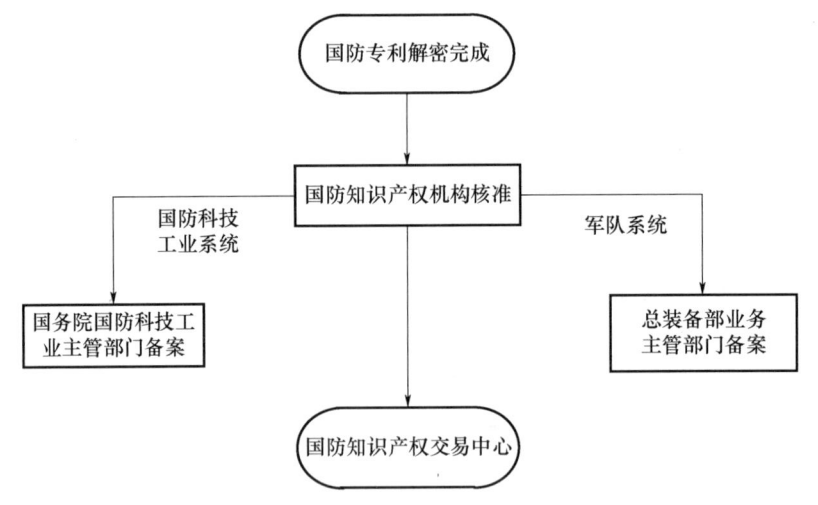

图 6-12　年度解密及强制解密方式下国防专利转让程序

3. 实施方面

目前,《国防专利条例》对实施他人国防专利仅规定依照相关规定向国防专利权人支付费用,实施单位不得允许合同规定以外的单位实施国防专利。但是,这一规定是否是指军用还是民用,在现行的条件中仍然没有作出明确规定。同时,根据专利技术转移原理,转移模式主要包括两种,即转让与实施。因此,作为转移的一种模式,国防专利的民用实施应与转让程序在程序上保持一致,对上与解密机制相衔接,对下对国防专利技术转移中介服务实现对接,结合解密机制,填补目前国防专利在民用领域实施的空白。因此,结合论证提出的解密机制,本书认为应对国防专利在民用领域实施从以下三个方面作出重新规定和补充。

（1）民用实施的条件是解密。国防专利条例规定针对的是国防科技工业系统和军队有关主管部门内的实施程序，其实施不面临解密的情形，但是对于民用实施，需要对国防专利首先进行解密，这是实施国防专利的必要条件。因此，国防专利的民用实施应与解密机制相衔接。

（2）根据解密方式，采取不同的实施制度。解密方式决定了国防专利实施的用途。对于由国防知识产权机构统一组织的年度解密与强制解密的国防专利，其目的本身就是为了促进国防专利有民用领域的实施。因此，通过这两种解密方式完成解密的国防专利的实施应采取核准制，具体流程与转让程序基本一致；对于由国防专利权人主动申请解密并提出实施请求的，仍然按照目前国防专利条例的批准制进行，仅在实施合同签订以及相关手续办理上有所区别。该规定与国防专利转让在流程上基本保持一致。

（3）解密后的国防专利在民用领域实施由国防知识产权机构备案，并统一移交到国防知识产权交易中心进行实施合同的签订等相关事宜的办理。由于解密后的国防专利已经具备了向民用领域实施的条件，对其在后续实施的环节中，由国防知识产权机构交易中心专利负责，为国防专利权人在实施环节中提供更加专业的配套服务。

6.2.5 国防专利技术转移政策配套

在国防专利技术动力生成路径实现中，除了必要的法律保障外，还需要针对生成路径中提出的定密机制、解密机制以及中介服务体系从顶层规划设计、解密奖励实施、中介市场培育以及对技术供体单位的考核机制改革等方面提出相应的配套政策，为国防专利生成路径运行提供政策保障。

1. 加强顶层规划设计

国防专利是国防科技资源的重要组成部分，其具体配置和转移运行涉及许多公共部门，如工业和信息化部军民结合推进司、中央军委装备发展部、科技部高新技术发展及产业化司、财政部国防司、国家税务局政策法规司、国防科工局科技与质量司等部门。按照系统的角度，客观上需要加强各有关部门的协调和配合，建立职责和分工明确的工作机制，保证政策的衔接与协同。因此，在系统演化的初级阶段，应从宏观上科学统筹国防专利技术转移发展规划、计划，特别是在系统由无序向有序演化的动力积累阶段，客观上需要国家和军队相关部门采取一定的暂时强制性政策措施,使系统内的资源进一步整合,为系统自组织运行的动力积累提供基础的组织和资源保障,待到系统技术转移能力形成时,政府和军队部门的作用就可以由强变弱,逐渐推动系统的演化。在顶层设计时应根据国防专利技术转移的数量和质量以及为民用科技、经济带来的产出效益作为阶段目标的里程碑,适时调整政府和军队相关部门的干预力度,坚持系统外界的干预以系统自组织运行为主、外界干预为辅的原则。

具体而言,自国防专利从生成之时就应将技术供体各要素纳入到相关部门的统筹规划之中,这样才能保证系统内技术供体子系统的完整性与技术受体之间保持独立性;对于技术受体亦然,军工集团企业(民品)与其他非军工国有生产企业共同作为技术受体,应纳入到国防专利技术引进战略的规划计划中,在顶层设计框架下实施具体的引进战略;对于民营企业,地方政府应发挥其资源和政策优势,根据各地的区位优势和产业特点,为其优势民营企业选择合适的引进策略,与军工集团企业(民品)和非军工国有企业等共同作为技术受体纳入到国家国防专利技术转移的整体发展规划之中,逐渐改变长期以来国防专利技术转移工作无人统筹、自发无序的状态。

2. 制定国防专利权人解密奖励实施办法

国防专利解密在很大程度上还是取决于国防专利权人。解密机制的设计虽然能够保证国防专利在特定的条件上可能得到解密,但是最有效的解密方式还是由国防专利权人主动申请。因此,应尽快出台与解密机构相配套的国防专利解密奖励办法,激励国防专利权人主动申请解密。目前,针对国防专利制度已经分布了配套的《国防专利补偿办法》。然而,针对国防专利解密予以奖励的办法尚未出现。对国防专利权人主动申请解密的奖励办法应从以下两个方面着手。

1) 区别对待,划分等级

对于国防专利权人以向民用实施、转移为目的而主动提出解密申请的,应给予一定的经济奖励并严格标准。在奖励的标准上应根据对促进民用研发、生产等领域发展的贡献进行划分。对于发明价值分为三个等级:一等国防专利是指该技术具有较大的实质性特点,对民用技术发展和建设具有显著的促进作用,使民用传统产业升级、提高了研发、制造的技术水平,解决了民用工业生产中的重大技术问题;二等国防专利是指技术上实质性特点和明显的进步,为民用传统产业提供新概念、新技术和新工艺,为解决新的技术瓶颈提供了新思路,填补了民用科研生产中的技术空白,解决了民用工业生产领域中较大的技术问题。三等国防专利是指技术上有特点和进步,技术特点对民用传统产业有促进作用,改善了相关领域的技术水平,解决了民用生产建设中的一般技术问题。

2) 细分标准,科学实奖

对于所有主动提出解密的国防专利权人,应统一给予基本的奖励,如可以免除解密申请费,减少国防专利权人在解密方面的经济负担,在制度上给予倾斜。具体措施包括两个方面:一是提高奖励标准。对于主动提出解密,且成功向民用领域转移(包括转让、许可等方式并以签订转移完成合同为标志)的国防专利权人实施的奖励将进一步提高奖励的标准。二是免除国防专利年费。考虑到国防专利价值评估的复杂性以及转移取得经济效益的长期性,不建议以国防专利转移效益指标作为对给予国防专利权人实奖的依据,而是一项解密的国防专利可以支持本单位申请的另一新国防专利年费的免除。具体措施是:在国防专利权人签订转移合同完成时,通过备案登记并作为该国防专利权人在二次申请国防专利时实施费用减免的依据。这种实奖机制具有可操作性,而且对其他国防专利权人主动解密国防专利具有较强的激励作用。

3. 积极培育国防专利技术转移中介市场

1) 配套完善国防专利技术转移融资政策

国防专利技术转移中介服务体系建设是一项耗费人力、物力、财力的系统工程。在体系建设初期需要配套相应的融资政策给予支持。一是设立国防专利技术转移中介服务专项基金。对受理国防专利业务的行业中介机构设立专项基金并制定相应的基金管理办法,对于存在经济困难且在国防科技工业系统具有一定从业经验的服务机构,应给予专项资金保障,尽快扶持和培养一批综合型骨干中介机构。二是制定《国防专利技术转移中介服务援助办法》。通过援助办法的实施,规范援助范围、援助条件以及援助资金数量,为具有市场运行能力的中小型民营中介企业提供一定的资金支持,鼓励并引导其参与国防专利技术转移服务。三是面向技术需求方灵活配套融资模式。应针对国防专利转移领域,为技术需求方配套相应的融资渠道和模式。例如,当企业引进国防专利用于社会公共产品生产或社会公共服务供给时,可以鼓励其采取政府和社会合作模式(Public – Private Partnership,PPP)来解决国防专利二次开发、中试、投资建厂等面临的融资问题,同时也有利于打破中小企业在社会公共产品市场准入上的障碍,进一步拓宽国防专利的转移领域和市场应用范围。

2) 规范国防专利技术转移中介市场秩序

按照体系设计框架,应围绕军工行业国防科技成果转化机构、军民融合委员会公共服务机构以及民营技术转移中介市场法人实体三个类别规范国防专利技术转移中介服务市场秩序。一是建立与行业中介机构的协作机制。根据第一阶段体系建设目标,需要协调具有国防科技成果中介服务经验的军工行业机构在国防专利信息的接收、处理、发布业务上与国防知识产权交易中心建立合作,并以国防专利技术信息共享为业务核心建立协同工作机制并规范相应的业务流程。二是规范军民融合委员会职能机构的相关业务及职能。随着军民融合发展战略的推进和实施,在国家军民融合委员会的领导和业务指导下,地方政府军民融合委员会公共服务体系将逐渐完善。作为行使地方政府国防科工办原有职能外,要科学设计军民融合委员会及其下设机构的职能职责,充分发挥本地区行业资源优势和协调能力,将国防专利转移的职能一并纳入考虑,拓展本地区军工系统国防专利转移的职能并研究制定相关业务规范,为本地国防专利转民用提供行业机构支撑。三是建立健全民营中介服务机构的国防专利技术市场准入制度。建立健全《国防专利技术转移中介服务行业准入制度》,从保密资质、业务标准、信息平台建设要求等方面对受理国防专利的民营中介服务机构进行审核提供必要的参考和依据。

3) 筹划构建国防知识产权交易信息平台

一是加快建立国防知识产权交易信息平台。按照系统建设目标,国防知识产权交易中心的核心业务应围绕技术供需双方的有效对接展开并承担国防专利转移工作的业务指导职能。因此,在体系设计之初,要筹划信息交互平台建设,建立解密国防专利数据库,建立信息发布、信息推送服务等基础性工作,完善国防专利机构内部的信息建设。二是筹划建立与行业机构信息平台的互联互动机制。目前正在运营的国防技术成果转化信息平台很多,并在业务职能、管理上积累了丰富的经验。在体系构建初期应借鉴现有行业中介机构的管理经验,协调其他行业协会和行业中介机构围绕国防专利技术的信息传送、发布等方面,协调沟通并建立与《军用技术转民用推广目录》及其他信息发布渠道和平台的互联互动机制,确保国防知识产权交易平台启动后,能够通过与其他在线平台实现同步信息对接,真正围绕国防专利技术实现信息共享,为下一步国防知识产权在线交易奠定基础。

4. 建立以转民用为重要指标的考核机制

一是将国防专利转移确实纳入单位考核评价内容。目前,国资委对军工集团的年度考核基本指标是利润总额和净资产收益率。这种考核导向并不利于国防科技成果的转化,在关于国防专利方面,也仅仅是以申请量为考核指标,缺乏其成果转化的指标内容,特别是向民用领域转移的指标项目。因此,应进一步降低对经营业绩的考核指标,增加对无形资产保值、增值的考核项目,对单位不能简单地仅考核专利的申请量以及军内实施的情况,因为专利申请量以及军内实施并不能充分体现国防技术成果的社会应用价值,而应注重向民用领域转移并实施的评价导向倾斜。二是将国防专利的转移纳入科技人员的个人评价体系。对于科技人员的绩效评价也应增加其发明成果的两用性考核指标,在成果鉴定和专利生成时,多一些向民用市场的应用价值考量,为在转移前期破除国防专利在民用市场的潜力被忽视和掩盖提供手段支撑。

6.3 国防专利技术转移动力驱动路径

国防专利技术转移系统的运行,除需要生成动力之外,还需要支持系统长期运行并能够实现自我调节和适应外环境的驱动力量。这种驱动力量来源于两个方面:一是系统内部技术供体与技术受体之间利益耦合作用形成的一种对转移模式选择的驱动力,这是系统内部要素之间相互竞争与协同作用产生的系统自身的引导力量,也是国防专利技术转移自组织运行规律的体现。二是由系统自耦合机理产生的正反馈效应反作用于系统产生的外部驱动力量。这两种驱动力从系统内外两个方向共同驱动系统向有序态演化。其中,第一种力量需要通过具体的技术转移模式实现;第二种力量需要通过对系统的效用评价来实现。因此,本书将从国防专利技术转移策略选择以及对国防专利技术转移效用评价两个方面阐述国防专利技术转移动力驱动路径。

6.3.1 国防专利技术转移策略选择

国防专利技术转移策略选择是建立在国防专利技术转移动力源的基础上,同时满足技术供体与技术受体的利益耦合点,为技术供体与技术受体双方提供具体转移模式的一种驱动路径,其目的是在动力生成路径的基础上,进一步刺激子系统和要素之间的协同作用,并放大系统内不断出现的涨落,从而驱动系统向有序状态演化。

本节首先对可供国防专利技术供体与技术受体选择的转移模式进行系统归纳和分类,并针对国防专利的特点对比分析各类专利技术转移模式的优点及其应用局限性;其次,将"OLI 优势理论"引入到国防专利技术转移模式选择策略中,结合国防专利技术转移动力源,对该理论进行适应性改进;最后,设计基于改进的 OLI 优势理论的国防专利技术转移模式选择策略。

6.3.1.1　国防专利技术转移模式分类及特点

根据技术转移理论以及国防专利技术转移实践现状,可供国防专利技术供体和技术受体选择的模式有很多类型。每一种模式都有其特定的适用条件和局限性。因此,为充分满足双方的利益耦合点并保证国防专利技术供体与技术受体能够选择一种最适合的转移模式,本书结合技术转移理论与国防专利技术转移实践现状,系统归纳总结可供技术供体与技术受体选择的国防专利转移模式,并对每种模式的适用条件以及局限性进行对比分析。

专利技术转移的模式主要包括转让和实施许可两种。但除此之外,还包括多种新型专利技术转移模式,如专利投资入股、专利交叉许可、专利联营许可、企业并购中的专利技术转移、特许经营中的专利技术转移、专利侵权纠纷中的专利技术转移等。另外,不涉及专利权转让和实施许可的模式还包括专利权的继承和质押等。其中,专利权的继承可以看作是专利权人的变更,而专利权质押可以看作是专利权人融资的一个途径。以上所述的几种转移模式是从专利权转移的法律属性分类的。然而,国防专利技术转移不仅是专利权利的转移,更强调转移过程中技术供体与技术受体之间合作的方式。根据技术创新价值链理论,目前的专利技术转移模式主要包括:一体化模式和合作模式。一体化模式主要是指由专利技术生成主体独立地承担专利技术实施的所有工作,包括实现从研发、中试、生产、营销的整个转化过程。合作模式主要指专利技术转移过程涉及多种主体,通过各主体之间的职能分工和合作完成转移工作。由于国防专利技术转移过程既包括国防专利权利转让的横向转移,也包括专利技术的产品化、产业化以及最终走向市场的商业化过程,即纵向转移。实践中这两种转移是相互交叉存在的,并通过这种交叉逐渐形成了多种转移模式。根据国防专利技术转移自组织运行规律,本书对国防专利技术转移模式分类主要是国防专利技术供体与技术受体在双方平等互利、双方自愿

第6章 国防专利技术转移动力路径

的基础上围绕转移目标实现的自组织行为而分类的,属于科技成果转化中的柔性转化。在专利技术转移的现有模式的基础上,结合国防专利技术供体与技术受体的特点对各类专利转移模式的优点和局限性进行对比分析,为设计转移模式选择策略奠定基础。可供国防专利技术供体与技术受体选择的技术转移模式包括:自行实施模式、直接转让模式、许可实施模式、质押融资模式、国防科技孵化器模式、投资入股模式以及合作共建实体模式等。

1. 自行实施模式

自行实施模式是指国防专利权没有发生变更,国防专利在技术供体内部实现民用转化和应用。自行实施模式在纵向转移上属于一体化模式。该模式的优点在于:一是在实践操作上便于控制和管理;二是技术供体能够充分利用国防专利技术,转移过程中的信息成本、交易成本低,技术分享更加充分;三是与市场结合紧密。在专利技术转化成产品的过程能够及时引入市场导向,在专利技术开发初期就能将市场的分析与需求信息紧密结合,从而保证技术物化为产品后能较快满足市场需求。然而还应该看到,由于国防专利的开发最初并不是为民用设计的,其向民用转移将面临市场的检验。因此,技术供体采取该模式还存在一定的局限性。这种局限性主要体现在:一是要求技术供体具有国防专利技术对口输出的生产企业,能够保证国防专利在二次开发、中试、产业化以及商业化各个环节顺利实施;二是要求技术供体拥有充足的资金保障以及完善的配套资产,并具有一定抵抗市场风险的能力;三是要求技术供体对民品具有一定的商业化运作能力,对民品市场的需求和发展态势具有较强的灵敏度。在目前的实践中,军工单位采取自行实施模式占较大比例。国防专利在军工集团内部自行实施就属于这种模式,即军工集团附属科研院在自己配套的生产企业内部直接对其专利技术实施转化。

2. 直接转让模式

直接转让模式是专利权转移的主要方式。这种转移模式属于专利的一次性出售,交易过程简单,一般可以通过中介或转移双方自行合作完成。直接转让模式的优点主要是操作简单、涉及利益相关方较少、转移收益回收快;缺点是对国防专利的技术成熟度要求较高,要求技术受体拥有较大的技术投入(如二次开发、中试)和较高的学习能力。实践中,国防专利向民用领域转移主要采取这种模式的是军队单位(军队科研院所和军队院校),军工单位较少采取直接转让的模式。

3. 许可实施模式

国防专利许可实施是指国防专利权人(主要指单位)以签订专利许可合同的方式许可被许可方在一定时行和一定范围内使用其专利,并获得使用费的行为。

许可实施模式相比转让模式具有以下优点:一是不受自行实施的局限。国防专利技术供体并不是都具备自行实施的能力,大多数国防专利技术供体没有足够的资金、设备和能力对国防专利完成民用转移。即使该项国防专利技术具有较强的民用潜力和较长的生命周期,技术供体也不可能专门为了该技术转民用专门投资并建设生产线。二是技术供体不失去其专利技术的垄断权。许可实施与一次性转让相比,技术供体仍然对该专利技术享受一定的技术垄断权。由于许可实施是在一定条件下通过签订书面合同许可予被许可人,并受到一定空间和时间的限制。因此,许可方通过在许可协议中附加限制条件,对专利技术的一些核心技术采取限制措施,如果技术供体在将来有能力对该技术实施生产,则可以通过限制条件继续为自己所利用。三是可以拓展技术供体本不可能延及的产品市场。国防专利技术源于武器装备研制生产任务,其应用到民用领域并在民用产品市场中占有一席之地时,也正是为技术供体打开了一个本不可能延及的产品市场,是对技术供体产品市场的有效拓展。特别对于专门从事军品研制生产的单位来说,这种市场拓展效应更加明显。许可实施模式也存在一定的局限性并主要体现在以下几个方面:一是许可实施费用受到实施及市场销售情况的影响。与一次性转让相比,许可实施的费用是按照实施后产品的销售收入比例支付的,但是这种实施受一定的风险影响和被许可方的限制。如果许可方不愿实施该专利或由于客观原因延迟实施该专利,则国防专利权人的转移收益也会受到影响,不能保证转移收益的稳定性;二是被许可方在技术上受许可方的控制,在转移的后续环节依赖于许可方,这是由许可实施的合同的限制所造成的。

此外,根据专利实施许可合同约定的双方当事人权利义务的不同,可以将实施许可模式进一步分为独占实施许可[①]、排他实施许可[②]、交叉许可[③]以及联

[①] 独占实施许可是指许可人在一定的时间和地域限制范围内,对许可人的专利技术享有独占使用权,并且被许可人是该专利技术的唯一使用人,许可人(专利权人)和任何第三方都不得在相同的时间和地域范围内实施专利。

[②] 排他实施许可是指许可人允许被许可人在约定的范围内独家实施其专利,许可方仍保留自行实施的权利,但不再许可任何第三方在同一范围内实施该专利。

[③] 交叉实施许可是指许可方和被许可方相互许可对方实施自己所拥有的专利技术而形成的实施许可。

营许可①等模式。这些许可模式可以根据技术供体与技术受体各自具体的利益诉求和专利战略布局进一步选择。实践中目前无论是军工单位还是军队单位,采取专利许可实施的模式都比较少。但是许可实施模式对于不具备自行实施条件以及受政策限制不能直接转让的技术供体而言,仍然具有一定的优越性。

4. 投资入股模式

投资入股模式是指专利技术可以作为非货币财产作价出资,折合成公司股份,参与公司利润分配。在具体操作中实际上又可进一步分为两种情况:一是以专利转让权作价出资入股,这种方式本质上是专利权的转让模式;另一种情况是专利使用权作价出资入股,本质上是专利实施许可模式。这种转移模式可以为技术受体在引进国防专利后持续提供技术服务和改进,有利于保证国防专利技术的完整实施。这种模式在客观上使得技术供体与技术受体共同构成技术转移的利益主体,双方的利益目标被趋同化,可以有效避免一次性转让或许可实施造成后续技术改进或服务中断的局限。但这种模式并不能适应所有的国防专利技术供体。根据《军队科技对外有偿服务管理办法》,军队单位不能成立实体企业,也不能作为法人参与企业经营与管理。因此,军队单位(军队科研院所和军队院校)在采取这种模式时将受到一定的限制。

5. 质押融资模式

质押融资模式是指用专利作为质押物,向金融机构获取贷款。这种模式适应于具有一定生产能力但自主实施又面临资金困难(如二次开发的额外投入)的军工科研院所等技术供体单位。对于具有一定生产能力的军工企业或科研院所来说,选择转让或许可实施的收益不如通过自行实施产生的收益更多。针对这种情况,质押融资模式是对自行实施模式的有益补充。但这种模式要求国防专利具有较长的技术生命周期以及较高的技术核心程度②。

6. 国防科技孵化器模式

国防科技孵化器是在市场经济条件下形成的,以政府推动的国防科技成果产业化的专门机构。国防科技孵化器主要依托中央直属及地方高等院校的

---

① 专利联营许可是指两个或两个以上专利所有人之间关于将其一件或多件专利许可给对方或第三方的协议。专利联营涉及众多专利权和专利实施许可,主要包括内部的交叉许可和对外统一许可。

② 专利技术的核心程度是指该项技术在一定的行业竞争环境下处于不可替代的位置的程度,即技术的垄断地位。

人才资源和科研优势,是专门对国防科技项目进行攻关的虚拟科技园区,在为武器装备建设和部队提供技术成果的同时不断向社会输入高新技术企业和高新技术产品。国防科技孵化器模式对于国防专利技术转移的优点在于:一是专利转移的一体化程度高、孵化成果的成活率高。由于在孵化器内汇集了大量的优势中小企业,国防专利在生成之时就与民品市场应用建立紧密联系,对于专利的民用产业化、商品化比其他模式具有先天资源优势。此外,相比其他模式,该模式具有较低的转移风险,转移成功概率较大。二是节约技术供体寻找受让方的时间和成本。国防科技孵化器不仅汇集了负责科研攻关的高等院校,同时还汇集了负责专利技术产业化的大批生产企业,具备良好的配套软硬环境。在专利技术生成之时,就能提前考虑到专利技术的"潜应用价值",对于国防专利向民用领域转移,可直接在孵化器系统内部找到受让方,相比其他模式可以为技术供体寻找受让方节约时间和成本。国防科技孵化器模式的缺点在于国防专利技术转民用的应用范围较小。因为经孵化器生成的国防专利技术以军民两用性为主,其在生成时就一并考虑了民用潜力,而且这种成果主要以军地联合研制为主,在成果的应用方面受到合作方的限制。

7. 合作共建实体模式

合作共建实体模式主要是指军工科研院所等技术供体单位提供技术与民营生产企业出资合作建厂,实现国防专利技术的产业化和商品化。这种模式兼顾了科研机构的技术优势和民营企业的资金和生产等优势。实践中,通过对民营企业实地考察和调研,在引进同样的国防专利技术时,相对于其他转移模式,民营企业更倾于选择合作共建实体模式。这种模式可以与投资入股模式相结合使用。该模式的优点在于:一是避免自行实施的局限。技术供体可以对国防专利保留所有权不用担心失去对国防专利的技术垄断。二是有利于保证实施的完整性以及后续技术的追加投入。由于合作建厂要求技术供体一同作为股东参与企业的经营和生产。因此,该模式在客观上要求技术供体在技术、人力等方面对专利的后续开发、实施等环节追加投入,从而保证专利实施的顺利进行。这种模式的局限性在于:一是要求对国防专利的价值提前作出评估和预测,这对技术合作将事业一定影响。二是对技术受体的综合实力要求较高。合作建厂需要民营生产企业在公司注册、选厂址、配套建设等方面持续增加投入,不但需要大量的资金保证,还需要与政府等相关部门的协调与沟通,对企业的整体实力要求较高。三是要求国防专利具有较长的技术生命周期。由于合作共建实体模式需要技术供体与企业进行多方位的协商和谈判,将耗费大量时间和精力,如果合作沟通时间过长,则待建厂后,该专利技术可能会面临被市场淘汰的风险,失去专利的价值。因此,该模式要求国防专利具有较长的生命周期。

通过对上述7类国防专利技术转移模式的比较分析,可以对各类转移模式的适应性及其应用局限性有一个全面的认识。国防专利技术转移模式的比较分析如表6-3所列。

表6-3 国防专利技术转移模式比较分析

转移模式类型	优点	局限性
自行实施模式	便于控制和管理;技术转移过程中的信息成本、交易成本低	要求技术供体拥有充足资金和完善的配套资产;具有一定抵抗风险的能力;对民用市场的需求和发展态势具有较强的灵敏度
直接转让模式	转移实施操作简单;涉及利益相关方较少;转移收益回收快	失去对技术的垄断;对国防专利的技术成熟度要求较高;技术受体需要相当的技术投入和较强的学习能力
许可实施模式	不受自行实施的局限;在技术上仍然保持垄断地位;可以拓展技术供体本不可能延及的产品市场	许可实施费用受到实施及市场销售情况的影响;技术受体在技术上受技术供体的控制
投资入股模式	保证专利产业化过程中的后续技术服务和持续改进	不能适应所有的国防专利技术供体,对技术供体有资质要求
质押融资模式	有利于解决自行实施融资难(如二次开发的额外投入)等问题	要求国防专利具有较长的技术生命周期以及较高的技术核心程度
国防科技孵化器模式	技术成熟度要求不高;转移一体化程度高;孵化成果的成活率高;节约国防专利技术供体寻找受让方的时间和成本	技术受让方选择受限;成果应用的可拓展性较差
合作共建实体模式	技术成熟度要求不高;技术供体保留对专利技术的垄断;专利产业化可得到技术供体在技术、人力等方面的追加投入	技术生命周期要求较长;国防专利的提前评估较难;对技术受体的实力要求较高;要求国防专利具有较长的技术生命周期

除上述7种转移模式外,还有一些比较新颖的技术转移模式可供国防专利技术供体和技术受体选择,如证券化、资本化等。然而由于受国防专利制度等政策限制,这些模式并不完全适应于国防专利技术转移,本书不再赘述。

6.3.1.2 基于改进的OLI优势理论的国防专利技术转移模式选择策略设计

国防专利技术转移自组织运行的动力主要来源于系统内技术供体与技术受体之间利益耦合的相互作用,这种作用在实践中是通过具体的转移模式实现的。但是如何确定哪种转移模式最能契合双方利益耦合关系需要考虑多方面的因素。本书在系统研究国防专利技术转移过程的基础上,将国际技术转移理论,即 OLI 优势理论引入到国防专利技术转移模式选择中,以期为技术供体和技术受体选择具体的转移模式提供理论与方法支撑。

1. OLI 优势理论概述

OLI 优势理论(所有权优势 Ownership,区位优势 Localization,内部化优势 Internalization)是由 Dunning 创立的国际技术转移理论,又称"国际生产折中理论"。该理论是跨国企业选择技术转移模式的重要理论。OLI 优势理论认为,跨国企业对其对外直接投资、对外贸易以及对外技术转让的选择主要取决于企业的所有权优势、区位优势以及内部化优势。其中,所有权优势主要指跨国企业所拥有的,而国外企业没有或者无法获得的资产及其所有权。这种所有权主要是指专利、专有技术、商标、管理与组织技能等无形资产,实质上是对这类资产的垄断权。内部化优势主要是指该跨国公司所拥有的资产在自己企业内部生产和实施为其带来的优势。区位优势是指跨国企业在投资区位选择上具有的优势,主要表现在:对适合生产和实施所拥有技术的自然资源禀赋和市场空间分布、劳动力、生产率、基础设施条件等。在拥有前两种优势之后,跨国企业主要根据区位优势来选择是否在本国生产,或在哪些国家投资生产。以上所述的这三项优势即为跨国企业选择国际技术转移模式的重要因素。跨国企业根据所具有的不同优势,将选择不同的国际技术转移模式。其中,只有同时具有三项优势的跨国企业才会选择对外直接投资。根据跨国企业所具有的不同优势进行国际技术转移方式选择的策略模型如表 6 - 4 所列。

表 6 - 4 OLI 优势范式(OLI Paradigm)表

技术转移模式 \ 优势类型	所有权优势(O)	内部化优势(I)	区位优势(L)
对外直接投资	有	有	有
对外贸易	有	有	无
对外技术转让	有	无	无

表 6 - 4 表明,跨国企业如果具有所有权优势和内部化优势,但没有区位优势,则应选择对外贸易模式进行技术转移;跨国企业如果仅有所有权优势,而不具备内部化优势和区位优势则就选择对外技术转让模式;跨国企业如果同时具有所有权优势、内部化优势以及区位优势,则应选择对外直接投资模式

进行技术转移；如果跨国企业都不具备以上三项优势，则其只能选择在本国自行实施。

OLI优势理论为跨国企业选择国际技术转移模式提供了理论与方法支撑，不仅得到了学术界广泛认同而且也对国际技术转移实践起到了较强的指导作用。

2. OLI优势理论分析国防专利技术转移模式选择策略的依据及其改进

根据技术转移的"空间说"，技术转移是技术由一国或地区（领域）向另一国或地区（领域）的转移。国防专利技术转移是指由国防科技工业系统或军队系统开发的国防专利向民用领域转移的动态过程。国防专利技术转移属于领域到领域之间的技术转移。OLI优势理论，从横向转移的角度来说，同样适用于一国内的国防领域与民用领域之间的技术转移。本书根据专利技术转移理论，结合上文国防专利技术转移模式的对比分析，对OLI优势理论运用于国防专利技术转移模式选择策略进行依据分析，并对其所有权优势、内部化优势以及区位优势进行改进。

1）对"所有权优势"的改进

根据OLI优势理论，"所有权优势"是指跨国企业对其拥有专利、专有技术等无形资产的优势，突出的是所有权。而对于该企业拥有的专利、专有技术等无形资产的质量以及用于具体转移模式的影响却没有进一步考虑。对于技术转移模式的选择，国防专利本身对技术受体产生的吸引力，也是影响技术供体与技术受体选择转移模式的重要因素。根据第5章关于国防专利技术转移动力源分析可知，国防专利本体的动力主要表现在技术的成熟度[①]、技术的生命周期[②]以及技术的核心程度[③]等。技术供体仅仅拥有国防专利并不能决定其如何选择技术转移模式。另外，国防专利技术供体本来就是国防专利的首创者和拥有者。不论国防专利技术本身好坏，技术供体对国防专利的所有权是绝对的。仅考察技术供体是否拥有国防专利所有权对技术转移模式选择没有实际意义。因此，根据国防专利技术转移模式的适用条件以及国防专利技术本体的动力，本书对OLI优势理论的"所有权优势"进行改进，将技术供体对国防专利的所有权优势分解为"技术成熟度优势"（Technology Maturity）与"技术

---

① 指一项技术的完整程度和能够被用于实际的程度。
② 指预测该技术能够被应用于市场并保有市场不被新技术所替代的时间。
③ 指该项技术在一定的行业竞争环境下处于不可替代的位置的程度。

生命周期优势"(Technology Life Cycle),并通过这两种优势的组合共同表达技术供体的所有权优势。之所以用技术成熟度与技术生命周期这种两种优势来体现技术供体的所有权优势,是因为它们是衡量国防专利技术水平的重要指标,也是技术供体与技术受体选择具体转移模式区别于其他模式的重要依据。其中,技术成熟度决定了技术受体在引进国防专利后面临的技术开发风险、二次开发的投入程度等。技术受体对不同技术成熟度的专利技术进行成本收益分析,在此基础上进一步选择相应的技术转移模式。技术生命周期对一项专利技术能够长时间地被使用起到关键的作用。处于具有不同技术生命周期的国防专利应采取相应的转移模式。对较短技术生命周期的国防专利来说,宜采取直接、快速的转移模式,如直接转让、许可实施等模式;而对较长生命周期的国防专利来说,可采取技术孵化、共建实体等模式,使专利充分得到产业化、商品化的条件。当然具体选择哪种模式不是仅靠一种优势决定的,而是通过多种优势的组合来决定的。但是技术生命周期仍然是衡量技术供体所有权优势的重要因素。当然,针对国防专利本身而言,除技术成熟度和技术生命周期之外还有其他因素可以衡量其质量的好坏及其对转移模式的影响,如技术的核心程度以及技术的后续开发能力。但这些因素相对技术成熟度和技术生命周期,并不会对技术转移模式选择产生决定性的影响。因此,本书在 OLI 优势理论的基础上对其"所有权优势"进行改进,通过"技术成熟度优势"(Technology Maturity)与"技术生命周期优势"(Technology Life Cycle)来表达技术供体的所有权优势。该优势实际上是对国防专利技术属性的考察。

2)对"内部化优势"的改进

在国防专利技术向民用领域转移的过程中,如果按照横向转移划分,国防专利技术转移模式可以分为自行实施和非自行实施。自行实施是指国防专利权不发生变更,实施的主体仍然在技术供体内部,属于技术转移的内部化。根据科斯定理,企业内部化可以节约交易成本,同时不易受市场的干扰和影响。因此,企业在转移专利时首先考虑通过在企业或系统内部实施。国防专利技术供体,军工集团企业目前已经逐渐作为现代企业走向市场,在技术转移实践中同样遵循市场经济规律和企业发展规律。根据前文对国防专利技术供体转移国防专利的动力分析,如表 6-5 所列,以军工集团企业为例,其转移国防专利动力来自于对产权利益的最大化的驱动、利润最大化的驱动、企业规模扩张的驱动、对企业剩余索取权的渴望的驱动以及股份制改造的驱动。在这种动

第6章 国防专利技术转移动力路径

力驱动下,对于其拥有的国防专利向民用领域转移,军工集团企业首先考虑是的在企业内部实施。因为通过企业内部实施国防专利可以最大限度地满足其利益需求。军工集团附属科研院所在改制的进程中也逐渐向现代企业制度转变,其转移国防专利的动力两样受到企业内部化优势的影响。因此,通过考察技术供体的内部化优势可以为技术供体选择自行实施或非自行实施作为判断。然而,通过内部化优势仅判断出自行实施或非自行实施并不能进一步对其他模式选择提供帮助。同时,根据前文对技术转移模式比较分析,技术供体自行实施专利的能力才是区别于其他转移模式的重要因素。为此,根据各类技术转移模式的适用条件及其局限性,本书对OLI优势理论的内部化优势进行改进,即对内部化优势的程度进一步作出等级区分。对完全具有自行实施能力技术供体,定义其内部化优势为非常明显;对于暂时不具备自行实施,但通过其他方式,如质押融资等可以实现自行实施的技术供体,定义其内部化优势为比较明显;对于完全不具备或不可能具备自行实施条件的技术供体,定义其内部化优势为不明显。通过三个级别的区别,即可将内部化优势作为国防专利技术供体选择转移模式的依据之一。该优势实际上是对国防专利技术供体的考察。

表6-5 技术供体转移国防专利的动力与技术受体引进国防专利的动力比较

技术供体	转移国防专利的动力表现	技术受体	引进国防专利的动力表现
军工集团附属科研院所	1. 为维持机构生存保证资金来源的内驱力; 2. 自行实施的局限性带来的驱动力; 3. 科研院所改制的驱动	军工集团企业(民品)	1. 实现规模经济的需求; 2. 提高民品产业层次的需求; 3. 发挥军品比较优势及整体生产能力的现实需求
军工集团企业	1. 产权利益的最大化的驱动; 2. 利润最大化的驱动; 3. 企业规模扩张的驱动; 4. 国防科技资源二次开发和重新配置的驱动; 5. 对企业剩余索取权的渴望; 6. 股份制改造的驱动	民营生产企业	1. 民营企业发展战略转型的市场驱动; 2. 资源禀赋比较优势的内在驱动; 3. 专利回输能力带来的利益驱动; 4. 弥补发明专利的不足; 5. 提高自身研发水平的需求驱动
军队科研院所	1. 军地双方产权利益最大化的驱动; 2. 特色研究项目技术的稀缺性驱动		
民口科研机构及高等院校	专利价值最大化	集成技术二次开发的技术转移机构	1. 市场空间潜力的驱动; 2. 行业集中优势的驱动

3)对"区位优势"含义的重新赋予

OLI优势理论中的区位优势是指跨国企业所拥有的技术在别国是否具有

要素禀赋优势,即其技术在实施过程中所需的原材料是否容易获得、劳动力价格是否比本国便宜、生产的基础设施条件是否容易获得等。同理,国防专利技术转移由于是从军用转到民用,在专利产品化、产业化、商业化的过程同样面临上述问题,只是前者是在国与国之间进行比较,后者是在军品产业和民品产业之间进行比较。虽然在一国内的要素禀赋不容易区别,但是在行业之间这种差别还是存在的。如民品行业中对材料加工技术和工艺相比军品产业要领先,其产业优势体现在生产成本较低、工艺先进、劳动力成本低等方面;又如,民品行业中电子零部件的生产加工技术和工艺也是其行业的比较优势所在。此外,技术受体的行业优势,也可以从其引进国防专利的动力体现出来,如表6-5所列。民营企业引进国防专利的动力之一就是资源禀赋比较优势的内在驱动。因此,如果待转移的国防专利未来所面临二次开发、中试以及产业化过程所需的要素资源,正好是民品领域中的优势行业,则通过转让或许可相比自行实施可以节约更多的成本,从而实现专利价值的最大化。同时,由于这种优势是对两个不同行业之间的比较,因此,本书将OLI优势理论"区位优势"改为"行业优势"(Industrialization),并作为国防专利技术转移模式选择的因素之一。该优势实际上是对国防专利技术受体的考察。

在运用基于OLI优势理论解释并分析国防专利技术转移模式选择时应注意,OLI优势理论要求跨国企业同时具备以上三种优势时才能选择对外直接投资。然而,本书运用OLI优势理论主要是通过对所有权优势(技术本体)、内部化优势(技术供体)以及行业优势(技术受体)的综合考察来确定具体的技术转移模式。

3. 基于改进的OLI优势理论的国防专利技术转移模式选择策略

通过对OLI优势理论的改进,得到基于所有权优势(Ownership)、内部化优势(Internalization)以及行业优势(Industrializaion)的国防专利技术转移选择策略。这三种优势之间不是独立的关系,而是紧密联系的。通过对国防专利技术本体、技术供体以及技术受体在所有权、内部化以及行业方面的优势考察,可以从中得到适应其各优势的具体技术转移模式。

根据7类国防专利技术转移模式适用条件及其局限性的对比分析,结合国防专利技术转移动力源,在OLI优势理论的基础上,提出基于改进的OLI优势理论的国防专利技术转移模式选择策略,如表6-6所列。

第6章 国防专利技术转移动力路径

表6-6 基于改进的OLI优势理论的国防专利技术转移模式选择策略

优势类型 转移模式	所有权优势		内部化优势			行业优势
	技术成熟度优势	技术生命周期优势	非常明显	比较明显	不明显	
自行实施模式	无	有	有			无
直接转让模式	有	无			有	有
许可实施模式	无	有			有	有
投资入股模式	无	有		有		有
质押融资模式	无	有		有		无
国防科技孵化器模式	无	无			有	有
合作共建实体模式	无	有		有		有

表6-6表明,如果技术供体没有技术成熟度优势,即该国防专利的技术成熟度较低,处于实验室或试验阶段;拥有技术生命周期优势,即该国防专利在长时间内不会被市场上的其他技术所取代;有内部化优势,即技术供体有现成的生产企业以及实施条件;同时,技术受体没有行业优势,即在民用领域没有生产该专利的优势,则技术供体应该选择自行实施。同理,如果技术供体拥有技术成熟度优势,没有技术生命周期优势,没有内部化优势,而技术受体拥有行业优势,则直接转让是一种较理想的转移模式。如果技术供体没有技术成熟度优势,有技术生命周期优势(技术供体许可使用权,仍然保留所有权,可维持对该技术的垄断),内部化优势不明显,技术受体具备行业优势,则许可实施是对技术供体与技术受体都比较理想的一种转移模式。如果技术供体的国防专利没有技术成熟度优势,但拥有较长的生命周期,技术供体没有内部化优势,技术受体有行业化优势,则技术供体应该通过投资入股的形式寻找合适的受让方完成技术转移。如果技术供体的国防专利没有技术成熟度优势,但有技术生命周期优势,技术供体有一定的内部化,但需要借助一定的支持才能实现完全内部化,而技术受体对专利的产业化和商品化也没有行业优势,此时,技术供体应该选择专利质押融资模式。如果技术供体既没有所有权优势,即国防专利的技术成熟度不高,技术生命周期也不长,同时也没有内部化优势,而技术受体拥有行业优势,则通过国防科技孵化器模式转移该国防专利是比较理想的方式。如果技术供体所拥有的国防专利没有技术成熟度优势,但有技术生命周期优势,技术供体有一定的内部化优势,技术受体有行业优势,那

么此时,合作共建实体是比较理想的模式。

通过表 6-6 还可以看出,三种优势的不同组合将形成不同的转移模式。但也存在同一种优势组合下出现两种转移模式的情况。如"投资入股模式"与"合作共建实体模式"的优势组合就是完全相同的。出现这种情况,表面看上去会认为该策略的有效性存在问题,不能提供唯一的最优策略。然而,具体分析来看,其实这两种模式在本质上相同的。因为投资入股模式,就是技术供体将国防专利作为非货币财产作价出资,折合成公司股份,与受让方合作生产,并参与公司利润分配。通过这种合作生产实现技术转移,是技术供体与技术受体的合作方式,在本质是仍然属于合作共建实体模式。因此,这两种模式也必定在同一种优势策略下形成。此外,通过对表 6-6 的分析可以看出,有些转移模式之间的差别仅是其中的一个优势在起作用。在具体运用时,应根据具体情况进一步分析。如投资入股模式和质押融资模式的区别。从表 6-6 可知,二者的区别在于技术受体的行业优势,在所有权优势和内部化优势不变的情况下,即如果技术受体对该专利的实施和产业化具有明显的比较优势,则应选择投资入股模式,让技术受体成为主要的实施方。而如果该技术的实施以及产业化的比较优势在军工领域内,那么技术供体就应通过国防专利押质融资的形式解决在二次开发、中试以用生产等环节面临的困难,为自行实施创造条件,实现国防专利向民用领域转移。

总之,通过改进的 OLI 优势理论的国防专利技术转移模式选择策略,可以为技术供体和技术受体选择转移模式提供一种有效的手段和方法支撑。在具体运用时,应对国防专利本身的技术属性进行全方位的考察,充分认识到技术供体在内部化方面的优势以及技术受体的行业优势,并在此基础上作出预期判断。只有在全面、系统认识到各自优势的基础上才能科学地选择对双方都有利的转移模式。

6.3.2 国防专利技术转移效用评价

根据国防专利技术动力驱动机理可知,国防专利技术转移动力的驱动除自身的引导力量外,还有一部分力量来自于系统的自耦合作用。自耦合的正反馈效应表现为系统的技术转移能力和创新价值,负反馈效应则表现为转移失败造成的损失。国防专利技术转移的驱动正是来源于系统正反馈效应的作用。本节从国防专利技术转移各主体的期望效用表现出发,并从评价方法的选取、构建评价指标体系、构建评价模型等方面对国防专利技术转移系统效用进行综合评价,最后对评价结果进行分析,为国防专利技术供体选择转移或技术受体引进国防专利的决策判断以及转移系统整体的运行效果好坏提供手段支撑。

6.3.2.1 国防专利技术转移效用表现

对国防专利技术转移效用进行综合评价,应从经济学的角度揭示各转移主体(技术供体与技术受体)对国防专利技术转移的期望效用,并在此基础上,构建评价指标体系。国防专利技术供体选择转移专利和技术受体选择引进国防专利就是期望从中获得必要的增值效应。国防专利技术转移的效用可以从技术供体、技术受体、系统整体三个角度分别体现。

1. 技术供体的期望效用

国防专利技术供体的期望效用体现在以下几个方面:一是通过转移可以降低国防科技资源闲置成本,提高无形资产的使用效率;二是通过转移可以获得直接经济收益,从而用于反哺国防专利的研发投入;三是通过选择合适的技术受体联合共建实体的形式,将自身的技术资源与受让方的资金、生产优势有效整合,从而形成更加有利的竞争效应;四是通过转移获得国防专利战略布局与经营管理的能力。

2. 技术受体的期望效用

国防专利技术受体的期望效用体现在以下几个方面:一是通过引进国防专利技术,将技术与自身的生产优势结合,形成一定的市场竞争力;二是通过引进国防专利技术可以提高自身的研发水平和起点,节省研发经费;三是通过引进国防专利并与技术供体单位合作,可以提高企业的品牌价值以及参与军品科研生产的能力。

3. 系统的期望效用

从技术供体和技术受体的期望效用来看,一是技术转移主体(技术供体与技术受体)个体经济效用最大化;二是国防专利技术转移实现的社会效用最大化。因此,系统的期望效用包括经济效益和社会效益。但是从系统的角度来看,除此之外,还应考虑国防专利技术转移的国防效益,这是从技术供体或技术受体单方面难以衡量的,例如,对国防科研条件、武器装备建设的改善、对军民技术合作的促进和影响等。因此,国防专利转移系统的期望效用主要体现在经济效益、社会效益以及国防效益三个方面。国防专利技术转移系统的综合效用是对国防专利技术转移效果优劣情况评价的基本准则。

6.3.2.2 评价方法的选择

目前,学术界关于对专利技术转移或科技成果转化评价的方法主要集中在数据包络分析法、主成分分析法和模糊评价等方法,并通过建立一系列评价指标对科技成果转化的效果进行综合性评价。根据国防专利技术转移效用的评价目的及其指标特征,本书综合运用主成分分析法和模糊综合评价法对国防专利技术转移效用进行综合评价。

1. 主成分分析法

主成分分析法是针对多变量,且存在一定的相关性,且数据信息重叠的指标进行降维、简化的主要方法。该方法通过几个综合因子来代表原来众多的变量,并使这些变量因子能可靠地反映原来变量的信息量,而且彼此间互不相关,即综合指标代表的信息互不重叠。其次,主成分分析法对于样本量的要求也较宽松,适用于国防专利技术转移数据有限、多变量问题的分析。从国防专利技术转移主体以及系统的期望效用来看,影响其因素较多,而且各因素之间存在一定的相关性。为此,本书运用主成分分析法对评价指标体系进行筛选,剔除指标间的相关性,选取贡献率高的主成分,为构建总体效用评价模型奠定基础。

2. 模糊综合评价法

模糊综合评判应用模糊关系合成原理,将一些边界不清、不易定量的因素定量化,从多个因素对被评估事物隶属等级状况进行综合评估的一种方法。该方法对于复杂的评价对象,可以以自然语言方式表达信息,并以数值计算方式处理评价信息,为定性指标与定量指标提供了一种统一的表达预处理模式。模糊综合评价方法对于多因素、多层次的复杂问题评判效果较理想,是其他数学分支和模型难以替代的方法。鉴于国防专利技术转移效用的评价指标在经济效益方面涉及较多的定量指标,在社会效益方面涉及较多的定性指标,以及需要给出一个综合性概括评价结果等要求,本书运用模糊综合评价方法构建国防专利技术转移效用的评价模型。

6.3.2.3 国防专利技术转移效用评价指标选取原则

国防专利技术转移效用评价的指标选取与能否作出合理的评价并给出科学的结论有着直接的关系,为了正确地选取评价指标、实现评价目标,应遵循系统性、目标性、前瞻性、可操作性以及全面性等原则。

1. 系统性

系统性原则要求指标的设计和选取构成一个完整的体系,尽量避免各级指标或每一级指标中的各组指标之间在内容上的交叉和重复。由于所评价的是转移的综合效用,所在指标不能单独突出某一要素或某一子系统的效用,不能带有局限性和倾向性。

2. 目标性

目标性原则要求指标应体现实现评价的目标,能够客观地体现出我国国防专利技术转移的综合效用,因此指标的设计应围绕经济效益、社会效益、国防效益三个方面展开。

3. 前瞻性

由于国防专利技术转移动力机制尚未在现实中真正运行,同时在实践中也缺乏一定的案例和数据的支撑。因此,指标选取时不能只停留在静态的状况,除已经掌握的情况外,还要结合国防专利技术转移的演化发展设计。

4. 可操作性

选取的指标含义要明确,定量指标能够通过文献检索、调查研究等途径正常收集,此外,指标体系的规模还要进一步控制,防止指标体系层次划分过于细化,形成繁琐的结构。

5. 全面性

各级指标涵盖的内容应尽可能在体现该级指标包括的范围,每一级指标尽量包括其全面的效用。

6.3.2.4 国防专利技术转移效用评价指标建立

1. 初步指标体系的构建

根据国防专利技术转移主体的效用表现,并结合前文分析得出的国防专利技术转移动力源,总结归纳出国防专利技术转移效用综合评价的一级指标主要体现在国防效益、经济效益以及社会效益三个方面。

1) 国防效益

关于国防专利技术转移对国防建设的作用可以从对国防科研条件、武器装备建设的改善,对军民技术合作、军民融合战略的推动,对保密制度以及国防知识产权制度的改善等方面来考察。

一是对于技术供体,转移国防专利可以为军工企业创造一部分新的经济收益,同时该收益可以用于反哺国防科研的投入以及用于武器装备科研基础条件的改善。二是从转移系统的整体来看,技术供体通过专利合作以及联合研制等方式,将国防专利转移到民营企业,民营企业通过民参军的方式,反过来为军队提供装备和配套生产或服务,从整体上是对国家武器装备建设的改善。三是通过国防专利技术转移对军民技术合作具有积极的影响作用。军工附属科研院所或生产企业通过选择合适的转移方式,包括技术入股、共建实体建厂等模式有利于促进军民技术合作。四是国防专利向民用领域转移作为军民融合军转民方向的重要切入点,必将对军民融合发展战略产生积极的影响。五是国防专利技术转移的运行与实施离不开国防知识产权战略实施的推动,其在运行和建设过程中将进一步要求国防知识产权在解密机制方面作出相应的改革和完善,对国防专利保密机制产生重要影响。六是国防专利技术转移的运行对国防专利制度的改善状况也会产生一定的作用。

国防效益不是国防专利技术转移产生的直接效益,但从系统的角度看,却是衡量和评价国防专利技术转移效用综合评价的重要指标。

2)经济效益

根据上文关于技术转移主体的期望效用表现可知,国防专利技术转移的经济效益主要取决于技术供体和技术受体的期望效用。因此,分别从技术供体和技术受体两个角度考察系统整体转移的经济效益。

(1)技术供体。从技术供体的角度来看,其转移国防专利的经济效益主要表现在:

一是通过转移可以降低国防科技资源闲置成本,提高无形资产的使用效率。国防专利是军工集团企业或附属科研院所的无形资产,通过国防专利转移可以获得直接的转让费和实施许可费等直接经济收益,其本质是实现企业无形资产增值的体现。因此,可以用军工集团企业等技术供体无形资产增值这一指标来考察技术供体转移国防专利的经济效益。二是在技术上控制竞争对手。随着军民融合深度发展,越来越多的民营企业具备了独立承担武器装备科研生产的能力。在这种现实条件下,技术供体单位通过将自己研发的国防专利授权给在同行业中可能要进入该市场的民营企业。这种有计划、有目的的专利技术许可一旦转移到民营企业中,军工企业就可以运用许可合同限制等手段在技术上捍卫其在军品市场的垄断地位。三是通过国防专利转移的收益可用于提高军工企业、军工科研院所、军队科研单位以及军队院校从事国防科研的技术人员的待遇,激励国防专利发明创造。四是拓展民品市场。军

第6章 国防专利技术转移动力路径

工企业将其国防专利转让或授权给民用领域生产企业,还可以扩展该军工企业(民口)的民品市场。因为国防专利是武器装备科研生产的结果,其生成之时就落上了其军事专用性的标志。军工企业在一段时间内可能只拥有在该军品上利用其专利技术的生产和市场资源,而其专利技术却还可以运用在其他民用的产品或服务上。在这种情况下,军工企业可以先通过国防专利许可将其技术上的优势转移到民用产品市场,获得由专利许可或转让带来的可观利润,待军工企业在该领域具备了全面的产业化、商品化能力后,再通过军工集团(民口)企业中开拓新的民品市场,从而利用其他企业的资本、生产等优势为军工企业(民口)开拓市场。

(2) 技术受体。从技术受体的角度来看,其引进国防专利的经济效益主要表现在:

一是通过引进国防专利可以避免民营企业的重复研发投资,与完全自主投入研发相比,创造更多的经济价值增量。从纵向转移角度来看,民营企业将是国防专利主要的引进方。民营企业需要通过引进、消化、吸收等阶段,并经过产业化以及商业化阶段才能实现引进国防专利的经济价值。在这一过程中,民营企业支出的费用包括用于购买国防专利的转让费或获得国防专利实施的许可费、中试和二次开发的支出、用于消化和吸收的技术改造支出等投入。这部分投入与民营企业自行投入研发并实现自主创新的方式相比,不仅可以为企业节省更多的资源投入,同时可以创造出新的经济价值。因此,可以用新产品销售收入这一指标来考察民营通过引进国防专利技术而实现的新的经济价值。二是民营企业通过引进国防专利进行消化、吸收、再创新可以为民用技术的创新模式产生积极影响,进一步带动民营企业自主创新能力的提升。三是通过引进国防专利可以弥补民营企业在研发投入上的先天不足,如资金、技术风险等,并提升其科研起点,增加产品的附加值,实现其经济利益最大化。四是对民营企业拓宽参与军品科研生产品途径的改善。民营引进国防专利,与政府、国防科技工业以及军队等技术供体单位加强合作与交流,有利于其参与军品科研配套生产,为民营企业参与军品科研生产提供一种有效的途径,同时也是提升民营企业品牌价值的有效手段。五是对提高市场竞争力的改善。民营企业通过利用国防专利的技术核心程度以及不可替代性等优势,并对国防专利进行产业化和商品化,可以为企业占领新的产品市场,提高企业的市场竞争力。

经济效益国防专利技术转移所产生的直接效益,是各国实施军转民战略直接目标。

3）社会效益

关于国防专利技术转移带来的社会效益是通过技术供体与技术受体围绕转移活动而对社会产生的溢出效益。主要表现在改善社会技术创新供给不足、促进技术转移中介服务市场的发展、促进军民技术人才的交流以及对传统产业的改造升级的改善等方面。

一是通过国防专利技术向民用领域转移并实施,经过产业化和商品化将扩大全社会对高技术产品的有效供给,并产生一定的技术溢出效应,从而弥补目前的技术创新供给不足。二是国防专利技术转移需要通过中介服务体系配套建设和完善,新建立的法人实体机构以及在原有组织架构基础上拓展转移业务将为全社会提供新的就业岗位,特别是对从事知识产权、经济、技术、法律等从业人员带来更多的创业机会。三是促进国防科研人员与企业人员的双向交流。国防专利技术转移需要经过二次开发、中试以及技术改造等环节,需要国防专利技术研发人员做好持续的技术服务,直到企业确实掌握了该技术并具备产业化的条件。在这一过程中,提供国防专利的技术人员将与民营企业在技术中形成交流,促进国防科技工业技术人员与民用工业生产企业技术人员的交流。四是国防专利转移将给民用领域在传统产业中提供新技术和新工艺,对于传统产业的升级改造产生积极影响。

社会效益是国防专利技术转移系统运行过程中产生的间接效益,对整个国家社会建设将起到重要的促进作用,是国防专利技术转移效用综合评价重要的一级指标。

国防专利技术转移效用综合评价初步指标归纳,如表 6-7 所列。

表 6-7　国防专利技术转移效用综合评价初步指标体系

一级指标层	二级指标层	指标含义
国防专利技术转移效用综合评价初步指标体系	国防效益	国防科研基础条件的改善	考察国防专利技术转移对国防科研条件、基础设施、科研人员等方面的改善效果
		武器装备科研生产配套服务的促进和改善	考察民营企业通过引进国防专利反向输出军品科研生产配套服务,从整体上对武器装备建设的改善状况
		国防科技工业与民用工业生产企业之间的技术合作	考察通过转移主体选择技术入股、共建实体等转移模式促进国防科技工业与民用生产企业之间的技术合作的情况

（续）

一级指标层	二级指标层	指标含义
国防专利技术转移效用综合评价初步指标体系	国防效益	对促进军民融合发展战略实施的影响	考察国防专利技术转移对推动军民融合深度发展的贡献程度
		国防专利解密机制的改善	考察国防专利技术转移对国防专利解密机制的影响
		对国防专利制度的影响	考察国防专利技术转移对国防专利制度完善的状况
	经济效益	对技术供体单位无形资产增值的改善	考察技术供体单位通过向外转让或许可国防专利，对其提高无形资产的使用效率以及无形资产保值增值的改善情况
		对技术供体在技术上控制竞争对手的影响	考察技术供体单位通过将国防专利许可给市场中具有军品生产能力的民营企业，通过许可限制等在技术上控制竞争对手的情况
		对国防科研技术人员待遇和激励发明创造的改善	考察通过国防专利技术转移对提高从事国防科研技术人员的待遇、激励其发明创造的影响程度
		对技术供体拓展其民品市场的能力改善	考察军工企业通过国防专利授权给民用领域生产企业，利用民企生产和资金优势对扩展该军工企业（民口）的民品市场改善情况
		对技术受体新产品销售收入的改善	考察技术受体通过引进国防专利实现比完全自主投入研发创造的新的价值增量情况
		对提高技术受体自主创新能力的改善	考察技术受体通过引进、消化、吸收再创新的模式为民用技术的创新模式产生积极影响以及带动其自主创新能力的提升情况
		对提高技术受体产品附加值的改善	考察通过引进国防专利弥补民营企业在资金、技术、风险上的不足，提升其科研起点，增加产品的附加值的改善情况
		对拓展民营企业参与军品科研生产品途径的影响	考察通过引进国防专利并与政府、国防科技工业以及军队等单位合作与交流的方式，为其参与军品科研生产提供新途径和手段的改善
		对提高民营企业产品市场竞争力的改善	考察民营企业通过利用国防专利的技术核心程度以及不可替代性等优势对其占领新的产品市场和提高其市场竞争力的影响
	社会效益	对社会技术创新供给不足的改善	考察国防专利技术产生的技术溢出效应对社会对高技术产品有效供给的改善情况
		对技术转移中介服务市场发展的影响	考察国防专利技术转移社会对中介服务法人实体的需求改善以及从事经济、技术、法律等专业中介服务人员就业的改善情况
		对促进军民技术人才双向交流的改善	考察国防专利技术转移对促进国防科技工业技术人员与民用工业生产企业技术人员之间双向交流的改善情况
		对传统产业的改造升级的改善	考察国防专利技术转移对民用传统产业的改造和升级的情况

从表 6 – 7 中显示的初步指标体系分析可以看出,国防专利技术转移效果的二级指标个数较多,而且指标之间在内容上存在重复和交叉,指标彼此间有一定的相关性。如果指标太少又不能对国防专利技术转移的效用作出全面考察。因此,为剔除指标的相关性并以关键性、不相关的指标折射出初步指标信息内容。本书对上述构建的初步指标体系进行简化,使选取的国防专利技术转移效用评价指标更加科学、合理,并为下一步构建模糊综合评价奠定基础。

2. 评价指标的筛选过程

为保证国防专利技术转移效用评价指标体系的科学性、客观性,本书按照主成分分析法和统计分析法的分析步骤,以发放问卷的形式,对政府、军队机关、军工企业、军工科研院所、军队科研院所、民营企业、地方院校、军队院校、技术转移中介服务机构以及其他领域的相关专业人员和专家等对上述 19 项指标进行评分。指标评分共设 5 个等级,描述国防专利转移效用对每项指标的影响程度,即特别明显、比较明显、一般明显、不太明显以及不明显 5 个等级,指标评分调查表如附表 1 – 1 所列。其中每个等级设 5 分,其中每一项指标最高分为 5 分,最低分为 1 分。

(1) 建立原始矩阵并对其进行标准化。

根据对问卷调查表的汇总和统计,得到原始矩阵,并对其标准化,得到样本数据为

$$\boldsymbol{X} = \begin{bmatrix} X_{11} & X_{12} & \cdots & X_{119} \\ X_{21} & X_{22} & \cdots & X_{219} \\ \vdots & \vdots & & \vdots \\ X_{n1} & X_{n2} & \cdots & X_{n19} \end{bmatrix} \quad (6-1)$$

其向量表达式为 $\boldsymbol{X} = (x_1, x_1, \cdots, x_{19})^{\mathrm{T}}$

(2) 计算相关系数矩阵:

$$\boldsymbol{R} = \begin{bmatrix} r_{11} & r_{12} & \cdots & r_{119} \\ r_{21} & r_{22} & \cdots & r_{219} \\ \vdots & \vdots & & \vdots \\ r_{191} & r_{192} & \cdots & r_{1919} \end{bmatrix} \quad (6-2)$$

(3) 计算相关系统矩阵的特征方程 $|\boldsymbol{R} - \lambda \boldsymbol{I}| = 0$ 的 19 个特征值,其中 $\boldsymbol{I}$ 为

单位矩阵,$\lambda_1 > \lambda_2 > \lambda_3 > \cdots \lambda_{19} \geq 0$。

(4) 计算对应于特征值 λ_i 的相应的特征向量如下:

$$C_i = \begin{bmatrix} C_1 \\ C_2 \\ \vdots \\ C_{19} \end{bmatrix} = \begin{bmatrix} c_1^1 & c_1^2 & \cdots & c_1^{19} \\ c_2^1 & c_2^2 & \cdots & c_2^{19} \\ \vdots & \vdots & & \vdots \\ c_{19}^1 & c_{19}^2 & \cdots & c_{19}^{19} \end{bmatrix} \qquad (6-3)$$

(5) 由特征向量 C 组成的 20 个新因子:$Z = (z_1, z_1, \cdots z_{19})^T$ 有 $Z = CX$。

(6) 选择 $m(m<19)$ 个主分量,这 m 个主分量的方差占全部方差总和的比例 $a \approx 1$,即保留了原来因子 $X_1, X_2, \cdots, X_{19}$ 的信息。原因子个数由原来的 19 个减少为 m 个,其中:

$$a = \left(\sum_{i=1}^{m} \lambda_i \bigg/ \sum_{i=1}^{19} \lambda_i \right) \qquad (6-4)$$

(7) 根据 $Z = CX$。计算 m 个主成分的值 $z_1, z_2, \cdots, z_{19}$。

3. 选取评价指标结果

按照上述步骤,运用统计软件 SPSS19.0 对构建的初步指标体系进行主成分分析,得到能够基本反映国防专利技术转移效用的评价指标体系如表 6-4 所列。通过计算和选取,共剔除 6 个指标。

在一级指标"国防效益"中剔除了"国防科研基础条件的改善"和"对国防专利解密机制的改善"两项二级指标。国防科研基础条件相对来说,反映国防专利技术转移的效用程度不够明显,而且在本质上与经济效益中"对国防科研人员待遇的改善"一项有重复的信息。"对于国防专利解密机制的改善"这项指标与"国防专利制度的改善"存在内容上的交叉,二者相关性较大。因为国防专利制度中应包涵国防专利解密机制等内容。

在一级指标"经济效益"中剔除了"对技术供体在技术上控制竞争对手的影响""对技术供体拓展其民品市场的能力改善""对提高技术受体自主创新能力的改善"3 项二级指标。"对技术供体在技术上控制竞争对手的影响"这项指标并不是国防专利技术转移产生的直接经济效益,从技术供体上讲也并不是其期望的经济效用。专利许可在技术上控制竞争对手需要技术供体及其发明具有特定的条件,因此也不适合用来衡量国防专利技术转移产生的经济效益。"对技术供体拓展其民品市场的能力改善"这项指标对国防专利技术转移经济效益的贡献度不够明显,而且其产生的效用不够直接。"对提高技术受体自主创新能力的改善"这项指标与"提高民营企业产品市场竞争的改善"存在一定的交叉,用"技术受体新产品销售收入的改善"和"提高民营企业产品市场竞争的改善"就可以基本反映出"技术受体自主创新能力改善"的基本含义。

在一级指标"社会效益"中剔除了"对社会技术创新供给不足的改善"。因为该项指标的社会效用体现不够明显,而且可以用"技术受体新产品销售收入的改善"来反映社会对国防专利技术转化产品带来的需求改善。

综上,最终构建的国防专利技术转移效用评价指标体系如表6-8所列。

表6-8 国防专利技术转移效用评价指标体系

	一级指标层	二级指标层
国防专利技术转移效用评价指标体系	国防效益 U_1	武器装备科研生产配套服务的促进和改善 U_{11}
		国防科技工业与民用工业生产企业之间的技术合作 U_{12}
		军民融合发展战略实施的推动 U_{13}
		国防专利制度的影响 U_{14}
	经济效益 U_2	技术供体单位无形资产增值的改善 U_{21}
		国防科研技术人员待遇和激励发明创造的改善 U_{22}
		技术受体新产品销售收入的改善 U_{23}
		技术受体产品附加值的改善 U_{24}
		拓展民营企业参与军品科研生产品途径的影响 U_{25}
		对民营企业产品市场竞争力的改善 U_{26}
	社会效益 U_3	技术转移中介服务市场发展的影响 U_{31}
		促进军民技术人才双向交流的改善 U_{32}
		传统产业的改造升级的改善 U_{33}

通过主成分分析,得到的指标由原来的19个减少到13个,而且这13个指标基本包括了原初步指标体系中19个指标的信息,能够基本反映国防专利技术转移的总体效用。

6.3.2.5 国防专利技术转移效用模糊综合评价模型构建

从表6-8可知,国防专利技术转移效用指标存在着非确定性、模糊等特点。国防专利技术效用是一个模糊概念,在量上没有确定的界限,因此采用模糊语言变量来描述。运用模糊综合评价法构建国防专利技术转移效用评价模型的步骤主要包括:确定评价指标、确定评价等级、确定指标权重、构造判断矩

第6章 国防专利技术转移动力路径

阵、模糊合成运算以及对评价准则的确定。

1. 确定评价指标

设 $U = \{U_1, U_2, \cdots, U_m\}$ 为评价对象的 m 个指标,其中 m 为评价指标的个数。根据上文确定的国防专利技术转移效用评价指标体系,将评价指标集分两个层次,即一级指标 $U = \{U_1, U_2, U_3\}$,二级指标:$U_1 = \{U_{11}, U_{12}, U_{13}, U_{14}\}$,$U_2 = \{U_{21}, U_{22}, U_{23}, U_{24}, U_{25}, U_{26}\}$,$U_3 = \{U_{31}, U_{32}, U_{33}\}$,各指标代表的含义如表6-4所列。

2. 确定评价等级

设 $V = \{V_1, V_2, \cdots, V_n\}$ 为每一个指标所处状态的 n 种评价等级,其中 n 为评语的个数,一般采用五级语言,如很高、高、中、低、很低。前文已对国防专利转移效用指标的影响程度作了等级描述,分别是特别明显、比较明显、一般明显、不太明显以及不明显5个等级,即 $V = \{V_1, V_2, V_3, V_4, V_5\}$。式中,$V_1$:国防专利技术转移的效用对该项指标影响特别明显;$V_2$:国防专利技术转移的效用对该项指标影响比较明显;$V_3$:国防专利技术转移的效用对该项指标影响一般明显;$V_4$:国防专利技术转移的效用对该项指标影响不太明显;$V_5$:国防专利技术转移的效用对该项指标影响不明显。

3. 确定指标权重

由于评价指标集中的各个因素在评价目标中的重要性不同,因此,还需要引入 U 上的一个模糊子集 A,即权重分配集。设一级指标集的权重集为 $A = (a_1, a_2, \cdots, a_m)$,式中,$a_i > 0$,且 $\sum_{i=1}^{m} a_i = 1$;二级指标权重集为 $A_i = (a_{i1}, a_{i2}, \cdots, a_{ik})$,$\sum_{l=1}^{k} a_{il} = 1$。

根据国防专利技术转移效用评价指标体系可以看出,多数指标为定性指标,且选取的指标多层次、多角度。各指标有轻有重,对效用的影响和折射程度不一样,指标的重要程度难以量化出来,而且样本数据较少。为此,本书在权重确定中采用层次分析法(AHP)。

本书通过专家估计法确定权重。首先,根据国防专利技术转移效用评价的对象和内容,并坚持理论与实践并重的原则,本书分别从政府、国防科技工业系统、军队系统以及民营企业等领域选择专家来确定权重。专家构成具体包括国家知识产权专家库、国防知识产权机构专家组成员、军工集团知识产权业务主管部门、军队科研院所、军队院校以及民营企业等单位在内的16名专

家。指标权重确定调查问卷见附录2。通过对调查问卷了汇总与统计,确定各级指标权重结果如下:

$A = (0.32, 0.46, 0.22)$, $A_1 = (0.23, 0.24, 0.25, 0.28)$, $A_2 = (0.06, 0.12, 0.32, 0.20, 0.18, 0.12)$, $A_3 = (0.12, 0.32, 0.56)$。

4. 构造判断矩阵

构造判断矩阵一般分两个步骤:

(1) 单因素评判。

对指标集中的单因素 $U_i(i = 1, 2, \cdots, m)$ 进行评判,从因素 U_i 建立其评价等级 $V_j = \{j = 1, 2, \cdots, n\}$ 的隶属度 r_{ij},即得到第 i 个因素 U_i 的单因素评判集 $r_i = (r_{i1}, r_{i2}, \cdots, r_{in})$。

(2) 构造评判矩阵。

将 m 个因素的指标集构造出一个总的评判矩阵 $\boldsymbol{R}$,即每一个被评价对象确定了从 U 到 V 的模糊关系:

$$\boldsymbol{R} = (r_{ij})_{m \times n} = \begin{bmatrix} r_{11} & r_{12} & \cdots & r_{1n} \\ r_{21} & r_{22} & \cdots & r_{2n} \\ \vdots & \vdots & & \vdots \\ r_{m1} & r_{m2} & \cdots & r_{mn} \end{bmatrix} (i = 1, 2, \cdots, m; j = 1, 2, \cdots, n) \quad (6-5)$$

式中:r_{ij} 表示第 i 个因素 U_i 在第 j 个评语 V_j 上的频率分布,其值等于针对评价指标 U_i 做出第 j 级评语的人数 x_{ij} 占总测评人数 $\sum x_{ij}$ 的百分比,即 $r_{ij} = x_{ij} / \sum x_{ij}$,$m$ 为评估指标的个数;n 为评语的个数。

在二级指标单因素评价时,本书运用专家打分法对各项指标给出量化结果。鉴于二级指标涵盖的内容以及涉及的领域比较广泛,本书在确定权重专家的基础上,进一步扩大了样本容量。从指标涉及的专业领域,选择相关领域的专家、企业家、技术人员以及行政管理人员等作为主要调查对象。具体形式不仅包括设计好的问卷,还包括在实践调研基础上开展的面对面交流、电话采访等形式,调查对象的单位包括国防知识产权机构、军工企业、军工企业附属科研院所、军队科研院所、军队院校、民营企业等。问卷设计表详见附录3。通过各种形式得到的问卷共135份,其中有效问卷112份。在对收回问卷整理和数据统计,得到评价结果的统计情况如表6-9所列。

第6章 国防专利技术转移动力路径

表6-9 国防专利技术转移效用单因素评价调查结果统计表

一级指标	二级指标	特别明显	比较明显	一般明显	不太明显	不明显
国防效益 U_1	武器装备科研生产配套服务的促进和改善 U_{11}	2	65	33	12	0
	国防科技工业与民用工业生产企业之间的技术合作 U_{12}	10	82	7	13	0
	军民融合发展战略实施的推动 U_{13}	45	30	22	15	0
	国防专利制度的影响 U_{14}	64	37	9	2	0
经济效益 U_2	技术供体单位无形资产增值的改善 U_{21}	35	45	20	12	0
	国防科研技术人员待遇和激励发明创造的改善 U_{22}	6	50	45	9	2
	技术受体新产品销售收入的改善 U_{23}	10	63	30	9	0
	技术受体产品附加值的改善 U_{24}	4	58	48	2	0
	拓展民营企业参与军品科研生产品途径的影响 U_{25}	22	41	20	23	6
	提高民营企业产品市场竞争力的改善 U_{26}	11	56	40	3	2
社会效益 U_3	技术转移中介服务市场发展的影响 U_{31}	7	38	47	16	4
	促进军民技术人才双向交流的改善 U_{32}	8	37	45	20	2
	传统产业的改造升级的改善 U_{33}	5	47	43	14	3

按照模糊综合评价原理，根据表6-9，分别对所有的二级指标的隶属度进行计算，汇总专家评判结果，得到二级指标中各因素对应于评语集的各种评语的隶属度矩阵 $\boldsymbol{R}_i(i=1,2,3)$。

$$\boldsymbol{R}_1 = \begin{bmatrix} 0.02 & 0.58 & 0.29 & 0.11 & 0 \\ 0.09 & 0.73 & 0.06 & 0.12 & 0 \\ 0.40 & 0.27 & 0.20 & 0.13 & 0 \\ 0.57 & 0.33 & 0.07 & 0.02 & 0 \end{bmatrix} \quad (6-6)$$

$$\boldsymbol{R}_2 = \begin{bmatrix} 0.31 & 0.40 & 0.18 & 0.11 & 0 \\ 0.05 & 0.45 & 0.40 & 0.08 & 0.02 \\ 0.09 & 0.56 & 0.27 & 0.08 & 0 \\ 0.04 & 0.52 & 0.43 & 0.02 & 0 \\ 0.20 & 0.37 & 0.18 & 0.21 & 0.05 \\ 0.10 & 0.50 & 0.36 & 0.03 & 0.02 \end{bmatrix} \quad (6-7)$$

$$\boldsymbol{R}_3 = \begin{bmatrix} 0.06 & 0.34 & 0.42 & 0.14 & 0.04 \\ 0.07 & 0.33 & 0.40 & 0.18 & 0.02 \\ 0.04 & 0.42 & 0.38 & 0.13 & 0.03 \end{bmatrix} \quad (6-8)$$

以矩阵 R_1 为例,第一行数值的意义为:分别有2%的专家认为国防专利技术转移对武器装备科研生产配套服务的促进和改善非常明显;有58%的专家认为国防专利技术转移对武器装备科研生产配套服务的促进和改善比较明显;有29%的专家认为国防专利技术转移对武器装备科研生产配套服务的促进和改善一般明显;有11%的专家认为国防专利技术转移对武器装备科研生产配套服务的促进和改善不太明显;没有专家认为国防专利技术转移对武器装备科研生产配套服务的促进和改善不明显。其他相应各行的意义同理可以得出。

5. 分层进行模糊运算

判断矩阵中的各行反映了被评估对象从不同单因素来看对各等级隶属模糊子集的隶属程度。用模糊权向量 A 将不同的行进行综合,就可得到被评估对象从总体上来看对各等级模糊子集的隶属程度,即模糊综合评估结果向量。根据国防专利技术转移效用评价的目标,本书采用加权平均法。即 $b_j = \sum_{i=1}^{m}(a_i \gamma_{ik}), k = 1,2,\cdots,m$。式中:$b_j$ 表示被评估对象具有评语 V_j 的程度。

由上文得出的二级指标权重集以及判断矩阵,可得出二级指标的模糊综合评价向量 $B_i (i=1,2,3)$。

由 $A_1 = (0.23, 0.24, 0.25, 0.28)$,可得到"国防效益"的模糊综合评价向量:

$$B_1 = A_1 \cdot R_1 = (0.23, 0.24, 0.25, 0.28) \cdot \begin{bmatrix} 0.02 & 0.58 & 0.29 & 0.11 & 0 \\ 0.09 & 0.73 & 0.06 & 0.12 & 0 \\ 0.40 & 0.27 & 0.20 & 0.13 & 0 \\ 0.57 & 0.33 & 0.07 & 0.02 & 0 \end{bmatrix}$$

$$= (0.29, 0.47, 0.14, 0.10, 0) \tag{6-9}$$

由 $A_2 = (0.06, 0.12, 0.32, 0.20, 0.18, 0.12)$,可得到"经济效益"的模糊综合评价向量:

$$B_2 = A_2 \cdot R_2 = (0.06, 0.12, 0.32, 0.20, 0.18, 0.12) \cdot \begin{bmatrix} 0.31 & 0.40 & 0.18 & 0.11 & 0 \\ 0.05 & 0.45 & 0.40 & 0.08 & 0.02 \\ 0.09 & 0.56 & 0.27 & 0.08 & 0 \\ 0.04 & 0.52 & 0.43 & 0.02 & 0 \\ 0.20 & 0.37 & 0.18 & 0.21 & 0.05 \\ 0.10 & 0.50 & 0.36 & 0.03 & 0.02 \end{bmatrix}$$

$$= (0.11, 0.49, 0.31, 0.08, 0.01) \qquad (6-10)$$

由 $A_3 = (0.12, 0.32, 0.56)$，可得到"国防效益"的模糊综合评价向量

$$B_3 = A_3 \cdot R_3 = (0.12, 0.32, 0.56) \cdot \begin{bmatrix} 0.06 & 0.34 & 0.42 & 0.14 & 0.04 \\ 0.07 & 0.33 & 0.40 & 0.18 & 0.02 \\ 0.04 & 0.42 & 0.38 & 0.13 & 0.03 \end{bmatrix}$$

$$= (0.05, 0.38, 0.39, 0.15, 0.03) \qquad (6-11)$$

二级指标评价矩阵

$$R = \begin{bmatrix} B_1 \\ B_2 \\ B_3 \end{bmatrix} = \begin{bmatrix} 0.29 & 0.47 & 0.14 & 0.10 & 0 \\ 0.11 & 0.49 & 0.31 & 0.08 & 0.01 \\ 0.05 & 0.38 & 0.39 & 0.15 & 0.03 \end{bmatrix} \qquad (6-12)$$

6. 高层模糊运算

综上，可得国防专利技术转移效用模糊综合评价向量，即

$$B = AR = (0.32, 0.46, 0.22) \cdot \begin{bmatrix} 0.29 & 0.47 & 0.14 & 0.10 & 0 \\ 0.11 & 0.49 & 0.31 & 0.08 & 0.01 \\ 0.05 & 0.38 & 0.39 & 0.15 & 0.03 \end{bmatrix}$$

$$= (0.15, 0.46, 0.27, 0.10, 0.01) \qquad (6-13)$$

6.3.2.5 国防专利技术转移效用评价结果分析

根据上文分析得出的模糊综合评价向量，可以采取不同的评价准则来分析最终的结果。确定评价准则的方法主要有最大隶属度法和加权平均法。最大隶属度法可以根据评价向量在评语集中的对应比例，得到总体的评价结果，其结果由评语集中的描述所决定。本书分别通过两种评价准则对国防专利技术转移效用综合评价的结果作出分析，以期从技术转移主体以及系统整体两个角度为国防专利技术转移策略选择提供手段支撑。

1. 最大隶属度原则评价结果分析

从式(6-13)中可以看出，在所有参与评价的专家中，有46%的专家认为国防专利技术转移效用总体上是比较明显的；有27%的专家认为国防专利技术转移效用总体上是一般明显的；还有15%的专家认为国防专利技术转移效用总体上特别明显；有10%的专家认为国防专利技术转移效用总体上不太明显；而仅有1%的专家认为国防专利技术转移效用在总体上不明显。根据最大隶属度原则，从上述的模糊综合评价向量可以看出，被调查和受访的专家认为国防专利技术转移的效用介于特别明显和一般明显之间。这个结果表明，

我国国防专利技术转移将对国防、经济以及社会领域产生比较明显的期望效用。

2. 加权平均法评价结果分析

最大隶属度法则所得出的结果不是绝对的肯定或否定,而是以一个模糊的集合来表示,最终体现出的是一个模糊的概念。而对于国防专利技术转移主体作出转移策略选择时,需要提供的是一个明确的结果,即技术供体选择转移或不选择转移,技术受体引进国防专利或不引进,以及从系统整体来看,国防专利技术转移系统运行是否有效以及在多大程度上有效。为满足不同主体的期望效用,要求评价所得的结果能支撑其具体的选择策略。为此,本书通过引入加权平均法,将模糊的评价结果进一步量化为具体的分值,为决策者选择策略提供方法支撑。加权平均法是通过选择适当权值对评价集的各个语言变量加权,即评估权重集和加权平均分值,加权平均法的构建方程如下式所示。

$$E = (e_1, e_2, \cdots, e_m), C = \sum_{k=1}^{m} \boldsymbol{b}_k^q \cdot e_k / \sum_{k=1}^{m} \boldsymbol{b}_k^q \qquad (6-14)$$

式中:e 为评价等级的权重值(一般由专家打分确定);m 为评价级别;C 为评价得分,b 为模糊综合评价向量;q 为系数,一般取 $q=1$ 或 2。

根据国防专利技术转移主体的期望效用特点,通过效用评价为其作出选择能够直接作出转移或引进的判断依据。具体的标准可以根据专家打分法,根据转移效用评价等级确定权重值。例如,确定的期望标准分值为 $C^* = 80$,则可以将该分值作出判断是否转移或引进的标准,即评价主体可以根据其期望效用 C^* 与评价得出的实际效用 C 比较作出判断,如下式所示。

$$\begin{cases} 转移(引进)有效: C \geqslant C^* \\ 转移(引进)无效: C < C^* \end{cases} \qquad (6-15)$$

加权平均法分值判断及描述说明如表 6 – 10 所列。通过式(6 – 14)可得出加权平均分值 C,并根据表 6 – 10 判断出国防专利技术转移效用的级别,并通过最终的分值为评价主体的选择策略依据。根据评价等级,假设权重集 $E = (100, 90, 80, 70, 60)$,根据式(6 – 13)确定的模糊综合评估向量 $\boldsymbol{B}$,并取 $q = 1$,代入式(6 – 14),得 $C = 85.6$。

表6-10 国防专利技术转移效用评价等级分值判断表

级别	特别明显	比较明显	不太明显	一般明显	不明显
描述	选择转移（引进）国防专利基本完全满足主体的期望效用	选择转移（引进）国防专利基本满足主体的期望效用	选择转移（引进）国防专利不能完全满足主体的期望效用	选择转移（引进）国防专利不能满足主体的期望效用	选择转移（引进）国防专利不能满足主体的期望效用
分值C	$C \geq 90$	$80 \leq C < 90$	$70 \leq C < 80$	$60 \leq C < 70$	$C < 60$

由表6-10可知，加权平均得分最终为85.6分，效用级别为比较明显。根据转移(引进)有效或无效的判断标准，$C=85.6 \geq C^* = 80$可知，该评价主体应该作出选择转移(引进)的决策。此外，由于该分值介于80和90之间，从表6-10可知，选择转移(引进)国防专利可以基本满足主体的期望效用。

综上分析可知，国防专利技术转移效用评价能够为国防专利技术转移主体决策提供手段支撑。在模糊综合评价向量得出的基础上，本书通过运用两种评价准则对评价结果进行分析。通过分析与实例验证，可知加权平均法和最大隶属度法各有优势，在运用时可以根据评价主体偏好以及评价目标特点来选择其中之一，或在加权平均法的同时利用最大隶属度方法分析对某一项指标的效用影响，以期得到更加全面的判断。

6.3.3 国防专利技术转移偏差分析

通过对国防专利技术转移效用的综合评价，国防专利技术转移主体(技术供体或技术受体)能够充分了解转移国防专利或引进国防专利为其带来的期望效用大小。评价结果可以用来为其制定国防专利战略提供决策支持。如果是从系统的角度看，通过国防专利技术转移效用评价，也可以为国家或政府部门制定国防专利技术向民用领域转移的政策措施提供依据。国防专利技术转移驱动路径偏差分析是通过对国防专利技术转移的实际效用与转移主体的期望效用对比，分析系统偏离演化路径的原因，并针对性提供纠偏对策，从而驱动国防专利技术转移系统向有序阶段演化。国防专利技术转移驱动路径的偏差纠错内容包括两个部分，如图6-13所示。

1. 实际效用大于期望效用的偏差分析

根据国防专利技术转移效用评价结果，可以用来与预设的期望效用作出比较。当国防专利技术转移为转移主体带来的实际效用大于期望效用时，要

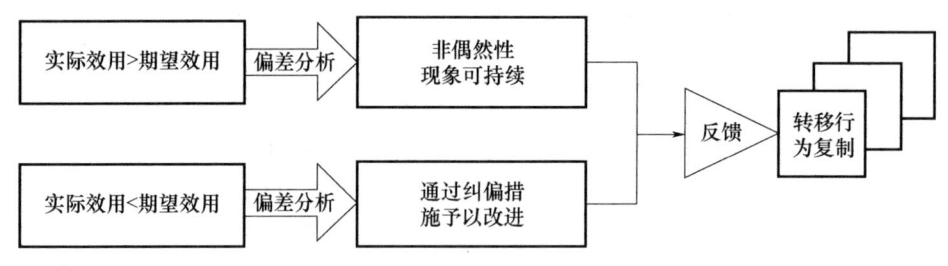

图 6-13　国防专利技术转移效用偏差修正示意图

对溢出的效益来源作出分析。特别是对溢出效益体的来源和途径作出分析和判断。根据偏差分析判断溢出效用是偶然现象还是常态现象。只有常态性的可持续效用溢出才能使系统在技术转移能力和创新价值序参量的作用下向有序的阶段演化。因此，在偏差纠正时应首先排除偶然因素并尽量探索其中客观存在的常态性因素。

通过上文对国防专利技术转移效用的评价结果可以看出，评价出的实际效用"比较明显"，如果根据预设的期望效用来看，实际效用大于期望效用。此时，应通过评价指标向量考察其中贡献较大的指标项，从而找到效用溢出的来源。如从二级指标模糊综合评价矩阵，即式（6-12）可以分析出总体效用溢出的来源。首先，有近50%的专家认为国防专利技术转移对国防和经济产生的效用比较明显，而认为对社会效益产生效用比较明显的不到40%，更多的专家认为国防专利技术转移对社会效益的贡献为一般明显。这说明，国防专利技术转移效用溢出主要体现在国防效益和经济效益两个方面。因此，在偏差分析时应将重点放在国防效益和经济效益两个方面。其中，在国防效益方面，除近50%的专家认为国防专利技术转移对国防效益的贡献是比较明显的，但还有近30%的专家认为国防专利技术转移将对国防效益产生的效用特别明显。这进一步说明国防专利技术转移效用溢出的表现更多地体现在国防效益方面。在未来推进国防专利转移实施与系统运行过程中，应更加注重通过国防专利技术转移为国防建设服务的配套政策环境方面的建设。更进一步地，应分析国防效益指标中相对来说贡献程度较大的指标，并通过该类指标分析客观判断效用溢出的偶然现象和常态性因素。通过分析，排除偶然因素的干扰，并努力围绕常态性因素制定相应的政策措施，使溢出效用可持续，最终促进系统在技术转移能力和创新价值的驱动下有序运行。

2. 实际效用小于期望效用的偏差分析

如果国防专利技术转移的实际效用小于期望效用,应从评价结果中找到效用溢出减小的根本原因。通过效用评价可以找到效用溢出减小的来源,在此基础上,针对效用减小的具体问题及时采取措施可以提高实际效用,其实际效用大于期望效用,系统仍然可以在技术转移能力和创新价值的驱动下继续运行,并向有序演化。

根据上文对国防专利技术转移效用评价结果来看,尽管在总体上是实际效用大于期望效用。但从单项一级指标的模糊评价向量可以看出,在一级指标效用溢出的同时,其下的二级指标还存在效用减小的指标项。如从二级指标模糊综合评价矩阵,即式(6-12)可以看出,有49%的专家认为国防专利技术转移效用对经济效益的贡献比较明显,但仍然有近31%的专家认为贡献一般明显。因此,如果从经济效益这项指标的期望效用来衡量,还存在效用溢出减小的指标项。因此,再根据二级指标中各因素对应于评语集隶属度矩阵式(6-7)进一步追溯其效用溢出减小的来源。通过式(6-7)可知,经济效益指标下的第2项和第4项指标的单因素评分较低,有近40%的专家认为其效用贡献一般明显,即"国防科研技术人员待遇和激励发明创造的改善"以及"技术受体产品附加值的改善"两项指标的贡献程度较低。因此,如果仅从经济效益这项指标的效用溢出考察,为进一步提高其实际效用,应从提高国防科研技术人员的待遇、改善科研基础条件以及提供民营企业产品附加值这两方面着手完善相关政策措施,从而针对性地提出对策,纠正转移效用偏差,使国防专利技术转移系统回归到有序运行的轨道。

附 录

附录1 国防专利技术转移效用评价指标评分调查表

您的职业：_____所属机构：(政府、军队机关、军工企业、军工科研院所、军队科研院所、民营企业、地方院校、军队院校、部队、技术转移中介服务机构、其他：_____)

感谢您填写国防专利技术转移效用评价指标评分调查问卷，问卷共分19个指标，指标评分所描述的是国防专利向民用领域转移的效果对该项指标的影响情况，请按照您认为国防专利技术转移效用对该指标的影响情况在相应的栏中打"√"。

您的支持将直接决定我们的研究成果和研究质量，再次向您表示衷心的感谢！

附表1-1 国防专利技术转移效用评价指标评分调查表

指标	特别明显	比较明显	一般明显	不太明显	不明显
对国防科研条件和基础设施的改善					
武器装备科研生产配套服务的改善					
国防科技工业与民用工业生产企业之间的技术合作					
对促进军民融合发展战略实施的影响					
对国防专利解密机制的改善					
对国防专利制度的影响					
对技术供体无形资产保值增值的改善					
技术供体技术上控制竞争对手的影响					
对国防科研技术人员待遇的改善					
对技术供体拓展其民品市场能力改善					
对技术受体新产品销售收入的改善					
对提高技术受体自主创新能力的改善					

(续)

指标	特别明显	比较明显	一般明显	不太明显	不明显
对提高技术受体产品附加值的改善					
对拓展民营企业参与军品科研生产品途径和提升品牌价值形象的影响					
对民营企业产品市场竞争力的改善					
对社会技术创新供给不足的改善					
对技术转移中介服务市场发展的影响					
对军民技术人才双向交流的改善					
对民用传统产业的改造和升级的改善					

1. 除上述指标外,您认为国防专利向民用领域转移还将对哪些方面产生影响?

2. 上述指标之中,您认为有哪些指标需要修改?

附录2 国防专利技术转移效用评价指标权重确定调查问卷

您好,感谢您能够在百忙之中抽出时间对国防专利技术转移效用各指标权重作出判断。基于您在国防知识产权、技术转移领域的专业和威望,非常希望得到您的建议和基于丰富经验的判断。

一、调查目的

调查目的是通过您的判断来确定国防专利技术转移对各指标影响的权重。国防专利技术转移效用多指标评价采用层次分析法分析。其指标体系如附表2-1所列。

附表2-1 国防专利技术转移效用评价指标体系

一级指标层	二级指标层
国防效益 U_1	武器装备科研生产配套服务的促进和改善 U_{11}
	国防科技工业与民用工业生产企业之间的技术合作 U_{12}
	军民融合发展战略实施的推动 U_{13}
	国防专利制度的影响 U_{14}
经济效益 U_2	技术供体单位无形资产增值的改善 U_{21}
	国防科研技术人员待遇和激励发明创造的改善 U_{22}
	技术受体新产品销售收入的改善 U_{23}
	技术受体产品附加值的改善 U_{24}
	拓展民营企业参与军品科研生产品途径的影响 U_{25}
	提高民营企业产品市场竞争力的改善 U_{26}
社会效益 U_3	技术转移中介服务市场发展的影响 U_{31}
	促进军民技术人才双向交流的改善 U_{32}
	传统产业的改造升级的改善 U_{33}

(表格左侧合并单元格:国防专利技术转移效用评价指标体系)

二、问卷说明

根据层次分析法的要求,在同一层次对各指标重要性进行两两比较。重要程度共分9个等级(括号内为对应的等级数值):绝对重要(9)、十分重要(7)、比较重要(5)、稍微重要(3)、同等重要(1)、稍微不重要(1/3)、不重要

(1/5)、很不重要(1/7)、绝对不重要(1/9)。比较方向是：左边的指标比较右边的指标。鉴于您的认识和判断，请在对应的方框内打"√"即可。

三、问卷内容

1. 第一层指标之间的相对重要性判断

"国防专利技术转移效用"对下列各指标相对重要性如何？

附表 2-2　国防专利技术转移效用评价一级指标相对重要性判断表

	重要性程度								
	9	7	5	3	1	1/3	1/5	1/7	1/9	
国防效益										经济效益
国防效益										社会效益
经济效益										社会效益

2. 第二层指标之间的重要性判断

(1) 国防专利技术转移效用体现的"国防效益"中各指标的相对重要性。

国防效益各指标及其含义如附表 2-3 所列。

附表 2-3　国防效益指标及其含义

国防效益指标	指标含义
武器装备科研生产配套服务的促进和改善 U_{11}	考察民营企业通过引进国防专利反向输出军品科研生产配套服务，从整体上对武器装备建设的改善状况
国防科技工业与民用工业生产企业之间技术合作 U_{12}	考察通过转移主体选择技术入股、共建实体等转移模式促进国防科技工业与民用生产企业之间的技术合作的情况
军民融合发展战略实施的推动 U_{13}	考察国防专利技术转移对推动军民融合深度发展的贡献程度
国防专利制度的影响 U_{14}	考察国防专利技术转移对国防专利制度完善的状况

下列指标中，对于"国防效益"的相对重要程度如何？

附表 2-4　国防效益指标相对重要性判断表

	重要性程度								
	9	7	5	3	1	1/3	1/5	1/7	1/9	
武器装备科研生产配套服务的促进和改善 U_{11}										国防科技工业与民用工业生产企业之间技术合作 U_{12}
武器装备科研生产配套服务的促进和改善 U_{11}										军民融合发展战略实施的推动 U_{13}

255

(续)

	重要性程度								
	9	7	5	3	1	1/3	1/5	1/7	1/9	
武器装备科研生产配套服务的促进和改善 U_{11}										国防专利制度的影响 U_{14}
国防科技工业与民用工业生产企业之间技术合作 U_{12}										军民融合发展战略实施的推动 U_{13}
国防科技工业与民用工业生产企业之间技术合作 U_{12}										国防专利制度的影响 U_{14}
军民融合发展战略实施的推动 U_{13}										国防专利制度的影响 U_{14}

（2）国防专利技术转移效用体现的"经济效益"中各指标的相对重要性。经济效益各指标及其含义如表2-5所列。

附表2-5 经济效益指标及其含义

经济效益指标	指标含义
技术供体单位无形资产增值的改善 U_{21}	考察技术供体单位通过向外转让或许可国防专利，对其提高无形资产的使用效率以及无形资产保值增值的改善情况
国防科研技术人员待遇和激励发明创造的改善 U_{22}	考察通过国防专利技术转移对提高从事国防科研技术人员的待遇、激励其发明创造的影响程度
技术受体新产品销售收入的改善 U_{23}	考察技术受体通过引进国防专利实现比完全自主投入研发创造的新的价值增量情况
技术受体产品附加值的改善 U_{24}	考察通过引进国防专利弥补民营企业在资金、技术、风险上的不足，提升其科研起点，增加产品的附加值的改善情况
拓展民营企业参与军品科研生产途径的影响 U_{25}	考察通过引进国防专利并与政府、国防科技工业以及军队等单位合作与交流的方式，为其参与军品科研生产提供新途径和手段的改善
提高民营企业产品市场竞争力的改善 U_{26}	考察民营企业通过利用国防专利的技术核心程度以及不可替代性等优势对其占领新的产品市场和提高市场竞争力的影响

下列指标中，对于"经济效益"的相对重要程度如何？

附表2-6 经济效益指标相对重要性判断表

	重要性程度								
	9	7	5	3	1	1/3	1/5	1/7	1/9	
技术供体单位无形资产增值的改善 U_{21}										国防科研技术人员待遇和激励发明创造的改善 U_{22}

(续)

	重要性程度									
	9	7	5	3	1	1/3	1/5	1/7	1/9	
技术供体单位无形资产增值的改善 U_{21}										技术受体新产品销售收入的改善 U_{23}
技术供体单位无形资产增值的改善 U_{21}										技术受体产品附加值的改善 U_{24}
技术供体单位无形资产增值的改善 U_{21}										拓展民营企业参与军品科研生产品途径的影响 U_{25}
技术供体单位无形资产增值的改善 U_{21}										提高民营企业产品市场竞争力的改善 U_{26}
国防科研技术人员待遇和激励发明创造的改善 U_{22}										技术受体新产品销售收入的改善 U_{23}
国防科研技术人员待遇和激励发明创造的改善 U_{22}										技术受体产品附加值的改善 U_{24}
国防科研技术人员待遇和激励发明创造的改善 U_{22}										拓展民营企业参与军品科研生产品途径的影响 U_{25}
国防科研技术人员待遇和激励发明创造的改善 U_{22}										提高民营企业市场产品竞争力的改善 U_{26}
技术受体新产品销售收入的改善 U_{23}										技术受体产品附加值的改善 U_{24}
技术受体新产品销售收入的改善 U_{23}										拓展民营企业参与军品科研生产品途径的影响 U_{25}
技术受体新产品销售收入的改善 U_{23}										提高民营企业产品市场竞争力的改善 U_{26}
技术受体产品附加值的改善 U_{24}										拓展民营企业参与军品科研生产品途径的影响 U_{25}
技术受体产品附加值的改善 U_{24}										提高民营企业产品市场竞争力的改善 U_{26}
拓展民营企业参与军品科研生产品途径的影响 U_{25}										提高民营企业产品市场竞争力的改善 U_{26}

(3) 国防专利技术转移效用体现的"社会效益"中各指标的相对重要性。

附表 2-7 社会效益指标及其含义

社会效益指标	指标含义
技术转移中介服务市场发展的影响 U_{31}	考察国防专利技术转移社会对中介服务法人实体的需求改善以及从事经济、技术、法律等专业中介服务人员就业的改善情况
促进军民技术人才双向交流的改善 U_{32}	考察国防专利技术转移对促进国防科技工业技术人员与民用工业生产企业技术人员之间双向交流的改善情况
传统产业的改造升级的改善 U_{33}	考察国防专利技术转移对民用传统产业的改造和升级的情况

下列指标中,对于"经济效益"的相对重要程度如何？

附表 2-8 社会效益指标相对重要性判断表

	重要性程度								
	9	7	5	3	1	1/3	1/5	1/7	1/9	
技术转移中介服务市场发展的影响 U_{31}										军民技术人才双向交流的改善 U_{32}
技术转移中介服务市场发展的影响 U_{31}										传统产业的改造升级的改善 U_{33}
军民技术人才双向交流的改善 U_{32}										传统产业的改造升级的改善 U_{33}

再次感谢您的支持与配合。

附录3 国防专利技术转移效用单因素评价调查问卷

您好,感谢您能够在百忙之中抽出时间对国防专利技术转移效用单因素指标作出判断。基于您在国防知识产权、技术转移领域的专业和威望,非常希望得到您的建议和基于丰富经验的判断。请您对国防专利技术转移国防、经济以及社会效益对其各指标贡献大小作出判断。您的判断结果按照贡献程度由大到小共分5个等级:特别明显、比较明显、一般明显、不太明显以及不明显。

根据您的个人判断,请您在下面各表中符合您判断的方框内打"√"。

1. "国防效益"对其下各指标的贡献程度

指 标	评语集				
	特别明显	比较明显	一般明显	不太明显	不明显
武器装备科研生产配套服务的改善 U_{11}					
国防科技工业与民用工业生产企业之间的技术合作 U_{12}					
对促进军民融合发展战略实施的影响 U_{13}					
对国防专利制度的影响 U_{14}					

2. "经济效益"对其下各指标的贡献程度

指 标	评语集				
	特别明显	比较明显	一般明显	不太明显	不明显
技术供体单位无形资产增值的改善 U_{21}					
国防科研技术人员待遇和激励发明创造的改善 U_{22}					
技术受体新产品销售收入的改善 U_{23}					
技术受体产品附加值的改善 U_{24}					
拓展民营企业参与军品科研生产品途径的影响 U_{25}					
民营企业市场产品竞争力的改善 U_{26}					

3. "社会效益"对其下各指标的贡献程度

指　　标	评语集				
	特别明显	比较明显	一般明显	不太明显	不明显
技术转移中介服务市场发展的影响 U_{31}					
军民技术人才双向交流的改善 U_{32}					
传统产业的改造升级的改善 U_{33}					

再次感谢您的支持与配合！

附录4 国防专利条例

(国务院、中央军事委员会令第418号,自2004年11月1日起施行)

第一章 总 则

第一条 为了保护有关国防的发明专利权,确保国家秘密,便利发明创造的推广应用,促进国防科学技术的发展,适应国防现代化建设的需要,根据《中华人民共和国专利法》,制定本条例。

第二条 国防专利是指涉及国防利益以及对国防建设具有潜在作用需要保密的发明专利。

第三条 国家国防专利机构(以下简称国防专利机构)负责受理和审查国防专利申请。经国防专利机构审查认为符合本条例规定的,由国务院专利行政部门授予国防专利权。

国务院国防科学技术工业主管部门和中国人民解放军总装备部(以下简称总装备部)分别负责地方系统和军队系统的国防专利管理工作。

第四条 涉及国防利益或者对国防建设具有潜在作用被确定为绝密级国家秘密的发明不得申请国防专利。

国防专利申请以及国防专利的保密工作,在解密前依照《中华人民共和国保守国家秘密法》和国家有关规定进行管理。

第五条 国防专利权的保护期限为20年,自申请日起计算。

第六条 国防专利在保护期内,因情况变化需要变更密级、解密或者国防专利权终止后需要延长保密期限的,国防专利机构可以作出变更密级、解密或者延长保密期限的决定;但是对在申请国防专利前已被确定为国家秘密的,应当征得原确定密级和保密期限的机关、单位或者其上级机关的同意。

被授予国防专利权的单位或者个人(以下统称国防专利权人)可以向国防专利机构提出变更密级、解密或者延长保密期限的书面申请;属于国有企业事业单位或者军队单位的,应当附送原确定密级和保密期限的机关、单位或者其上级机关的意见。

国防专利机构应当将变更密级、解密或者延长保密期限的决定,在该机构出版的《国防专利内部通报》上刊登,并通知国防专利权人,同时将解密的国防专利报送国务院专利行政部门转为普通专利。国务院专利行政部门应当及时将解密的国防专利向社会公告。

第七条 国防专利申请权和国防专利权经批准可以向国内的中国单位和个人转让。

转让国防专利申请权或者国防专利应当确保国家秘密不被泄露,保证国防和军队建设不受影响,并向国防专利机构提出书面申请,由国防专利机构进行初步审查后依照本条例第三条第二款规定的取责分工,及时报送国务院国防科学技术工业主管部门、总装备部审批。

国务院国防科学技术工业主管部门、总装备部应当自国防专利机构受理申请之日起 30 日内作出批准或者不批准的决定;作出不批准决定的,应当书面通知申请人并说明理由。

经批准转让国防专利申请权或者国防专利权的,当事人应当订立书面合同,并向国防专利机构登记,由国防专利机构在《国防专利内部通报》上刊登。国防专利申请权或者国防专利权的转让自登记之日起生效。

第八条 禁止向国外的单位和个人以及在国内的外国人和外国机构转让国防专利申请权和国防专利权。

第九条 需要委托专利代理机构申请国防专利和办理其他国防专利事务的,应当委托国防专利机构指定的专利代理机构办理。专利代理机构及其工作人员对在办理国防专利申请和其他国防专利事务过程中知悉的国家秘密,负有保密义务。

第二章　国防专利的申请、审查和授权

第十条 申请国防专利的,应当向国防专利机构提交请求书、说明书及其摘要和权利要求书等文件。

国防专利申请人应当按照国防专利机构规定的要求和统一格式撰写申请文件,并亲自送交或者经过机要通信以及其他保密方式传交国防专利机构,不得按普通函件邮寄。

国防专利机构收到国防专利申请文件之日为申请日;申请文件通过机要通信邮寄的,以寄出的邮戳日为申请日。

第十一条 国防专利机构定期派人到国务院专利行政部门查看普通专利申请,发现其中有涉及国防利益或者对国防建设具有潜在作用需要保密的,经国务院专利行政部门同意后转为国防专利申请,并通知申请人。

普通专利申请转为国防专利申请后,国防专利机构依照本条例的有关规定对该国防专利申请进行审查。

第十二条 授予国防专利权的发明,应当具备新颖性、创造性和实用性。

新颖性,是指在申请日之前没有同样的发明在国外出版物上公开发表过、在国内出版物上发表过、在国内使用过或者以其他方式为公众所知,也没有同样的发明由他人提出过申请并在申请日以后获得国防专利权。

创造性,是指同申请日之前已有的技术相比,该发明有突出的实质性特点和显著的进步。

实用性,是指该发明能够制造或者使用,并且能够产生积极效果。

第十三条 申请国防专利的发明在申请日之前6个月内,有下列情形之一的,不丧失新颖性:

(一)在国务院有关主管部门、中国人民解放军有关主管部门举办的内部展览会上首次展出的;

(二)在国务院有关主管部门、中国人民解放军有关主管部门召开的内部学术会议或者技术会议上首次发表的;

(三)他人未经国防专利申请人同意而泄露其内容的。

有前款所列情形的,国防专利申请人应当在申请时声明,并自申请日起2个月内提供有关证明文件。

第十四条 国防专利机构对国防专利申请进行审查后,认为不符合本条例规定的,应当通知国防专利申请人在指定的期限内陈述意见或者对其国防专利申请进行修改、补正;无正当理由逾期不答复的,该国防专利申请即被视为撤回。

国防专利申请人在自申请日起6个月内或者在对第一次审查意见通知书进行答复时,可以对其国防专利申请主动提出修改。

申请人对其国防专利申请文件进行修改不得超出原说明书和权利要求书记载的范围。

第十五条 国防专利申请人陈述意见或者对国防专利申请进行修改、补正后,国防专利机构认为仍然不符合本条例规定的,应当予以驳回。

第十六条 国防专利机构设立国防专利复审委员会,负责国防专利的复审和无效宣告工作。

国防专利复审委员会由技术专家和法律专家组成,其主任委员由国防专利机构负责人兼任。

第十七条 国防专利申请人对国防专利机构驳回申请的决定不服的,可以自收到通知之日起3个月内,向国防专利复审委员会请求复审。国防专利复审委员会复审并作出决定后,通知国防专利申请人。

第十八条 国防专利申请经审查认为没有驳回理由或者驳回后经过复审认为不应当驳回的,由国务院专利行政部门作出授予国防专利权的决定,并委托国防专利机构颁发国防专利证书,同时在国务院专利行政部门出版的专利公报上公告该国防专利的申请日、授权日和专利号。国防专利机构应当将该国防专利的有关事项予以登记,并在《国防专利内部通报》上刊登。

第十九条 任何单位或者个人认为国防专利权的授予不符合本条例规定的,可以向国防专利复审委员会提出宣告该国防专利权无效的请求。

第二十条 国防专利复审委员会对宣告国防专利权无效的请求进行审查并作出决定后,通知请求人和国防专利权人。宣告国防专利权无效的决定,国防专利机构应当予以登记并在《国防专利内部通报》上刊登,国务院专利行政部门应当在专利公报上公布。

第三章 国防专利的实施

第二十一条 国防专利机构应当自授予国防专利权之日起3个月内,将该国防专利有关文件副本送交国务院有关主管部门或者中国人民解放军有关主管部门。收到文件副本的部门,应当在4个月内就该国防专利的实施提出书面意见,并通知国防专利机构。

第二十二条 国务院有关主管部门、中国人民解放军有关主管部门,可以允许其指定的单位实施本系统或者本部门内的国防专利;需要指定实施本系统或者本部门以外的国防专利的,应当向国防专利机构提出书面申请,由国防专利机构依照本条例第三条第二款规定的职责分工报国务院国防科学技术工业主管部门、总装备部批准后实施。

国防专利机构对国防专利的指定实施予以登记,并在《国防专利内部通报》上刊登。

第二十三条 实施他人国防专利的单位应当与国防专利权人订立书面实施合同,依照本条例第二十五条的规定向国防专利权人支付费用,并报国防专利机构备案。实施单位不得允许合同规定以外的单位实施该国防专利。

第二十四条 国防专利权人许可国外的单位或者个人实施其国防专利的,应当确保国家秘密不被泄露,保证国防和军队建设不受影响,并向国防专利机构提出书面申请,由国防专利机构进行初步审查后依照本条例第三条第二款规定的职责分工,及时报送国务院国防科学技术工业主管部门、总装备部审批。

国务院国防科学技术工业主管部门、总装备部应当自国防专利机构受理申请之日起30日内作出批准或者不批准的决定;作出不批准决定的,应当书面通知申请人并说明理由。

第二十五条 实施他人国防专利的,应当向国防专利权人支付国防专利使用费。实施使用国家直接投入的国防科研经费或者其他国防经费进行科研活动所产生的国防专利,符合产生该国防专利的经费使用目的的,可以只支付必要的国防专利实施费;但是,科研合同另有约定或者科研任务书另有规定的除外。

前款所称国防专利实施费,是指国防专利实施中发生的为提供技术资料、培训人员以及进一步开发技术等所需的费用。

第二十六条 国防专利指定实施的实施费或者使用费的数额,由国防专利权人与实施单位协商确定;不能达成协议的,由国防专利机构裁决。

第二十七条 国家对国防专利权人给予补偿。国防专利机构在颁发国防专利证书后,向国防专利权人支付国防专利补偿费,具体数额由国防专利机构确定。属于职务发明的,国防专利权人应当将不少于50%的补偿费发给发明人。

第四章 国防专利的管理和保护

第二十八条 国防专利机构出版的《国防专利内部通报》属于国家秘密文件,其知悉范围由国防专利机构确定。

《国防专利内部通报》刊登下列内容:

（一）国防专利申请中记载的著录事项；

（二）国防专利的权利要求书；

（三）发明说明书的摘要；

（四）国防专利权的授予；

（五）国防专利权的终止；

（六）国防专利权的无效宣告；

（七）国防专利申请权、国防专利权的转移；

（八）国防专利的指定实施；

（九）国防专利实施许可合同的备案；

（十）国防专利的变更密级、解密；

（十一）国防专利保密期限的延长；

（十二）国防专利权人的姓名或者名称、地址的变更；

（十三）其他有关事项。

第二十九条 国防专利权被授予后，有下列情形之一的，经国防专利机构同意，可以查阅国防专利说明书：

（一）提出宣告国防专利权无效请求的；

（二）需要实施国防专利的；

（三）发生国防专利纠纷的；

（四）因国防科研需要的。

查阅者对其在查阅过程中知悉的国家秘密负有保密义务。

第三十条 国务院有关主管部门、中国人民解放军有关主管部门和各省、自治区、直辖市的国防科学技术工业管理部门应当指定一个机构管理国防专利工作，并通知国防专利机构。该管理国防专利工作的机构在业务上受国防专利机构指导。

承担国防科研、生产任务以及参与军事订货的军队单位、国务院履行出资人职责的企业和国务院直属事业单位，应当指定相应的机构管理本单位的国防专利工作。

第三十一条 国防专利机构应当事人可以对下列国防专利纠纷进行调解：

（一）国防专利申请权和国防专利权归属纠纷；

（二）国防专利发明人资格纠纷；

（三）职务发明的发明人的奖励和报酬纠纷；

（四）国防专利使用费和实施费纠纷。

第三十二条 除《中华人民共和国专利法》和本条例另有规定的以外，未经国防专利权人许可实施其国防专利，即侵犯其国防专利权，引起纠纷的，由当事人协商解决；不愿协商或者协商不成的，国防专利权人或者利害关系人可以向人民法院起诉，也可以请求国防专利机构处理。

第三十三条 违反本条例规定，泄露国家秘密的，依照《中华人民共和国保守国家秘密法》和国家有关规定处理。

第五章 附 则

第三十四条 向国防专利机构申请国防专利和办理其他手续，应当按照规定缴纳费用。

第三十五条 《中华人民共和国专利法》和《中华人民共和国专利法实施细则》的有关规定适用于国防专利，但本条例有专门规定的依照本条例的规定执行。

第三十六条 本条例自 2004 年 11 月 1 日起施行。1990 年 7 月 30 日国务院、中央军事委员会批准的《国防专利条例》同时废止。

附录5 中华人民共和国保密国家秘密法

(1988年9月5日第七届全国人民代表大会常务委员会第三次会议通过 2010年4月29日第十一届全国人民代表大会常务委员会第十四次会议修订)

第一章 总 则

第一条 为了保守国家秘密,维护国家安全和利益,保障改革开放和社会主义建设事业的顺利进行,制定本法。

第二条 国家秘密是关系国家安全和利益,依照法定程序确定,在一定时间内只限一定范围的人员知悉的事项。

第三条 国家秘密受法律保护。

一切国家机关、武装力量、政党、社会团体、企业事业单位和公民都有保守国家秘密的义务。

任何危害国家秘密安全的行为,都必须受到法律追究。

第四条 保守国家秘密的工作(以下简称保密工作),实行积极防范、突出重点、依法管理的方针,既确保国家秘密安全,又便利信息资源合理利用。

法律、行政法规规定公开的事项,应当依法公开。

第五条 国家保密行政管理部门主管全国的保密工作。县级以上地方各级保密行政管理部门主管本行政区域的保密工作。

第六条 国家机关和涉及国家秘密的单位(以下简称机关、单位)管理本机关和本单位的保密工作。

中央国家机关在其职权范围内,管理或者指导本系统的保密工作。

第七条 机关、单位应当实行保密工作责任制,健全保密管理制度,完善保密防护措施,开展保密宣传教育,加强保密检查。

第八条 国家对在保守、保护国家秘密以及改进保密技术、措施等方面成绩显著的单位或者个人给予奖励。

第二章 国家秘密的范围和密级

第九条 下列涉及国家安全和利益的事项,泄露后可能损害国家在政治、

经济、国防、外交等领域的安全和利益的,应当确定为国家秘密:
（一）国家事务重大决策中的秘密事项;
（二）国防建设和武装力量活动中的秘密事项;
（三）外交和外事活动中的秘密事项以及对外承担保密义务的秘密事项;
（四）国民经济和社会发展中的秘密事项;
（五）科学技术中的秘密事项;
（六）维护国家安全活动和追查刑事犯罪中的秘密事项;
（七）经国家保密行政管理部门确定的其他秘密事项。
政党的秘密事项中符合前款规定的,属于国家秘密。

第十条 国家秘密的密级分为绝密、机密、秘密三级。

绝密级国家秘密是最重要的国家秘密,泄露会使国家安全和利益遭受特别严重的损害;机密级国家秘密是重要的国家秘密,泄露会使国家安全和利益遭受严重的损害;秘密级国家秘密是一般的国家秘密,泄露会使国家安全和利益遭受损害。

第十一条 国家秘密及其密级的具体范围,由国家保密行政管理部门分别会同外交、公安、国家安全和其他中央有关机关规定。

军事方面的国家秘密及其密级的具体范围,由中央军事委员会规定。

国家秘密及其密级的具体范围的规定,应当在有关范围内公布,并根据情况变化及时调整。

第十二条 机关、单位负责人及其指定的人员为定密责任人,负责本机关、本单位的国家秘密确定、变更和解除工作。

机关、单位确定、变更和解除本机关、本单位的国家秘密,应当由承办人提出具体意见,经定密责任人审核批准。

第十三条 确定国家秘密的密级,应当遵守定密权限。

中央国家机关、省级机关及其授权的机关、单位可以确定绝密级、机密级和秘密级国家秘密;设区的市、自治州一级的机关及其授权的机关、单位可以确定机密级和秘密级国家秘密。具体的定密权限、授权范围由国家保密行政管理部门规定。

机关、单位执行上级确定的国家秘密事项,需要定密的,根据所执行的国家秘密事项的密级确定。下级机关、单位认为本机关、本单位产生的有关定密事项属于上级机关、单位的定密权限,应当先行采取保密措施,并立即报请上级机关、单位确定;没有上级机关、单位的,应当立即提请有相应定密权限的业务主管部门或者保密行政管理部门确定。

公安、国家安全机关在其工作范围内按照规定的权限确定国家秘密的密级。

第十四条 机关、单位对所产生的国家秘密事项,应当按照国家秘密及其密级的具体范围的规定确定密级,同时确定保密期限和知悉范围。

第十五条 国家秘密的保密期限,应当根据事项的性质和特点,按照维护国家安全和利益的需要,限定在必要的期限内;不能确定期限的,应当确定解密的条件。

国家秘密的保密期限,除另有规定外,绝密级不超过三十年,机密级不超过二十年,秘密级不超过十年。

机关、单位应当根据工作需要,确定具体的保密期限、解密时间或者解密条件。

机关、单位对在决定和处理有关事项工作过程中确定需要保密的事项,根据工作需要决定公开的,正式公布时即视为解密。

第十六条 国家秘密的知悉范围,应当根据工作需要限定在最小范围。

国家秘密的知悉范围能够限定到具体人员的,限定到具体人员;不能限定到具体人员的,限定到机关、单位,由机关、单位限定到具体人员。

国家秘密的知悉范围以外的人员,因工作需要知悉国家秘密的,应当经过机关、单位负责人批准。

第十七条 机关、单位对承载国家秘密的纸介质、光介质、电磁介质等载体(以下简称国家秘密载体)以及属于国家秘密的设备、产品,应当做出国家秘密标志。

不属于国家秘密的,不应当做出国家秘密标志。

第十八条 国家秘密的密级、保密期限和知悉范围,应当根据情况变化及时变更。国家秘密的密级、保密期限和知悉范围的变更,由原定密机关、单位决定,也可以由其上级机关决定。

国家秘密的密级、保密期限和知悉范围变更的,应当及时书面通知知悉范围内的机关、单位或者人员。

第十九条 国家秘密的保密期限已满的,自行解密。

机关、单位应当定期审核所确定的国家秘密。对在保密期限内因保密事项范围调整不再作为国家秘密事项,或者公开后不会损害国家安全和利益,不需要继续保密的,应当及时解密;对需要延长保密期限的,应当在原保密期限届满前重新确定保密期限。提前解密或者延长保密期限的,由原定密机关、单位决定,也可以由其上级机关决定。

第二十条　机关、单位对是否属于国家秘密或者属于何种密级不明确或者有争议的,由国家保密行政管理部门或者省、自治区、直辖市保密行政管理部门确定。

第三章　保密制度

第二十一条　国家秘密载体的制作、收发、传递、使用、复制、保存、维修和销毁,应当符合国家保密规定。

绝密级国家秘密载体应当在符合国家保密标准的设施、设备中保存,并指定专人管理;未经原定密机关、单位或者其上级机关批准,不得复制和摘抄;收发、传递和外出携带,应当指定人员负责,并采取必要的安全措施。

第二十二条　属于国家秘密的设备、产品的研制、生产、运输、使用、保存、维修和销毁,应当符合国家保密规定。

第二十三条　存储、处理国家秘密的计算机信息系统(以下简称涉密信息系统)按照涉密程度实行分级保护。

涉密信息系统应当按照国家保密标准配备保密设施、设备。保密设施、设备应当与涉密信息系统同步规划,同步建设,同步运行。

涉密信息系统应当按照规定,经检查合格后,方可投入使用。

第二十四条　机关、单位应当加强对涉密信息系统的管理,任何组织和个人不得有下列行为:

(一)将涉密计算机、涉密存储设备接入互联网及其他公共信息网络;

(二)在未采取防护措施的情况下,在涉密信息系统与互联网及其他公共信息网络之间进行信息交换;

(三)使用非涉密计算机、非涉密存储设备存储、处理国家秘密信息;

(四)擅自卸载、修改涉密信息系统的安全技术程序、管理程序;

(五)将未经安全技术处理的退出使用的涉密计算机、涉密存储设备赠送、出售、丢弃或者改作其他用途。

第二十五条 机关、单位应当加强对国家秘密载体的管理,任何组织和个人不得有下列行为:

(一) 非法获取、持有国家秘密载体;

(二) 买卖、转送或者私自销毁国家秘密载体;

(三) 通过普通邮政、快递等无保密措施的渠道传递国家秘密载体;

(四) 邮寄、托运国家秘密载体出境;

(五) 未经有关主管部门批准,携带、传递国家秘密载体出境。

第二十六条 禁止非法复制、记录、存储国家秘密。

禁止在互联网及其他公共信息网络或者未采取保密措施的有线和无线通信中传递国家秘密。

禁止在私人交往和通信中涉及国家秘密。

第二十七条 报刊、图书、音像制品、电子出版物的编辑、出版、印制、发行,广播节目、电视节目、电影的制作和播放,互联网、移动通信网等公共信息网络及其他传媒的信息编辑、发布,应当遵守有关保密规定。

第二十八条 互联网及其他公共信息网络运营商、服务商应当配合公安机关、国家安全机关、检察机关对泄密案件进行调查;发现利用互联网及其他公共信息网络发布的信息涉及泄露国家秘密的,应当立即停止传输,保存有关记录,向公安机关、国家安全机关或者保密行政管理部门报告;应当根据公安机关、国家安全机关或者保密行政管理部门的要求,删除涉及泄露国家秘密的信息。

第二十九条 机关、单位公开发布信息以及对涉及国家秘密的工程、货物、服务进行采购时,应当遵守保密规定。

第三十条 机关、单位对外交往与合作中需要提供国家秘密事项,或者任用、聘用的境外人员因工作需要知悉国家秘密的,应当报国务院有关主管部门或者省、自治区、直辖市人民政府有关主管部门批准,并与对方签订保密协议。

第三十一条 举办会议或者其他活动涉及国家秘密的,主办单位应当采取保密措施,并对参加人员进行保密教育,提出具体保密要求。

第三十二条 机关、单位应当将涉及绝密级或者较多机密级、秘密级国家秘密的机构确定为保密要害部门,将集中制作、存放、保管国家秘密载体的专门场所确定为保密要害部位,按照国家保密规定和标准配备、使用必要的技术防护设施、设备。

第三十三条　军事禁区和属于国家秘密不对外开放的其他场所、部位,应当采取保密措施,未经有关部门批准,不得擅自决定对外开放或者扩大开放范围。

第三十四条　从事国家秘密载体制作、复制、维修、销毁,涉密信息系统集成,或者武器装备科研生产等涉及国家秘密业务的企业事业单位,应当经过保密审查,具体办法由国务院规定。

机关、单位委托企业事业单位从事前款规定的业务,应当与其签订保密协议,提出保密要求,采取保密措施。

第三十五条　在涉密岗位工作的人员(以下简称涉密人员),按照涉密程度分为核心涉密人员、重要涉密人员和一般涉密人员,实行分类管理。

任用、聘用涉密人员应当按照有关规定进行审查。

涉密人员应当具有良好的政治素质和品行,具有胜任涉密岗位所要求的工作能力。

涉密人员的合法权益受法律保护。

第三十六条　涉密人员上岗应当经过保密教育培训,掌握保密知识技能,签订保密承诺书,严格遵守保密规章制度,不得以任何方式泄露国家秘密。

第三十七条　涉密人员出境应当经有关部门批准,有关机关认为涉密人员出境将对国家安全造成危害或者对国家利益造成重大损失的,不得批准出境。

第三十八条　涉密人员离岗离职实行脱密期管理。涉密人员在脱密期内,应当按照规定履行保密义务,不得违反规定就业,不得以任何方式泄露国家秘密。

第三十九条　机关、单位应当建立健全涉密人员管理制度,明确涉密人员的权利、岗位责任和要求,对涉密人员履行职责情况开展经常性的监督检查。

第四十条　国家工作人员或者其他公民发现国家秘密已经泄露或者可能泄露时,应当立即采取补救措施并及时报告有关机关、单位。机关、单位接到报告后,应当立即作出处理,并及时向保密行政管理部门报告。

第四章　监督管理

第四十一条　国家保密行政管理部门依照法律、行政法规的规定,制定保密规章和国家保密标准。

第四十二条 保密行政管理部门依法组织开展保密宣传教育、保密检查、保密技术防护和泄密案件查处工作,对机关、单位的保密工作进行指导和监督。

第四十三条 保密行政管理部门发现国家秘密确定、变更或者解除不当的,应当及时通知有关机关、单位予以纠正。

第四十四条 保密行政管理部门对机关、单位遵守保密制度的情况进行检查,有关机关、单位应当配合。保密行政管理部门发现机关、单位存在泄密隐患的,应当要求其采取措施,限期整改;对存在泄密隐患的设施、设备、场所,应当责令停止使用;对严重违反保密规定的涉密人员,应当建议有关机关、单位给予处分并调离涉密岗位;发现涉嫌泄露国家秘密的,应当督促、指导有关机关、单位进行调查处理。涉嫌犯罪的,移送司法机关处理。

第四十五条 保密行政管理部门对保密检查中发现的非法获取、持有的国家秘密载体,应当予以收缴。

第四十六条 办理涉嫌泄露国家秘密案件的机关,需要对有关事项是否属于国家秘密以及属于何种密级进行鉴定的,由国家保密行政管理部门或者省、自治区、直辖市保密行政管理部门鉴定。

第四十七条 机关、单位对违反保密规定的人员不依法给予处分的,保密行政管理部门应当建议纠正,对拒不纠正的,提请其上一级机关或者监察机关对该机关、单位负有责任的领导人员和直接责任人员依法予以处理。

第五章 法律责任

第四十八条 违反本法规定,有下列行为之一的,依法给予处分;构成犯罪的,依法追究刑事责任:

(一)非法获取、持有国家秘密载体的;

(二)买卖、转送或者私自销毁国家秘密载体的;

(三)通过普通邮政、快递等无保密措施的渠道传递国家秘密载体的;

(四)邮寄、托运国家秘密载体出境,或者未经有关主管部门批准,携带、传递国家秘密载体出境的;

(五)非法复制、记录、存储国家秘密的;

(六)在私人交往和通信中涉及国家秘密的;

（七）在互联网及其他公共信息网络或者未采取保密措施的有线和无线通信中传递国家秘密的；

（八）将涉密计算机、涉密存储设备接入互联网及其他公共信息网络的；

（九）在未采取防护措施的情况下,在涉密信息系统与互联网及其他公共信息网络之间进行信息交换的；

（十）使用非涉密计算机、非涉密存储设备存储、处理国家秘密信息的；

（十一）擅自卸载、修改涉密信息系统的安全技术程序、管理程序的；

（十二）将未经安全技术处理的退出使用的涉密计算机、涉密存储设备赠送、出售、丢弃或者改作其他用途的。

有前款行为尚不构成犯罪,且不适用处分的人员,由保密行政管理部门督促其所在机关、单位予以处理。

第四十九条　机关、单位违反本法规定,发生重大泄密案件的,由有关机关、单位依法对直接负责的主管人员和其他直接责任人员给予处分；不适用处分的人员,由保密行政管理部门督促其主管部门予以处理。

机关、单位违反本法规定,对应当定密的事项不定密,或者对不应当定密的事项定密,造成严重后果的,由有关机关、单位依法对直接负责的主管人员和其他直接责任人员给予处分。

第五十条　互联网及其他公共信息网络运营商、服务商违反本法第二十八条规定的,由公安机关或者国家安全机关、信息产业主管部门按照各自职责分工依法予以处罚。

第五十一条　保密行政管理部门的工作人员在履行保密管理职责中滥用职权、玩忽职守、徇私舞弊的,依法给予处分；构成犯罪的,依法追究刑事责任。

第六章　附　　则

第五十二条　中央军事委员会根据本法制定中国人民解放军保密条例。

第五十三条　本法自 2010 年 10 月 1 日起施行。

附录6　中华人民共和国保守国家秘密法实施条例

第一章　总　则

第一条　根据《中华人民共和国保守国家秘密法》(以下简称保密法)的规定,制定本条例。

第二条　国家保密行政管理部门主管全国的保密工作。县级以上地方各级保密行政管理部门在上级保密行政管理部门指导下,主管本行政区域的保密工作。

第三条　中央国家机关在其职权范围内管理或者指导本系统的保密工作,监督执行保密法律法规,可以根据实际情况制定或者会同有关部门制定主管业务方面的保密规定。

第四条　县级以上人民政府应当加强保密基础设施建设和关键保密科技产品的配备。

省级以上保密行政管理部门应当加强关键保密科技产品的研发工作。

保密行政管理部门履行职责所需的经费,应当列入本级人民政府财政预算。机关、单位开展保密工作所需经费应当列入本机关、本单位的年度财政预算或者年度收支计划。

第五条　机关、单位不得将依法应当公开的事项确定为国家秘密,不得将涉及国家秘密的信息公开。

第六条　机关、单位实行保密工作责任制。机关、单位负责人对本机关、本单位的保密工作负责,工作人员对本岗位的保密工作负责。

机关、单位应当根据保密工作需要设立保密工作机构或者指定人员专门负责保密工作。

机关、单位及其工作人员履行保密工作责任制情况应当纳入年度考评和考核内容。

第七条　各级保密行政管理部门应当组织开展经常性的保密宣传教育。机关、单位应当定期对本机关、本单位工作人员进行保密形势、保密法律法规、保密技术防范等方面的教育培训。

第二章　国家秘密的范围和密级

第八条　国家秘密及其密级的具体范围(以下称保密事项范围)应当明确规定国家秘密具体事项的名称、密级、保密期限、知悉范围。

保密事项范围应当根据情况变化及时调整。制定、修订保密事项范围应当充分论证,听取有关机关、单位和相关领域专家的意见。

第九条　机关、单位负责人为本机关、本单位的定密责任人,根据工作需要,可以指定其他人员为定密责任人。

专门负责定密的工作人员应当接受定密培训,熟悉定密职责和保密事项范围,掌握定密程序和方法。

第十条　定密责任人在职责范围内承担有关国家秘密确定、变更和解除工作。具体职责是:

(一)审核批准本机关、本单位产生的国家秘密的密级、保密期限和知悉范围;

(二)对本机关、本单位产生的尚在保密期限内的国家秘密进行审核,作出是否变更或者解除的决定;

(三)对是否属于国家秘密和属于何种密级不明确的事项先行拟定密级,并按照规定的程序报保密行政管理部门确定。

第十一条　中央国家机关、省级机关以及设区的市、自治州级机关可以根据保密工作需要或者有关机关、单位的申请,在国家保密行政管理部门规定的定密权限、授权范围内作出定密授权。

定密授权应当以书面形式作出。授权机关应当对被授权机关、单位履行定密授权的情况进行监督。

中央国家机关、省级机关作出的授权,报国家保密行政管理部门备案;设区的市、自治州级机关作出的授权,报省、自治区、直辖市保密行政管理部门备案。

第十二条　机关、单位应当在国家秘密产生的同时,由承办人依据有关保密事项范围拟定密级、保密期限和知悉范围,报定密责任人审核批准,并采取相应保密措施。

第十三条　机关、单位对所产生的国家秘密,应当按照保密事项范围的规定确定具体的保密期限;保密事项范围没有规定具体保密期限的,可以根据工作需要,在保密法规定的保密期限内确定;不能确定保密期限的,应当确定解密条件。

国家秘密的保密期限,自标明的制发日起计算;不能标明制发日的,确定该国家秘密的机关、单位应当书面通知知悉范围内的机关、单位和人员,保密期限自通知之日起计算。

第十四条 机关、单位应当按照保密法的规定,严格限定国家秘密的知悉范围,对知悉机密级以上国家秘密的人员,应当作出书面记录。

第十五条 国家秘密载体以及属于国家秘密的设备、产品的明显部位应当标注国家秘密标志。国家秘密标志应当标注密级和保密期限。国家秘密的密级和保密期限发生变更的,应当及时对原国家秘密标志作出变更。

无法标注国家秘密标志的,确定该国家秘密的机关、单位应当书面通知知悉范围内的机关、单位和人员。

第十六条 机关、单位对所产生的国家秘密,认为符合保密法有关解密或者延长保密期限规定的,应当及时解密或者延长保密期限。

机关、单位对不属于本机关、本单位产生的国家秘密,认为符合保密法有关解密或者延长保密期限规定的,可以向原定密机关、单位或者其上级机关、单位提出建议。

已经依法移交各级国家档案馆的属于国家秘密的档案,由原定密机关、单位按照国家有关规定进行解密审核。

第十七条 机关、单位被撤销或者合并的,该机关、单位所确定国家秘密的变更和解除,由承担其职能的机关、单位负责,也可以由其上级机关、单位或者保密行政管理部门指定的机关、单位负责。

第十八条 机关、单位发现本机关、本单位国家秘密的确定、变更和解除不当的,应当及时纠正;上级机关、单位发现下级机关、单位国家秘密的确定、变更和解除不当的,应当及时通知其纠正,也可以直接纠正。

第十九条 机关、单位对符合保密法的规定,但保密事项范围没有规定的不明确事项,应当先行拟定密级、保密期限和知悉范围,采取相应的保密措施,并自拟定之日起10日内报有关部门确定。拟定为绝密级的事项和中央国家机关拟定的机密级、秘密级的事项,报国家保密行政管理部门确定;其他机关、单位拟定的机密级、秘密级的事项,报省、自治区、直辖市保密行政管理部门确定。

保密行政管理部门接到报告后，应当在 10 日内作出决定。省、自治区、直辖市保密行政管理部门还应当将所作决定及时报国家保密行政管理部门备案。

第二十条　机关、单位对已定密事项是否属于国家秘密或者属于何种密级有不同意见的，可以向原定密机关、单位提出异议，由原定密机关、单位作出决定。

机关、单位对原定密机关、单位未予处理或者对作出的决定仍有异议的，按照下列规定办理：

（一）确定为绝密级的事项和中央国家机关确定的机密级、秘密级的事项，报国家保密行政管理部门确定。

（二）其他机关、单位确定的机密级、秘密级的事项，报省、自治区、直辖市保密行政管理部门确定；对省、自治区、直辖市保密行政管理部门作出的决定有异议的，可以报国家保密行政管理部门确定。

在原定密机关、单位或者保密行政管理部门作出决定前，对有关事项应当按照主张密级中的最高密级采取相应的保密措施。

第三章　保密制度

第二十一条　国家秘密载体管理应当遵守下列规定：

（一）制作国家秘密载体，应当由机关、单位或者经保密行政管理部门保密审查合格的单位承担，制作场所应当符合保密要求。

（二）收发国家秘密载体，应当履行清点、编号、登记、签收手续。

（三）传递国家秘密载体，应当通过机要交通、机要通信或者其他符合保密要求的方式进行。

（四）复制国家秘密载体或者摘录、引用、汇编属于国家秘密的内容，应当按照规定报批，不得擅自改变原件的密级、保密期限和知悉范围，复制件应当加盖复制机关、单位戳记，并视同原件进行管理。

（五）保存国家秘密载体的场所、设施、设备，应当符合国家保密要求。

（六）维修国家秘密载体，应当由本机关、本单位专门技术人员负责。确需外单位人员维修的，应当由本机关、本单位的人员现场监督；确需在本机关、本单位以外维修的，应当符合国家保密规定。

（七）携带国家秘密载体外出，应当符合国家保密规定，并采取可靠的保密措施；携带国家秘密载体出境的，应当按照国家保密规定办理批准和携带手续。

第二十二条　销毁国家秘密载体应当符合国家保密规定和标准，确保销毁的国家秘密信息无法还原。

销毁国家秘密载体应当履行清点、登记、审批手续，并送交保密行政管理部门设立的销毁工作机构或者保密行政管理部门指定的单位销毁。机关、单位确因工作需要，自行销毁少量国家秘密载体的，应当使用符合国家保密标准的销毁设备和方法。

第二十三条　涉密信息系统按照涉密程度分为绝密级、机密级、秘密级。机关、单位应当根据涉密信息系统存储、处理信息的最高密级确定系统的密级，按照分级保护要求采取相应的安全保密防护措施。

第二十四条　涉密信息系统应当由国家保密行政管理部门设立或者授权的保密测评机构进行检测评估，并经设区的市、自治州级以上保密行政管理部门审查合格，方可投入使用。

公安、国家安全机关的涉密信息系统投入使用的管理办法，由国家保密行政管理部门会同国务院公安、国家安全部门另行规定。

第二十五条　机关、单位应当加强涉密信息系统的运行使用管理，指定专门机构或者人员负责运行维护、安全保密管理和安全审计，定期开展安全保密检查和风险评估。

涉密信息系统的密级、主要业务应用、使用范围和使用环境等发生变化或者涉密信息系统不再使用的，应当按照国家保密规定及时向保密行政管理部门报告，并采取相应措施。

第二十六条　机关、单位采购涉及国家秘密的工程、货物和服务的，应当根据国家保密规定确定密级，并符合国家保密规定和标准。机关、单位应当对提供工程、货物和服务的单位提出保密管理要求，并与其签订保密协议。

政府采购监督管理部门、保密行政管理部门应当依法加强对涉及国家秘密的工程、货物和服务采购的监督管理。

第二十七条　举办会议或者其他活动涉及国家秘密的，主办单位应当采取下列保密措施：

（一）根据会议、活动的内容确定密级，制定保密方案，限定参加人员范围；

（二）使用符合国家保密规定和标准的场所、设施、设备；

（三）按照国家保密规定管理国家秘密载体；

（四）对参加人员提出具体保密要求。

第二十八条　企业事业单位从事国家秘密载体制作、复制、维修、销毁，涉密信息系统集成或者武器装备科研生产等涉及国家秘密的业务（以下简称涉密业务），应当由保密行政管理部门或者保密行政管理部门会同有关部门进行保密审查。保密审查不合格的，不得从事涉密业务。

第二十九条　从事涉密业务的企业事业单位应当具备下列条件：

（一）在中华人民共和国境内依法成立3年以上的法人，无违法犯罪记录；

（二）从事涉密业务的人员具有中华人民共和国国籍；

（三）保密制度完善，有专门的机构或者人员负责保密工作；

（四）用于涉密业务的场所、设施、设备符合国家保密规定和标准；

（五）具有从事涉密业务的专业能力；

（六）法律、行政法规和国家保密行政管理部门规定的其他条件。

第三十条　涉密人员的分类管理、任（聘）用审查、脱密期管理、权益保障等具体办法，由国家保密行政管理部门会同国务院有关主管部门制定。

第四章　监督管理

第三十一条　机关、单位应当向同级保密行政管理部门报送本机关、本单位年度保密工作情况。下级保密行政管理部门应当向上级保密行政管理部门报送本行政区域年度保密工作情况。

第三十二条　保密行政管理部门依法对机关、单位执行保密法律法规的下列情况进行检查：

（一）保密工作责任制落实情况；

（二）保密制度建设情况；

（三）保密宣传教育培训情况；

（四）涉密人员管理情况；

（五）国家秘密确定、变更和解除情况；

（六）国家秘密载体管理情况；

（七）信息系统和信息设备保密管理情况；

（八）互联网使用保密管理情况；

（九）保密技术防护设施设备配备使用情况；

（十）涉密场所及保密要害部门、部位管理情况；

（十一）涉密会议、活动管理情况；

（十二）信息公开保密审查情况。

第三十三条 保密行政管理部门在保密检查过程中，发现有泄密隐患的，可以查阅有关材料、询问人员、记录情况；对有关设施、设备、文件资料等可以依法先行登记保存，必要时进行保密技术检测。有关机关、单位及其工作人员对保密检查应当予以配合。

保密行政管理部门实施检查后，应当出具检查意见，对需要整改的，应当明确整改内容和期限。

第三十四条 机关、单位发现国家秘密已经泄露或者可能泄露的，应当立即采取补救措施，并在 24 小时内向同级保密行政管理部门和上级主管部门报告。

地方各级保密行政管理部门接到泄密报告的，应当在 24 小时内逐级报至国家保密行政管理部门。

第三十五条 保密行政管理部门对公民举报、机关和单位报告、保密检查发现、有关部门移送的涉嫌泄露国家秘密的线索和案件，应当依法及时调查或者组织、督促有关机关、单位调查处理。调查工作结束后，认为有违反保密法律法规的事实，需要追究责任的，保密行政管理部门可以向有关机关、单位提出处理建议。有关机关、单位应当及时将处理结果书面告知同级保密行政管理部门。

第三十六条 保密行政管理部门收缴非法获取、持有的国家秘密载体，应当进行登记并出具清单，查清密级、数量、来源、扩散范围等，并采取相应的保密措施。

保密行政管理部门可以提请公安、工商行政管理等有关部门协助收缴非法获取、持有的国家秘密载体，有关部门应当予以配合。

第三十七条 国家保密行政管理部门或者省、自治区、直辖市保密行政管理部门应当依据保密法律法规和保密事项范围，对办理涉嫌泄露国家秘密案件的机关提出鉴定的事项是否属于国家秘密、属于何种密级作出鉴定。

保密行政管理部门受理鉴定申请后,应当自受理之日起 30 日内出具鉴定结论;不能按期出具鉴定结论的,经保密行政管理部门负责人批准,可以延长 30 日。

第三十八条　保密行政管理部门及其工作人员应当按照法定的职权和程序开展保密审查、保密检查和泄露国家秘密案件查处工作,做到科学、公正、严格、高效,不得利用职权谋取利益。

第五章　法律责任

第三十九条　机关、单位发生泄露国家秘密案件不按照规定报告或者未采取补救措施的,对直接负责的主管人员和其他直接责任人员依法给予处分。

第四十条　在保密检查或者泄露国家秘密案件查处中,有关机关、单位及其工作人员拒不配合,弄虚作假,隐匿、销毁证据,或者以其他方式逃避、妨碍保密检查或者泄露国家秘密案件查处的,对直接负责的主管人员和其他直接责任人员依法给予处分。

企业事业单位及其工作人员协助机关、单位逃避、妨碍保密检查或者泄露国家秘密案件查处的,由有关主管部门依法予以处罚。

第四十一条　经保密审查合格的企业事业单位违反保密管理规定的,由保密行政管理部门责令限期整改,逾期不改或者整改后仍不符合要求的,暂停涉密业务;情节严重的,停止涉密业务。

第四十二条　涉密信息系统未按照规定进行检测评估和审查而投入使用的,由保密行政管理部门责令改正,并建议有关机关、单位对直接负责的主管人员和其他直接责任人员依法给予处分。

第四十三条　机关、单位委托未经保密审查的单位从事涉密业务的,由有关机关、单位对直接负责的主管人员和其他直接责任人员依法给予处分。

未经保密审查的单位从事涉密业务的,由保密行政管理部门责令停止违法行为;有违法所得的,由工商行政管理部门没收违法所得。

第四十四条　保密行政管理部门未依法履行职责,或者滥用职权、玩忽职守、徇私舞弊的,对直接负责的主管人员和其他直接责任人员依法给予处分;构成犯罪的,依法追究刑事责任。

第六章 附　则

第四十五条 本条例自 2014 年 3 月 1 日起施行。1990 年 4 月 25 日国务院批准、1990 年 5 月 25 日国家保密局发布的《中华人民共和国保守国家秘密法实施办法》同时废止。

参 考 文 献

[1] 李红军,王春光.装备知识产权管理[M].北京:国防工业出版社,2013.
[2] 吴伟仁.国防科技工业知识产权实务[M].北京:知识产权出版社,2005.
[3] 盛智龙.国防高新技术转移的意义、现状分析和发展对策探讨[J].科技成果管理与研究,2007,12(6):16-21.
[4] 国防知识产权局.国防知识产权战略实施方案[R].北京:国防知识产权局,2009.
[5] 陈昌柏.知识产权经济学[M].北京:北京大学出版社,2006.
[6] 林建成.国防专利[M].北京:国防工业出版社,2005.
[7] 雅克·甘斯勒.国防预算缩减时代如何满足国家安全需求:推动创新,军民融合与促进竞争[J].装备学院学报,2014,25(1):1-3.
[8] 范志英,王海涛.航天专利研究所国防知识产权经济效益转化研究与对策[D].2015 国防知识产权论文集.北京:国防工业出版社,2015.
[9] 卞勇.初论转型中的国防技术转移[J].技术转移,2007,14(8):36.
[10] 吴彤.自组织方法论研究[M].北京:清华大学出版社,2001.
[11] 曾德聪,仲长荣.技术转移学[M].福建:福建科学技术出版社,1997.
[12] 国家国防科技工业局科技与质量司.国防知识产权专项任务列入《国家知识产权战略纲要》[J].国防科技工业,2008(7):48.
[13] 国务院,中央军事委员会.国防专利条例[S].国务院,中央军事委员会,2004.
[14] 李伯亭,赵蓉,王艺霖.关于推进国防知识产权在民用领域运用的思考[J].中国军转民,2013(3):14-16.
[15] 李顺德.知识产权公共教程[M].北京:中国人事出版社,2007.
[16] 赵有亮,欧阳国华.国防知识产权学[M].北京:海潮出版社,1997.
[17] 陈昌柏.知识产权经济学[M].北京:北京大学出版社,2006.
[18] 林耕,等.实施技术转移战略,促进国家技术创新[J].科技成果纵横,2006(1):1.
[19] 哈维·布鲁克斯,洛森·兰达塞斯.为创新投资:21 世纪的创新战略[M].北京:光明日报出版社,1999.
[20] 傅正华,林耕,李明亮.我国技术转移的理论与实践[M].北京:中国经济出版社,2007.
[21] 范保群,张钢,许庆瑞.国内外技术转移研究的现状与前瞻[J].科学管理研究,1996,14(1):1-6.

[22] 范小虎,陈很荣,等. 技术转移及其相关概念的含义辨析[J]. 科技管理研究,2000(6):44-46.

[23] 吴兴. 科学技术管理学概论[M]. 北京:中国社会科学出版社,1987.

[24] 中国社会科学院语言研究所词典编辑室. 现代汉语词典[M].5版. 北京:商务印书馆,2007.

[25] 狄德罗. 狄德罗的"百科全书"[M]. 梁从诫,译. 沈阳:辽宁出版社,1998.

[26] 侯光明,等. 军民技术转移的组织与政策研究[M]. 北京:科学出版社,2009.

[27] Department of Defense. Strategy & Action Plan For Accelerating Technology Transfer(T2) and Commercialization of Federal Research in Support of High Growth Businesses[R]. US:Department of Defense,2012.

[28] 王祖文,李伯亭,赵蓉,等. 新时期加快推动军民用技术双向转移的思考[J]. 中国军转民,2012(10):35.

[29] 张娟,郭炜煜,刘明军. 大学技术转移市场化运行机制研究[J]. 科学管理研究,2011,29(4):65-68.

[30] 厉春雷. 基于知识创造视角的技术转移研究——概念、特征与动力机制[J]. 北方经济,2011(5):12-13.

[31] 徐辉,王忠郴. 科技成果转化动力机制分析及其优化[J]. 企业经济,2007(11):26-29.

[32] 马松尧. 试论科技成果转化的动力机制[J]. 兰州大学学报(社会科学版),2004,32(5):122-126.

[33] 李以渝. 机制论:事物机制的系统科学分析[J]. 系统科学学报,2007(10):22-26.

[34] 陈娟. 科技资源共享系统自组织运行机制研究[D]. 哈尔滨:哈尔滨工程大学,2011.

[35] 武剑,郑绍钰,李子冉. 国防专利技术转移自组织形成及培育研究[J]. 装备学院学报,2015,26(1):55-58.

[36] 钱学森,等. 论系统工程(增订本)[M]. 长沙:湖南科学出版社,1988.

[37] Brian S. Confer. An Analysis of Second-tier Arms Producing Countries Offset Policies:Technology Transfer and Defense Industrial Base Establishment[D]. Air Univerisy,:Air Force Institute of Technology:Thesis for Master Degree,2008.

[38] David Appler. DoD Technology Transfer Program[C]. Defense Industrial Base Seminal and Workshops. Office of Technology Transition,Advanced Components & Prototyping,2010,6.

[39] Jonathan F. Root. Strategic Factors in the Development of the Natioinal Technology Transfer Network[C]. 13th Spcace Congress,COCOA BEACH,Florida,1993.

[40] Tom Handley. Technology Transfer[R]. US:Jet Propulsion Laboratory,California Institute of Technology,1993.

[41] John A. Alic. Beyond Spinoff:Military and Commercial Technologies in a Changing World[M]. Washington:Global Press,1999.

[42] Gupta V K. India: IPR and the National Security[J]. Journal of Intellectual Property Rights, 2008(13),6:318-325.

[43] Tony Gorschek, Claes Wohlin. A model for Technology Transfer in Practice[J]. IEEE Computer Society,2006(5):88-95.

[44] Dennis R. Holden. An Analysis of Rapid Technology Transfer Soutions and Best Practices for Use by the Department of Defense[D]. California: Naval Postgraduate School Thesis,2010.

[45] Renaud Bellais. Defense Innovation, Technology Transfers and Public Policy[J]. Defense and Peace Economics,2006(17):3.

[46] Creedon J, Abbott K, Ault L. Military – Civilian Technology Transfer[R]. Washington, DC: Army Regulation,2004.

[47] Jordi Molas – Gallart. Which way to go? Defense technology and the diversity of "dual – use" technology transfer[J]. Research Policy,1997,26(3):367-385.

[48] John Monniot. Technological Innovation Mechanisms for Local Enterprises[C]. International Conference on Information Management, Innovation Mangaement and Industrial Engineering, 2012:306-309.

[49] Suzanne E. Majewski. How do Consortia Organize Collaborative R&D?: Evidence From the National Cooperative Research Act[D]. Harvard. Discussioin Paper No. 483, Cabridge, MA 2004.

[50] Renelle Gurichard. How can Intellectual Property Rights be incentives for civilian – military integration?[C]. Innovation in Europe: Dynamics, Institutions and Values, Roskilde University, Denmark,2003:1.

[51] Alp Ustundag, Seda Ugurlu, Mehmet Serdar Kilinc. Evaluation the performance of technology transfer offices[J]. Journal of Enterprise Information Management,2010,24(4):322-337.

[52] Craig Galbraith. The Changing Military Industrial Complex[D]. South Africa: University of the West of England, Thesis,2011.

[53] Shahidi H. Federally Funded Research and Development Centers (FFRDCs) and technology transfer[C]. Engineering Management Conference, Washington DC. USA. 1994:149-157.

[54] Paul H. Richanbach. The Choice Between Patent Protection and Trade Secret Protection: A legal and Business Decision[C]. Suffolk University Law School, Bostion,2002.

[55] 孟冲云. 国防科技成果推广转化理论与实践[M]. 北京:兵器工业出版社,2004.

[56] 怀国模. 国防科技成果管理[M]. 北京:国防工业出版社,2005.

[57] 陶鑫良. 专利技术转移[M]. 北京:知识产权出版社,2011.

[58] 丁锋,魏兰. 加快军民技术转移促进军民融合发展[J]. 数字国防,2013,1:12-15.

[59] 刘志迎,谭敏. 纵向视角下中国技术转移系统演变的协同度研究——基于复合系统协同度模型的测度[J]. 科学学研究,2012,4(30):534-542.

[60] 赵玉林. 技术创新自组织机制[J]. 武汉工业大学学报,1998,20(1):80-83.

[61] 李嘉明,甘慧.基于协同学理论的产学研联盟演化机制研究[J].科研管理,2009,30(增刊):166-169.
[62] 李锐.企业创新系统自组织演化机制及环境研究[D].哈尔滨:哈尔滨工业大学,2010.
[63] 苗成林,冯俊文,孙丽艳,等.基于协同理论和自组织理论的企业能力系统演化模型[J].南京理工大学学报,2013,37(1):192-195.
[64] 胡颖慧,陈伟.高技术企业自主知识产权创造自组织机制及协同竞争模型研究[J].科技进步与对策,2013(30),2:68-71.
[65] 宋黎.基于自组织理论的军事科技创新体系建设[J].海军大连舰艇学院学报,2006,29(2):68-72.
[66] 李锐,鞠晓峰,刘茂长.基于自组织理论的技术创新系统演化机理及模型分析[J].运筹与管理,2010,19(1):145-151.
[67] 何敬文.我国装备制造业技术创新系统演化的自组织特征研究[D].哈尔滨:哈尔滨理工大学,2012.
[68] 吴雄周.基于自组织理论的农业科技孵化网络体系形成和培育研究[J].中国科技论坛,2013,3:127-131.
[69] 施振佺,郭畅.基于自组织理论的高校科研管理研究[J].产业与科技论坛,2013,12(21):222-223.
[70] 张金华,吕新江.民用高技术向军用转移技术演化机理研究[J].国防技术基础,2008,9:3-8.
[71] 袁田利.高新技术企业成果转化运行机制研究与实践[J].经济师,2013(1):57-59.
[72] 谢玉科,尹邦万.装备科技成果转化规律探寻[J].军事经济研究,2011,5:21-22.
[73] 张娟.大学技术转移项目管理理论及运行机制研究[D].北京:华北电力大学,2013.
[74] 赵正洲,李玮.高校科技成果转化动力机制缺失及其对策[J].科技管理研究,2012(15):133-136.
[75] 张永成,郝冬冬.专利转化动力体系构建研究[J].科技管理研究,2009(2),12.
[76] 杨立秋.当代民用技术军事转移研究[D].长沙:国防科学技术大学,2005.
[77] 国防知识产权局.国防知识产权战略实施方案汇编[R].北京:国防知识产权局,2011.
[78] 陈文芳.国防科技成果转化效果评价研究[D].哈尔滨:哈尔滨工程大学,2012.
[79] 谢丽云.科技成果转化评价研究[D].湖南:湖南大学,2009.
[80] 安蕊.四川省科技成果转化的评价研究[D].成都:西南交通大学,2005.
[81] 唐敏.江苏省科技成果转化及综合评价研究[D].扬州:扬州大学,2010.
[82] 陈鹏.基于知识视角的我国高校技术转移模式研究[D].天津:天津大学,2011.
[83] 张莉.知识粘性与技术转移绩效研究[D].天津:天津大学,2009.
[84] 王桂月.基于知识管理的高校科技成果转化研究[D].天津:天津大学,2009.
[85] 沈小峰,吴彤,曾国屏.自组织的哲学———一种新的自然观和科学观[M].北京:中共中

央党校出版社,1993.

[86] 叶金国. 技术创新系统自组织论[M]. 北京:中国社会科学出版社,2006.

[87] 湛垦华,沈小峰,等. 普利高津与耗散结构理论[M]. 西安:陕西科学技术出版社,1982.

[88] 沈小峰,胡岗,姜璐. 耗散结构论[M]. 上海:上海人民出版社,1987.

[89] 吴彤. 系统科学哲学的若干问题[J]. 系统辩证学学报,2000,8(1):15-18.

[90] 周文松,王杰,周敬国等. 自组织理论与军工企业管理原理·方法·应用[M]. 哈尔滨:哈尔滨工业大学出版社,2006.

[91] 任玉凤. 论协同学中关于非纯属相互作用的方法[J]. 内蒙古大学学报(人文社会版),1998(4):97-103.

[92] 刘兴堂,梁炳成,刘力,等. 复杂系统建模理论、方法与技术[M]. 北京:科学出版社,2008.

[93] H. 哈肯. 信息与自组织[M]. 宁存政,郭治安,等译. 成都:四川教育出版社,1988.

[94] 吴大进,曹力,陈立华. 协同学原理和应用[M]. 武汉:华中理工大学出版社,1990.

[95] 孙中一. 耗散结构论·协同论·突变论[M]. 北京:中国经济出版社,1989.

[96] 都兴富. 突变理论在经济领域的应用(下)[M]. 西安:电子科技大学出版社,1994.

[97] 何平,赵子都. 突变理论及其应用[M]. 大连:大连理工大学出版社,1989.

[98] "十一五"国防专利申请年增长率达38%[EB]. 光明日报,2012,08,03. http://www.cnipr.com/news/ywdd/201208/t20120803_144927.html.

[99] 蔡镭. 知识产权助力国防科技创新[EB]. 中国军网,解放军报,2013.04.25. http://news.mod.gov.cn/big5/headlines/2013-04/25/content_4444543.html.

[100] 国防专利:锻造国防的"无形利器"[EB]. 解放军报,2011,04,26. http://www.cnipr.com/news/ywdd/201104/t20110426_127433.html.

[101] 原总装备部,工业和信息化部,国防科工局,等. 民营企业高科技成果展览暨军民融合高层论坛政策法规选编[C]. 民营企业高科技成果展览暨军民融合高层论坛,北京,2014.

[102] 李慧颖. 国防知识产权运营的相关问题[C]. 国防知识产权研讨会,北京,2015.

[103] 夏守军,李海超,李柏洲. 我国国防军工技术转移现状及对策研究[J]. 舰船科学技术,2008,3(30):171-174.

[104] 科技信息研究中心政工网. 全军武器装备采购信息网正式上线运行[W]. http://21.156.80.127/cdsticzg/show.php?contentid=1749,2015-02-12.

[105] 朱克毓,赵爽耀,薛旻,等. 国防专利定密与解密存在的问题及对策研究[J]. 合肥工业大学学报(社会科学版),2015,29(1):125-130.

[106] 张楠. GPS 25周年:从军用到民用[J]. 中国计算机报,2010(6):44-45.

[107] 杨健. 军工科研院所在国家创新体系建设中地位和作用的影响因素研究[D]. 合肥:中国科学技术大学,2011:26.

[108] 薛亚波. 军工技术转移的制约因素和路径选择[J]. 中国军转民,2009(9):47-50.

[109] 袁晓东,张军荣,冯灵. 美国发明保密制度的历史沿革、运行及评价[J]. 自然辩证法通

讯,2013,35(4):70-87.

[110] 张代平,范高龙,白凤凯,等.国外国防技术转移研究[R].北京:原总装备部科技信息研究中心,2005.

[111] 李惠工.国防知识产权的特殊性[J].中国资产评估,2008(1):39-41.

[112] 国务院,中央军委.国防专利条例(2004)[S].国防科工委,2004.

[113] 谭轩涛,王珏.浅谈军工企业国防专利管理[J].电讯工程,2013(2):34-37.

[114] 杨晓丽.促进专利技术成果转化的策略研究[C].北京:2011技术转移与成果转化暨沿海区域科技管理学术交流会,2011.

[115] 白万纲.军工企业:战略、管控与发展[M].北京:中国社会出版社,2010.

[116] 陈以亮,黄志红.谈谈军工企业自主创新中知识产权的管理[J].国防技术基础,2008,12:46-48.

[117] 肖振华,刘万飞.基于产业链的军民融合式武器装备科研生产体系结构研究[J].装备学院学报,2013(24),1:21-26.

[118] 刘爱军,郭波.军队高科技院校军转民问题研究[C].中国系统工程学会.中国系统工程学会第十八届学术年会论文集——A13其他管理领域的创新研究成果问题.合肥:2014.

[119] 钱海浩.武器装备学教程[M].北京:军事科学出版社,2000.

[120] 张克让.技术转移的特征、模式及基础要素浅析[J].科技导报,2002,1:27-30.

[121] 薛亚波.军工技术转移的制约因素和路径选择[J].中国军转民,2009(9):47-50.

[122] 中华全国工商业联合会网站.从专利统计数据看我国民营企业的自主创新[W].http://www.acfic.org.cn/publicfiles/business/htmlfiles/qggsl/cmsmedia/document.2012.11.09

[123] 钟定.试论风险机制[J].北京商学院学报,1991(2):43-47.

[124] 马赛,张伟超.国防科技投资成果转化风险的来源、评估和对策[J].科技创业,2009(7):7-9.

[125] 王丽顺,高原.我国国防知识产权发展现状及对策研究[J].中国军转民,2012(9):28-30.

[126] Alic J A 等.美国21世纪科技政策[M].华宏勋,等译.北京:国防工业出版社,1999.

[127] 夏清华.中国企业自主知识产权能力建设研究[M].武汉:武汉大学出版社,2010.

[128] 高嵩.国企改革尝试解析之军工篇——多管齐下 估值提升:证券研究部报告/行业研究/军工行业[EB/OL].(2014-02-24)[2015-05-05].http://www.gtja.com/StockInfo/Attachment/201402/f3fa65-4f74-re5f-98d1-fab58647b742.pdf.

[129] 刘小玄.中国转轨过程中的产权和市场——关于市场产权行为和绩效的分析[M].上海:上海人民出版社,2003.

[130] 王继翔.我国国防军工企业制度创新研究——基于企业、市场与政府视角的经济分析框架[M].北京:经济科学出版社,2014.

[131] 张斌.美国的军转民问题——赴美考察报告[R].航空工业部科学技术情报研究所,北

京,1988:2.

[132] 潘义勇. 产权经济学[M]. 广州:暨南大学出版社,2008.

[133] 百度文库. 专利许可的14个动机[EB/OL]. (2014-02-24)[2015-05-11]. http://wenku. baidu. com/link? url = jCyzepsvPXIxsxMDBZEEuoyqaK4clAgBmphi - 9zUpFAZMsNLpTIT - WMaaxjWULXRhBOL744q3spJWu1a5o - E8v2mVZbhKXCefJw4i1Ynbwa.

[134] 范志英,王海涛. 航天专利研究所国防知识产权经济效益转化研究与对策[C]. 2015 国防知识产权论文集. 北京:国防工业出版社,2015.

[135] 王弘钰,于桂兰. 国有企业经营剩余索取权分享研究. [EB/OL]. (2004-07-10)[2015-05-11]. http://www. sinoss. net/qikan/uploadfile/2010/1130/4172. pdf.

[136] 曹斐. 军工企业必须注重无形资产的开发和利用[J]. 航天工业管理,1997(7):4-5.

[137] 德姆塞茨. 所有权、控制与企业——论经济活动组织(中译本)[M]. 北京:经济出版社,1999.

[138] Y. 巴泽尔. 产权的经济分析[M]. 费方域,段毅才,译. 上海:上海人民出版社,1997.

[139] 郭本鹏,刘毅. 中央政府配置国防资源的效率性分析[J]. 军事经济研究,2005(7):31.

[140] 金朱德,安卫民. 国防资源的二次开发和重新配置——对军转民的新探索[J]. 航天技术与民品,1998(5):3-5.

[141] 肖振华. 军民融合式武器装备科研生产体系构建与优化研究[D]. 北京:装备学院,2014:88.

[142] 王建伟. 加快建设具有我军特色的世界一流大学——深入学习贯彻习主席视察国防科技大学的重要讲话[EB/OL]. (2014-01-15)[2015-06-09]. http://www. bjqx. org. cn/qxweb/n115448c772. aspx.

[143] 管桦. 对新时期军队院校科技成果转化推广工作的思考[J]. 空军工程大学学报(综合版),2001,1(2):76-78.

[144] 郭星卫,赵海彬. 对军队院校知识产权工作的认识和思考[J]. 潜艇学术研究,2011,29(2):72-73.

[145] 张路新,杨晓忠. 试论军队院校科技成果的转化[J]. 西安通信学院学报,2006,5(3):52-54.

[146] 张春霞,郑绍钰. 军队法人国防知识产权第三方委托问题研究[J]. 装备学院学报,2015,26(3):28.

[147] 张玉臣. 技术转移机理研究——困惑中的寻解之路[M]. 北京:中国经济出版社,2009.

[148] 张攀平,刘秀华. 军工企业民品发展战略探析[J]. 中国经贸导刊,2012(35):74-75.

[149] 刘静,檀春雨. 航天军工企业民品发展策略研究[J]. 合作经济与科技,2014(11):20-21.

[150] 张颖南,姜振寰. 军工企业民品竞争力的SWOT分析与对策[J]. 国防科技工业,2009(7):12-14.

[151] 阎彦明. 金融多元化与范围经济[M]. 上海:上海社会科学出版社,2004.

[152] 刘蓓. 资本视角下的专利转化[J]. 中国发明与专利,2011(10):35-36.

[153] 范拓源. 基于技术资本的二次创新与技术依附的关系考量[J]. 科技管理研究,2014(1):35-37.

[154] 林毅夫. 中国经济专题[M]. 北京:北京大学出版社,2008.

[155] 孔庆江,胡峰. 论跨国公司对华技术转让中的知识产权战略及其对策[J]. 法学杂志,2007(5):23-24.

[156] 中华全国工商业联合会网站. 从专利统计数据看我国民营企业的自主创新[W]. http://www.acfic.org.cn/publicfiles/business/htmlfiles/qggsl/cmsmedia/document.2012.11.09.

[157] 科技部火炬中心.2013年国家技术转移示范机构交易模式分析[EB/OL].(2013-12-23)[2015-06-24]. http://www.chinatorch.gove.cn/kjb/llyj/201312/3af421bd52bb4755b4ce3b356c929eec.shtml.

[158] 刘建宇. 对技术创新型科研院所加强国防装备预先研究管理的思考[J]. 中国新技术新产品,2013(6):151-152.

[159] 徐敏. 国外预研管理对我国民机科技发展的启示[J]. 民用飞机设计与研究,2012(4):65-66.

[160] 方福前. 中国经济减速的原因与出路[C]. "汉江论坛:2015应用科学国际会议暨军事经济研究中心年会". 武汉:军事经济学院,2015.

[161] 央广网. 军民融合2015专项行动启动年内将编制军转民民参军目录[EB/OL].(2015-04-16)[2015-06-26]. http://wap.cnwest.com//data/html/content/12349058.html.

[162] 科研院所改制开启军工"大年":中国证券报[EB/OL].(2015-01-05)[2015-04-30]. http://business.sohu.com/20150105n407537326.shtml.

[163] 黄非红. 军工科研院所分类方案确定[EB/OL].(2015-03-11)[2015-04-30]. http://www.wlstock.com/hudong/BBSGoodDetail.aspx?stockno=600482&topicld=13591560.

[164] 方世力. 关于军工科研院所改制的几点思考[J]. 航天工业管理,2010(10):4-8.

[165] 张娜娜,王爱国. 军工企业实施混合所有制改革探讨[J]. 军民两用技术与产品,2014,5:46-50.

[166] H.哈肯. 信息与自组织复杂系统的宏观方法[M]. 成都:四川教育出版社,1988.

[167] 曾健,张一方. 社会协同学[M]. 北京:科学出版社,2000.

[168] 乐秀成. GEB——一条永恒的金带[M]. 成都:四川人民出版社,1984.

[169] 中共黄海口市委党校. 高科技激化因子作用研究[EB/OL].(2007-04-14)[2015-07-14]. http://www.tt91.com/detailed_tt91.asp?id=14822&sid=1750.

[170] 国务院. 中华人民共和国保守国家秘密法[L]. 全国人民代表大会常务委员会,2010.

[171] 国务院. 中华人民共和国保守国家秘密法实施条例[L]. 全国人民代表大会常务委员会,2014.

[172] 杨梅兰. 我国国防专利解密制度的检讨与重构[J]. 南京航空航天大学学报(社会科学

版),2015,17(3):67-72.

[173] Sabing H. Lee. 美国发明保密法及和平时期如何保护私人发明(二)[J]. 装备知识产权,2009(3):18-22.

[174] 赖茂生,王芳. 信息经济学[M]. 北京:北京大学出版社,2006.

[175] 杨伟民,巴特. 基于交易成本理论的专利产业化创新路径研究[J]. 科学管理研究,2014,32(3):33-36.

[176] 何婷婷,刘志迎. 有关科技成果转化的基本理论综述[J]. 科技情报开发与经济,2005,15(4):180-182.

[177] 梁林,张永亮,赵爱源,等. 军事后勤院校科技成果转化途径与模式分析[J]. 科技管理,2014,90(4):29-31.

[178] 吴玉广. 国防科技孵化器的运行与实践[J]. 军民两用技术与产品,2002(11):4-6.

[179] 马兰. 浅析国防科技工业知识产权运用与产业化[J]. 舰船科学技术,2007,29(增刊2):11-15.

[180] 姚建敏. 邓宁国际生产折中理论的最新发展及对我国的启示[J]. 河北科技大学学报(社会科学版),2007,7(3):19-22.

[181] 许春明. 知识产权保护与外国直接投资[J]. 电子知识产权,2006(11):11-13.

[182] Dunning J H. International Production and the Multinational Enterprise[M]. Allen and Unwin,1981.

[183] 陈霞,范亚洵. 国防技术转移成因分析——兼论邓宁国际生产折中理论[J]. 科技进步与对策,2004(10):113-114.

[184] 许春明. 知识产权保护与外国直接投资[J]. 电子知识产权,2006(11):11-13.

[185] 杜栋,庞庆华,吴炎. 现代综合评估方法与案例精选[M]. 北京:清华大学出版社,2012.

[186] 叶以成,柯丽华,黄德育. 系统综合评价技术及其应用[M]. 北京:冶金工业出版社,2006.

[187] 邵云飞. 基于DEA的我国国防科技成果转化效果评价研究[D]. 成都:电子科技大学,2010.

[188] 李群. 不确定性数学方法研究及其在社会科学中的应用[M]. 北京:中国社会科学出版社,2005.

[189] 曹炳元. 应用模糊数学与系统[M]. 北京:科学出版社,2005.